本书为"国家重点研发计划"（项目编号：2018YFC0831100）的阶段性成果。

本书出版得到西南财经大学"2019 建设世界一流大学（学科）
和特色发展引导专项"经费支持

杨继文◎著

方法与改革

社科刑事诉讼的理论路径

Method and Reform: Theoretical Path of
Criminal Procedure Law on Social Science

中国政法大学出版社

2019·北京

图书在版编目（ＣＩＰ）数据

方法与改革:社科刑事诉讼的理论路径/杨继文著. —北京:中国政法大学出版社, 2019. 12

ISBN 978-7-5620-9387-9

Ⅰ.①方…　Ⅱ.①杨…　Ⅲ.①刑事诉讼—研究—中国　Ⅳ.①D925. 204

中国版本图书馆CIP数据核字(2019)第284291号

出 版 者	中国政法大学出版社
地　　址	北京市海淀区西土城路 25 号
邮寄地址	北京 100088 信箱 8034 分箱　邮编 100088
网　　址	http://www.cuplpress.com (网络实名：中国政法大学出版社)
电　　话	010-58908437(编辑部) 58908334(邮购部)
承　　印	固安华明印业有限公司
开　　本	880mm×1230mm　1/32
印　　张	12
字　　数	302 千字
版　　次	2019 年 12 月第 1 版
印　　次	2019 年 12 月第 1 次印刷
定　　价	59.00 元

方法主义、法际关系、主体建构

　　正如理查德·A. 波斯纳在名著《超越法律》中所指出的，法律更需要科学和社会科学。目前中国的法学研究，尤其是刑事诉讼法学的理论标志，都太缺乏科学和社会科学、太缺乏经验研究。真正的思想开放，必须对未知开放，突破标签的限制。法律作为行动者，由于其职业行为关涉他人，必须审慎甚至保守，但作为思想者和研究者，由于思想活动仅关涉自己，其必须开拓进取、勇于尝试。[1]这正回答了邓正来先生曾强调的："中国法学向何处去？即透过对这个论题的理论讨论而阐明界分中国法学这个时代的标准，进而揭示出中国法学超越这个时代的可能方向。"[2]

　　本书的主题非常明确：中国刑事司法改革去向何处？中国刑事诉讼的理论路径在何处？答案在于："超越刑事诉讼"，形成"社科刑事诉讼法学"研究范式，要使得当前的刑事诉讼研究更加接近社会科学，进而形成中国学者自己的独创性的学术贡献。将方法、技术及方法论引入到刑事司法

---

　　[1]　[美]理查德·A. 波斯纳：《超越法律》，苏力译，北京大学出版社 2016 年版，第 9 页。
　　[2]　邓正来：《中国法学向何处去——建构"中国法律理想图景"时代的论纲》，商务印书馆 2006 年版，第 3 页。

改革和实践运行中，是超越刑事诉讼的第一步；在具体案件的司法审判和程序运行中，第二步需要明确的是基于刑事诉讼而又超越刑事诉讼的法际关系之理论反思及其交错适用；第三步，在刑事司法改革和具体证据事实的判断和证明过程中，注重的是公民、法官、检察官以及警察等的主体建构和改革自觉。

一、超越刑事司法的方法主义

党的十八大提出了加快社会主义法治建设和深化司法体制改革的原则和精神，为当前司法改革指明了新的目标和方向。十八届三中全会和四中全会对司法体制改革进行了具体部署和框架设定。党的十九大明确了司法改革的全面工作和精细化操作的有序推进。方法论在人类社会和司法改革中具有重要意义，它能够促使刑事司法改革日益科学化。但是，随着我国司法改革的深入进行，相关理论研究还是以宏观视角和应然构建为主，主要从司法改革的价值、模式、功能、制度、结构、意义等方面进行阐述，而对微观路径的探究和实证方法的研究较为薄弱，缺乏有针对性和可操作性的司法改革方法。在我国当前司法改革过程中，加强方法的研究和思考，进而促成司法改革方法的整体转向，成为调整和变更利益关系、解决复杂而艰巨问题的关键所在。本部分试图从各国司法改革方法考察分析入手，阐释一种方法主义的刑事司法理论，梳理和总结我国当前司法改革方法存在的主要问题，并提出革新司法改革方法的理论、进路和主张，以逐步深化对司法改革方法的研究。

　　从司法改革的国际经验和我国发展历程来看，亟需解决的是司法改革的方法问题。国外司法改革方法既包括技术性路径影响下的科学方法倾向，又涉及整体性路径影响下的系统方法倾向。我国当前刑事司法改革存在实践探索和顶层设计的结合问题、重点难点突破与整体推进的协调问题、参与改革和方案完善问题以及政策立法和依法改革问题。我国在司法改革的本土化创新道路上，形成了"地方探索法""顶层设计法"以及"二元协调法"三种司法改革方法。当前推行的"二元协调法"存在资源调动不足、全面监督缺失、客观评估失衡以及经验提炼欠缺等问题。这些问题的解决构成了我国刑事司法改革的方法论转向需要。它的应对进路在于多元整合论的构建和完善。这种新的司法改革方法需要通过政策过程原理和双重解释原理来达成，以实现司法改革资源的优化整合。而刑事司法改革方法论体系的构建和完善能够克服这些"贫困化"问题，最终在刑事司法改革中通过方法论体系的基本要求、基本目标、基本手段、基本机制和基本保障措施来达成。

　　在当前司法改革的推进过程中，需要重点强调的是公共法律服务中制度改革问题。深化司法改革对我国基层法律援助能力提出了新要求。对我国其他地方的基层公共法律援助模式和制度的比较分析，可以得出一些可资借鉴之处，体现为具有学习复制意义的法律援助社区模式和法庭义工模式的借鉴。针对不同的法律援助特殊对象必须具有针对性，表现为"1+1+N"模式、刑事法律援助志愿团模式和监狱法律援助志愿团模式。通过以四川省成都市温江区司法局地方探索为对象的实证分析，可以得出当前基层法律援助的主要问题表现为：基层法律援助制度体系建设缺乏统一规划、服务平台建设滞后、保障措施有待加强、队伍专业化程度不高、服务产品"公益有余、供给不足"、服务质量评估体系缺失等。最终，我国基层公共法律援助制度的改进和完善需要明确基层公共法律服务体系的总体设计；加快基层公共法律援助服务的线上、线下平台建设；落实基层法律援助服务保障机制；培养基层公共法律服务体系的人才队伍；重视基层欠发达地区的公共法律援助服务；健全基层公共法律援助的服务管控体系。

在法律大数据新时代，"互联网+"的需求和司法改革的当务之急是司法及其改革的信息化建设。网上司法信息协同平台的构建和完善，是"互联网+"时代对于检察机关等司法部门信息化建设的根本要求。当前网上司法信息协同平台的现状与问题主要体现在：信息工程建设缺乏统筹规划，分散建设模式导致信息孤岛；信息需求以业务职能为中心，推进信息共享各自诉求不同；各部门数据标准不同，信息共享遭遇技术壁垒；信息安全保障机制不完善，信息共享推进如履薄冰。A市所构建的"政法部门信息共享与业务协同平台"，为我国司法信息协同平台的建设提供了重要的样本和参考。该平台被构建为资源层、支撑层、应用层和安全支撑子系统、配置管理子系统等部门，完全能够满足各个司法部门之间信息协同和共享工作的需要。而在检察院，对于刑事拘留的司法监督需要及时反映信息技术改革的时代背景。通过大数据和云计算的具体操作和智能分析，可以实现将刑事拘留案件的过程和结果进行"全覆盖"式的分析、预测和研判，实现检察机关对公安机关侦查措施的"静默监管"。当前刑事拘留检察监督信息化建设存在缺乏统筹规划、信息数据难以互动和整合、安全保障机制不完善等问题。刑事拘留检察监督应当树立"大数据"思维，着力构建涉及刑事拘留检察监督的信息大数据系统，并注重从刑事拘留检察监督的主体要件、程序要件和法律适用要件等方面完善以及细化大数据的分析和研判。

二、超越刑事诉讼的法际关系

在经济犯罪的司法治理过程中，需要超越刑事诉讼的法际关系研究，更需要程序逻辑的规制、价值和意义，这体现为经济犯罪法际关系的程序意义。它遵循着法际上的程序运作规律，伴随着相关证据的移送和法际关系之间的衔接和整合。经济犯罪的法际关系综合治理必须要建立相关的程序协调机制，其内容包括：注重经济犯罪的特殊规律；强调法制程序化的理论框架；在信息激励机制、文牍共享机制以及案件移送协调机制等方面进行改革和完善。在经济转型的关键时期，我国法律对经济违法犯罪行为的规制和治理存在不协调和难衔接等问题。因此，应当建立和健全以"行刑衔接"为核心内容的法际关系程序协调机制，构建和完善"行刑衔接"的程序模型。根据经济违法犯罪行为的程度和情节，分别运用行政法治和刑事司法的手段来进行规制和治理；建立立法、行政与刑事司法的程序协调与配套制度，对经济案件进行判断、评估、执法与司法规制等综合治理；通过内外部的监督与救济，保障当事人的合法权益和维护社会经济秩序。

超越刑事诉讼的法际关系需要明确的是基于法理与诉讼的程序正义的基本价值判断标准。而对迈克尔·桑德尔的道德程序主义的研究，将有助于理解和把握法际关系运行实践中的程序正义之基本范畴。桑德尔是当代美国最有影响的公众知识分子之一。他的正义理论以道德和共同善为核心，认为纯程序正义存在局限，体现为正义理想的缺陷和道德的契约困境。在个体与共同体的价值需求中，寻求道德程序主义，并通过程序来分配正义，以程序正义来实现共同善的美好图景。桑德尔的正义理论具有重要的程序价值，通过道德实现程序正义成为德性程序正义理论的主要论点。这种程序正义精神存在两线伦理的限度。

超越刑事诉讼的法际关系更加需要重视的是刑法与刑事诉讼法的一体化研究和交错适用。在刑事诉讼实践中，罪刑法定原则是法治国家的基本要求，罪刑法定原则的解释是司法适用的前提。在刑法解释的范畴内，存在基于法律语言的刑事立法的模糊性、刑法解释对于刑事政策的无力等外部困境和一般普通人理解与预测的难以判断的内部困境。超越这一刑法基本面，而逐步发展到罪刑法定原则的程序性解释这一立体面，是问题解决的关键。程序性解释的思维路径、回归刑法文本以及认真对待法律推理、判例方式、法官认知与解释方式，构成了程序性解释的主体内容。在刑事一体化的背景下，罪刑法定原则的明确性才能真正实现。从法律规范的角度来看，在《中华人民共和国刑法修正案（九）》和《最高人民法院、最高人民检察院关于办理贪污贿赂刑事案件适用法律若干问题的解释》的适用过程中，存在贪污贿赂案件追诉时效期限缩短的情形。在审查起诉期间，检察官存在追诉期限缩短的实体性判断倾向和程序性审查逻辑两种观点分歧。实践中存在司法解释与刑法规定的矛盾冲突问题、应对路径在惩罚犯罪与保障人权之间难以兼顾问题、追诉时效制度的程序价值被忽视问题、追诉时效缩短的终止时间争议问题。这些问题产生了侵犯公民权益、损害司法公正、损害诉讼效率、浪费司法资源、有违罪刑法定、导致法律体系紊乱等危害性。它的体制性的缘由包括司法解释的效力不明确、欠缺刑法与刑事诉讼法的整体考量以及司法解释侵蚀刑事立法及其司法，形成政策指导型刑事司法等。在比较和反思各主要法治国家的相关应对原则和方法的基础上，我国刑事诉讼应当注重刑事整体法治原则的借鉴，强调追诉时效缩短的程序应对技术和制度逻辑，明确追诉时效缩短应对的程序价值和意义、明确应对追诉时效缩短的刑事整体法治原则、明确关于追诉时效缩短的具体处理程序。

三、超越司法改革的主体建构

在深化司法体制综合配套改革过程中，需要重点强调的是"人"的问题。从公民的视角来看，检务公开作为司法体制改革的重要一环，对保障公民知情权和参与权等权利具有重要意义。推进检务公开是深化司法改革的必然选择，是保障人民群众权益的重要途径，是提升办案质量和办案水平的客观要求。检务公开改革需要从内在价值和外在价值进行权利价值分析。以公民权利的保障和表达为视角，对检务公开改革和推进的地方实践进行剖析，从静态和动态两个层面对检务公开制度改革的权利设计和权力运行进行问题分析，最终提出完善我国检务公开制度的权利视角和具体的权利保障措施。

从法官的视角来看，法官助理制度改革是新时代司法体制综合配套改革的重要内容之一。通过对司法改革试点中的法院进行实证分析，揭示出我国法官助理制度存在的在法官和书记员之间的路径依赖问题，具体体现为改革部署、定位配置、实践运行和绩效考核等方面的问题。同时，从制度设计和制度运行的双重视角来分析和探讨产生这些问题的原因和背后的法理，进而提出法官助理制度的改革完善路径。具体来看，需要更新法律制度、厘清职责权限、升级审辅结构、优化人员配置。并且，需要有针对性地对法官助理进行科学管理和考评、科学设计法官助理职业晋升路径，以及赋予法官助理行使除裁判权以外的审判权等。

从检察官的视角来看，深化司法体制综合配套改革对检察官的职业能力建设提出了新要求，在检察管理体制改革中最为关键的是对"人"（检察官）的管理。以 A 人民检察院为实证调研样本，来揭示和分析当前司法改革过程中检察官的职业能力问题，这种问题在司法实践中突出地体现为司法改革的"疲劳症"。这种"症状"主要体现在员额制检察官的行政化问题、检察官的职业倦怠特征较为明显、检察官职业发展激励机制不足和涉及检察官履职能力的其他问题。而检察官职业"疲劳症"的痊愈和职业能力建设需要重视的是：以遵循司法思维规律为中心，健全和落实检察院内部的职业途径交流机制、提高和落实各类检察官的福利待遇以及完善和整合检察官的职业培训晋升制度。

从警察的视角来看，随着公安司法改革的深化和推进，公安警察执法的理念和制度需要变革和更新。对韩非执法思想的探讨和借鉴研究，有利于我国当代公安警察执法的完善，从而切实和充分地保障公民个人的基本权利。韩非的唯法律独尊、执法公平性、执法严厉性等执法思想，是他的"一本于法"基本原则的体现，这种思想有利于克服和减少当前我国警察执法的相关问题和负效应。借鉴和吸收韩非执法思想的有益经验和合理内核，并完善公安相关法律法规、健全警察执法环境、树立现代警察执法理念以及构建完备的警察执法程序，以此指导和规范我国当代的警察执法。具体来看，警察公权力的审查制约机制最重要的表现之一就是使用枪支的问题。使用枪支是法律赋予人民警察行使权力的最高表现形式，是国家强制力的重要体现。警察使用枪支得当可以增强执法力度和效果，使用不当则可能会侵害到公民的人身权、财产权，甚至造成严重的社会影响。在深化公安司法改革的背景下，检察机关作为法律监督机关是警察使用枪支审查机制的主体。而警察使用枪支审查机制的构建，在比较和借鉴法治先进国家和地区有益经验的基础上，需要合理界定适用范围、规范审查程序的启动、细化审查的具体内容和完善审查结果的具体应用。这一机制的构建，可以充分保障人民警察在执法过程中依法履行职责，及时有效制止违法犯罪行为，维护人民群众的生命财产安全以及社会的稳定有序。

目 录 CONTENTS

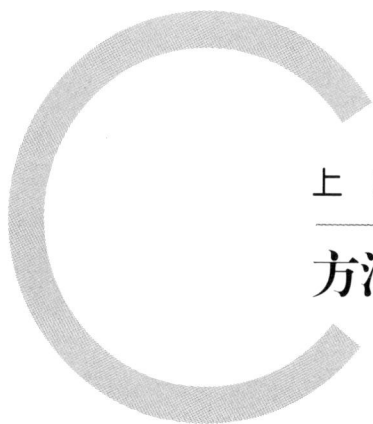

上　篇

方法改革论

第一章

原理方法：刑事司法改革方法论

第一节　刑事司法改革方法比较论

一、刑事司法改革的中体西用观

全面深化和推进司法改革是当前我国法治建设的重要内容。而当前真正的问题是，"公正、高效、权威的社会主义司法制度"并未完全建立。因此，梳理与总结日本刑事司法改革的社会特质与技术路径，有利于我国进一步推进刑事司法体制的改革并予以超越，并重新审视与调整法律借鉴与移植过程中的中体西用观念。

（一）引言：借鉴与超越

2013 年 11 月 12 日，中国共产党第十八届中央委员会第三次全体会议通过了《中共中央关于全面深化改革若干重大问题的决定》（以下简称"《决定》"）。在《决定》中，明确规定了深化司法改革的主要内容和重要意义。如深化司法体制改革，加快建设公正高效权威的社会主义司法制度，维护人民权益，让人民群众在每一个司法案件中都感受到公平正义。2014 年 10 月底，中共中央又通过了《中共中央关于全面推进依法治国若干重大问题的决定》。该决定进一步强调，公正是法治的生命线。司法公正对社会公正具有重要引领作用，司法不公对社会公正具有致命破坏作用。必须完善司法管理体制和司法权力运行机制，规范司法行为，加强对司法活动的监督，努力让人民群众在每一个司法案件中感受到公平正义。这是主体中国在现阶段转型社会中所迸发的法治最强音，具有十分重要的理论与实践意义。

近些年来，我国发生的一些冤假错案，无不与现实的司法体制弊端、司法恶习、司法陋习、司法主体法律意识欠缺以及不正当司法惯性有关。证据的错误使用、检察官和警察的办案指标压力、法官的不独立等，只是司法体制运行中的表象而已。而真正的问题是"公正、高效、权威的社会主义司法制度"并未完全建立；现实生活中难以认同司法的价值的人们，代之以非司法、非正规和非正常途径的诉求表达与意志体现。如果我们党和国家再不进行司法变革或者深化体制改革，那么社会主义的法律制度与体系何以体现为人民服务的宗旨？在梳理日本刑事司法制度的文献时，笔者不得不在理解和掌握日本司法制度改革变化的过程中，思考这个国家是怎样做到"与时俱进"的法律吸收、改革和发展的，这种司法改革中借鉴的社会基础与特质是什么，以及本国对于法律移植与借鉴要具备什么样的基础条件与本质要求，才能达到理想中的法治图景并予以变革和超越，也就是如何看待我国刑事司法改革中的"中体西用"观念。

（二）日本司法改革的社会特质："菊与刀"

美国人类学家本鲁思·尼迪克特的《菊与刀》，是文化人类学的代表性著作之一。作者通过"菊"和"刀"来代表日本战后的文化状况，体现了日本文化的"双重性格"，爱美又黩武、尚礼又好斗、喜新又顽固、服从又不驯等。日本司法体制改革过程也体现了这种文化的双重性格。古代日本的司法体制及其演进与古代中国的联系与交流密不可分。从古代日本的《大宝律令》《养老律令》等法律制度，可以看出其是怎样借鉴与吸收古代中国法律制度的优势与精华的。从近代日本对于法国、德国法律体系的学习也可以看到其是怎样充分发挥这种法治后发优势的。而战后的日本，不得不走上了应用英美法系的法律体系，尤其是美国法的道路。

纵观这些司法改革的发展历程，可以初步总结日本司法改革模式及特点。一方面，"罪感文化"影响下的司法变革——对"菊"的向往。上述日本司法改革的起因、发生与发展，都体现了日本法律发展的学习精神。这种动力也许更多的是外部社会的刺激而作用的，是欠发展对于先进的崇拜与向往。也就是说，"学习别人之长处，弥补自己之短处"，而且"尽可能全面地、深入地掌握先进国家的法律体系及其运作"。从隋唐时期大量的日本"遣唐使"，到近代人数众多的"遣法使""遣德使"，我们可以看出其学习的热忱与对法律发展的要求。

另一方面，"洗刷污名"的司法改革动力——对"刀"的推崇。在《菊与刀》中，对于日本人"洗刷污名"的论断很有意思。"只要是遵守'情义'，洗刷污名，就绝不能说他犯了侵犯之罪，他只不过是算清旧账。只要受到的侮辱、诽谤及失败未得到报复，或者未被雪除，'世界就不平稳'。"[1]日本的发展，包括法律以及司法体制的改革，都体现了这种民族发展观与动力学的影响。日本独特的地理环境、人文素养以及历史传统发展轨迹，都要求其充分学习别人之长，而且要想尽办法予以超越。"落后就要挨打"，这在日本也是亘古不变的真理。这也诠释了为什么日本对于"武家文化"如此推崇。

（三）现代日本刑事司法改革的技术路径

日本有学者认为，日本刑事法律程序是欧洲法和美国法的混合体。1890年日本刑事诉讼法首先吸收了法国法的传统，1922年又吸取了德国法的精华，而1948年的惩罚程序法典又借鉴了美国

---

〔1〕［美］鲁思·本尼迪克特：《菊与刀》，吕万和等译，商务印书馆2005年版，第101页。

法的精神。[1]田口守一认为，在明治时期之后，日本刑事诉讼法是一种"混合法"，体现了德国法、法国法以及美国法的一些特点。这些混合要素在日本"被日本化"了。[2]这种日本化的刑事司法体系，体现了精密司法的特点、加强国民参与的要求以及严父慈母的精神。[3]松尾浩也认为，"信息化""国际化"以及"犯罪被害人"这三个方面促成了法律的修改与司法制度的变革。[4]现代日本司法改革主要是在刑事诉讼程序中发生并体现的。主要表现为沉默权、令状主义的引进、警察组织的变化、诉因制度的建立和完善、裁判所规则制定权的发展，以及对于被告人权利的充分保障等。

试举一例来说明日本司法改革的具体技术路径。于2004年5月28日颁布实施的日本《关于裁判员参加刑事审判的法律》（2004年法律第63号），明确规定了日本现行的"裁判员制度"。这部单行法由84个法律条文组成，其中主要规定了日本裁判员的选任、解除职务、参加审判程序的方式以及评议细则等内容。裁判员参与审理的案件只限于死刑、无期或因故意致被害人死亡之类的重大案件。合议庭原则上由法官3人、裁判员6人组成。但对没有争议的案件，也可由法官1人和裁判员4人组成小型的合议庭。虽然日本曾于1928年实施过英美法中的"陪审制"，15年后以失败而告终，陪审法也被废止，但是这并没有影响日本司法对于新进国际潮流以及法律发展方向的借鉴和吸收。一方面，这

---

〔1〕　George F. Cole, Stanislaw J. Frankowski and Marc Gertz, *Major Criminal Justice Systems: A Comparative Survey*, Sage Publications, Inc. 1987, pp. 168-169.

〔2〕　[日] 田口守一：《刑事诉讼法》，张凌、于秀峰译，中国政法大学出版社2010年版，第3页。

〔3〕　[日] 佐佐木知子：《日本の司法文化》，文艺春秋2000年版，第6页。

〔4〕　陈光中主编：《21世纪域外刑事诉讼立法最新发展》，中国政法大学出版社2004年版，第255页。

部单行法体现了日本对于国民参与司法国际潮流的回应，充分体现了民众参与司法、接近司法的国际发展趋势，加强了司法的国民性基础。另一方面，这次司法改革引进了既非陪审也非参审的"裁判员制度"，体现了日本司法体系兼容并蓄的风格与务实态度。田中和夫在《英米法概说》一书中也认为："英美法系盛行的陪审裁判制度是英美法的特色之一。它使一般市民通过被选任为陪审员而参与审判活动，是一种民众基本人权参与精神的体现，有利于保护被告人以及被害人的权利，值得我国予以借鉴和吸收。"[1]

（四）日本司法改革对当前中国刑事司法发展的启示

我国台湾学者王兆鹏基于对日本刑事诉讼实务的考察指出，从实务的角度来看日本刑事诉讼的变化发展，可以重新思考刑事诉讼的架构及方向。[2]而从我国法律移植与借鉴论的历史发展来看，这种法律借鉴与吸收的精神则体现得比较少，而代之以对于"洋为中用""拿来主义"的误读和误用。从清末时期的沈家本修律，到民国时期对于大陆法系"六法"体系的借鉴与吸收，再到新中国成立后全面移植苏联法律体系，都体现了中国人所特有的"体""用"关系说。"中为体，洋为用"，这是直到现在我国对外借鉴与吸收先进法律制度的根本思路与思维方式。当然，这种法律移植思维也不无道理，相反在当今中国还有着很强的说服力。例如，中国特色、中国模式的发展和演进过程，"只拿不用"或"只用不拿"，那就根本不能成为主体中国的法治资源和法律财富。但是，我们不得不进一步追问，"拿得不准"或者"拿得不全"，何谈"用"呢？

对于国外的先进法律制度，我们通常不是先"拿来"，而是

〔1〕〔日〕田中和夫：《英米法概说》，有斐阁1971年版，第233页。
〔2〕王兆鹏：《路检、盘查与人权》，元照出版公司2003年版，第213页。

先想着怎样把它变为中国特色、中国模式，然后再"用"。这导致学习别人的东西"四不像"，既不像法治先进国家的优势资源，又不像中国自己的东西，最终只能以借鉴失败而告终。这与日本司法改革的坚持与韧性形成了鲜明的对比。因此，在当前我国全面推进和深化司法体制改革的背景下，我们应当要有"破釜沉舟"的勇气和毅力。一方面，遇到国外先进的法治资源，我们要系统地学习和深入地理解，之后再探讨其是否适合我国现有的司法体系与资源，而非"先进行改造"。另一方面，在具体借鉴与吸收国外先进的司法制度时，一定要遵循司法规律，符合国际司法发展趋势与潮流。刑事司法虽然在不同的国家有着相对的新问题与新表现，但是它的主题在数个世纪以来未曾改变，它的知识结构与规律也未被代替。[1]我国学者陈光中和龙宗智认为，遵循司法规律的基本意义就在于有效发挥司法的功能，以保障实现社会公正、践行国家法治、化解社会矛盾、维护社会秩序。[2]日本的司法改革经验给了我们重要的启示——重构中体西用观是司法改革取得成功的基础；遵循司法规律是司法改革取得成功的关键。[3]

二、司法改革方法的比较考察

"司法改革不可能是一种由纯粹制度变革支撑的'技术性改革'，司法改革者需要在众多的理论论争中为自己的行动找到合理的理论支撑点。"[4]而这种技术性的方式和支撑点，即是本文所

---

〔1〕 James A. Inciardi, *Criminal Justice*, Oxford University Press, 2002, p. 4.

〔2〕 陈光中、龙宗智："关于深化司法改革若干问题的思考"，载《中国法学》2013 年第 4 期。

〔3〕 杨继文："遵循司法规律是司法改革成功的关键"，载《人民法治》2014 年第 12 期。

〔4〕 杨建军："司法改革的理论论争及其启迪"，载《法商研究》2015 年第 2 期。

关注的司法改革中的方法问题。一般认为，"司法改革方法论就是在一定世界观指导下从事司法改革实践活动的所有方法、手段和途径的总称。"[1]"司法改革方法论是司法改革顺利推进的基点，是认清司法规律的工具，能帮助改革决策机关在改革过程中扬长避短，助推司法改革的顺利完成。"[2]因此，比较和审视国外先进的司法改革方法进路，总结和回顾我国司法改革不同阶段的方法技术，可以为当前的司法改革提供有益的借鉴和继承资源。

（一）国外典型的司法改革方法

国外关于司法改革方法的探索和研究较为深入，其中一些国家和地区的司法改革方法和技术值得我国当前司法改革的主导者予以学习、借鉴和吸收。综合当代各主要国家和地区的司法改革实践，以司法改革主要推进路径和典型方法特征为标准，可以把司法改革的不同进路和方法通过类型学的方式划分出来。值得注意的是，这种划分并非对立意义上的绝对分类，只是推进路径和方法特征在程度意义上的归纳总结。

以司法改革的路径是局部推进还是整体推进为标准，可以把其区分为技术性推进路径和整体性推进路径。前者以美国、日本的"法律局部修正式"的司法改革为代表，后者以大多数发展中国家，如拉丁美洲各国、俄罗斯、伊朗等国的"法律体系完善式"的司法改革为代表。伴随着各国司法改革的不同推进路径，方法特征也呈现出科学方法与系统方法的程度区别。技术性推进路径一般为法治较为先进的国家和地区所采用，采用的较多为科学性、

---

[1]　有学者提出了司法改革方法论的命题，可以寻找并规范从"实然制度"到"应然制度"之间的路径。它可以为司法改革的深化提供更有操作性的规程。具体请参见最高人民法院课题组：《司法改革方法论的理论与实践》，法律出版社 2014 年版，第 27、41 页。

[2]　葛自丹、许志华："司法改革方法论研究的问题与对策"，载《法律适用》2015 年第 8 期。

技术性的局部修改和完善方法，以实现司法改革的精密化。而法治后发展国家一般采用整体性推进路径，为了法律秩序的统一而多侧重采用系统方法，以实现司法改革与社会力量的协同化（如表 1.1）。

表 1.1　国外典型司法改革方法体系

国家	改革方式	改革目标	推进路径	方法倾向
美国	法律局部修正式	精密化	技术性推进	科学方法
日本				
俄罗斯	法律体系完善式	协同化	整体性推进	系统方法
伊朗				

1. 技术性推进路径背景下的科学方法倾向

这种司法改革的路径和方法以美国、欧洲、日本等法治发达国家和地区为代表，体现了在法律体系局部调整的过程中，司法改革日趋科学化和精密化。在美国，维拉司法研究所和纽约红钩社区司法中心的司法创新方法有利于促进司法改革的科学化和技术化。例如，维拉司法研究所根据美国的司法实践需要，接受社会各方的委托，从事实证研究并提出解决相关司法问题的改革方案和措施，并在跟踪和试错的过程中不断修改和完善司法改革的方案。在欧洲，尤其是东南欧洲各国，司法改革的技术和方法呈现的是欧盟主导的司法体制改革思路和策略。这些后参加欧盟的国家的司法改革反映了相关体制改革和司法能力建设的综合，并突出地体现在这些国家权力结构中精英阶层的角色和改变中。[1]

在 20 世纪末 21 世纪初的日本司法改革中，采取的方法路径

---

〔1〕　Cristina, Dallara, *Democracy and Judicial Reforms in South-East Europe Between the EU and the Legacies of the Past*, Springer International Publishing, 2014, p. 107.

是依法进行、选择主体、合理规划、广泛参与以及宣传多样等。这些方法和措施使得日本的司法改革方法有了长足的进步。以刑事司法改革为例，正如松尾浩也教授所言，"刑事司法改革迎来了新的时代。刑事司法制度包括的'个别方式和概括方式'，完善了改革的方法问题。"[1]而且，这次改革的路径和基础，回应了社会、现代组织和个人对刑事司法的社会化、情报化和技术化要求[2]，实现了日本刑事诉讼法的"适当手续"理念和精密司法价值。[3]精密司法是刑事司法自身完善的问题，当事人主义是刑事司法的方法问题。这两者之间的对立和紧张，为日本刑事司法的改革提供了强大的动力。[4]

2. 整体性推进路径背景下的系统方法倾向

这种司法改革的路径和方法以法治后发展国家为代表，侧重的是对于法律体系的整体回应和协同修改，多采用系统完善方法。例如在拉丁美洲及中北美国家和地区，司法体制改革的方法路径突出的体现是社会背景和政治力量的影响和制约。受到政治进程和经济自由主义的影响，司法改革被认为是社会公共改革力量的重要表现之一，是法治之治的关键环节。[5]在俄罗斯，司法改革的措施和技术划分得较为详尽，30多项司法改革的措施被采取，目的是进一步推动法院审判机制的完善，使得审判更加有力、维

---

〔1〕 〔日〕田口守一：《刑事诉讼的目的》，张凌、于秀峰译，中国政法大学出版社2011年版，第19页。

〔2〕 〔日〕渥美东洋：《刑事诉讼法》（新版），有斐阁1996年版，第1页。

〔3〕 〔日〕松尾浩也：《刑事诉讼法》（补正第3版），弘文堂1991年版，第13页。

〔4〕 〔日〕田口守一：《刑事诉讼法》，张凌、于秀峰译，中国政法大学出版社2010年版，第5页。

〔5〕 Edgardo Buscaglia, "Obstacles to Judicial Reform in Latin America", in Edmundo Jarquin and Fernando Carrillo ed., *Justice Delayed: Judicial Reform in Latin America*, The Johns Hopkins University Press, 1998, p. 15.

护公平和受人尊敬。[1]为了回应 20 世纪的历史变迁和社会运动，伊朗逐步推进司法制度的改革和发展，重点冲破行政干预、资金短缺、司法迟延以及水平低下等局限和问题，努力构建正当的司法程序和独立的司法体系。[2]

（二）国内不同时期的司法改革方法

从方法的视角来审视我国不同时期的司法改革和司法体制，有助于大致地理解上述各个时期和阶段的司法改革之理论基础和方法特征，从而为当前司法改革的顺利推进和逐步深化提供可资继承的方式和进路。"在中国司法制度现代转型的过程中，儒家的实质正义司法观、中体西用论、西化论、国情论四种主张都曾产生较大的影响。"[3]这四种司法观念分别对应了不同历史时期的价值选择和政治立场，是司法改革过程中重要的理论资源和方法技术。在儒家实质正义司法观的影响下，中国古代司法体系及其运作的基本特征是以德治秩序的维护作为统治阶级的根本方法的。在清末变法之后，闭关锁国的中国面对西方世界的先进司法体制和资源时，开始审视中体和西用的关系，协调的方法特征表现为两者之间的论争。而在民国时期，司法体制的改革推进则是普遍的西化。在中国共产党成立之后，乃至新中国成立之后，基于对国情的清醒认识，中国开始逐步走向司法体制建设与改革的本土化创新之路（如表 1.2）。

---

[1]　Peter H. Solomon, Jr. Todd S. Foglesong, *Courts and Transition in Russia: The Challenge of Judicial Reform*, Westview Press, 2000, p. 177.

[2]　Majid Mohammadi, *Judicial Reform and Reorganization in 20th Century Iran: State-Building, Modernization and Islamicization*, Routledge, 2008, p. 10.

[3]　杨建军："司法改革的理论论争及其启迪"，载《法商研究》2015 年第 2 期。

表1.2 我国不同时期司法改革的理论支撑和方法特征

阶 段	历史过程节点	主要理论支撑	方法特征
第一阶段	清末变法之前	实质正义司法观	德治秩序
第二阶段	清末变法之后	中体西用论	体用争论
第三阶段	民国建立之后	西化论	借鉴推进
第四阶段	中国共产党成立之后	国情论	本土创新

在中国社会大变革的历史进程中，当前司法改革又呈现出了中西司法观念、国情论与西化论的碰撞、交融和整合的过程图景。虽然自20世纪70年代末以来，中国的司法体系和司法改革经过本土创新，取得了令人瞩目的成就，形成了不同于任何国家和地区的中国特色的司法模式，但是，现行的司法体制仍然存在着许多问题和挑战。与中国转型社会的背景相一致，司法改革和体制重构也存在着一些方法方面的转型特征。〔1〕这表现为，"司法改革方法论理论研究与司法改革实践发展不相适应的矛盾还比较突出。由于缺少科学的司法改革方法论的指导，司法改革实践的分散性较为明显。"〔2〕

三、司法改革方法比较反思和启示

比较各国和地区的司法改革路径和方法，回顾我国不同时期的司法改革策略，可以为我国当前司法改革的深入进行提供一些有益启示。

---

〔1〕 Yuwen Li, *The Judicial System and Reform in POST-MAO China-Stumbling Towards Justice*, Ashgate Publishing Limited, 2014, p. 237.

〔2〕 公丕祥："一部司法改革方法论研究的力作——读杨润时主编《司法改革方法论的理论与实践》"，载《人民司法》2012年第21期。另外，关于司法改革方法论的精到分析，具体请参见熊秋红："司法改革中的方法论问题"，载《法制与社会发展》2014年第6期。

第一，司法改革方法应当重视当下各国的不同国情和本土资源。不论各国司法改革是以技术性推进还是整体性推进，采用科学方法还是系统方法，都应当重视本国当时的国情和方法的成效。这是因为，关于方法的研究可以为司法问题的解决提供有用的工具，而且也能使得研究者的立场和探索避免非科学的观察和经验。[1]因此，对我国国情和各个历史时期司法环境的反思有助于检验司法改革的路径和方法是否妥当，避免出现司法改革过程中的反复和异化，从而有助于促使当前司法改革日益科学和合理。

第二，司法改革方法应当有所侧重。以美国、日本为代表的法治发达国家所采用的技术性推进路径，适应了其法律体系局部调整的社会现实，司法改革方法讲究科学性和精密性。而作为法治后发展国家的俄罗斯、伊朗等，为了健全和完善本国法律体系，司法改革多从整体性的路径进行推进，方法则多侧重于系统性和全局性。因此，我国作为法治后发展国家，在司法改革的过程中应当更加侧重于法律体系的全局性和协同性，在法治秩序统一构建的意义上整合司法资源和完善技术方法。

第三，司法改革方法应当走向整合性道路。"走反思性司法改革道路是推进司法改革的基本路径，其关键是要反思司法改革的方法，尤其要注重司法改革的整体推进方法、综合研究方法和局部试点方法的运用。"[2]对于这种方法的说明，"就可以把许多试验性的不完善的东西也包括进来，因为只靠研究现成的结构是不可能学会构造方法的。"[3]我国采用这种反思性、整合性的司法改革方

---

[1] Frank E. Hagan, *Research Methods in Criminal Justice and Criminology*, Macmillan Publishing Company, 1993, p. 6.

[2] 夏锦文："当代中国的司法改革：成就、问题与出路——以人民法院为中心的分析"，载《中国法学》2010年第1期。

[3] [英] 伯特兰·罗素：《我们关于外间世界的知识——哲学上科学方法应用的一个领域》，陈启伟译，上海译文出版社2008年版，第2页。

法，有利于综合借鉴各国司法改革的有益经验，进一步全面推进和深化司法改革，为当前司法改革提供基本的应对进路和方法模式。

第二节　刑事司法改革方法问题论

一、方法意义上的刑事司法改革研究进路

（一）方法的价值和意义

人类之所以优胜于其他生物者，以其富于记忆力与模仿性常能储藏其先世所遗产之智识与情感，成为一种"业力"，以作自己的生活基础。而各人在世生活数十年中，一方面既承袭所遗传之智识情感，一方面又受同时之人之智识情感所熏染，一方面又自拔其智识情感，于是复成为一种新业力以贻诸后来。如是辗转递增，辗转递减，而世运乃日进而无极。此中关键则在先辈常以其所经验之事实及所推想之事理指导后辈，后辈则将其所受之指导，应用于实际生活，而经验与推想皆次第扩充而增长，此即方法。[1]正如著名学者傅斯年所言，史学的方法即是整理史料的方法，也就是说通过科学的比较方法和手段，去理解和处理历史中的不同记载。[2]

通过方法来进行探索和研究并不仅仅是描述定义，而是在认真调查和思考基础上相关研究的拓展和深化。这种探索的方法并不是脱离实际的简单观察和思维。它们可以使用多种多样的陈述、

---

[1]（清）梁启超：《中国历史研究法》，人民出版社2008年版，第7页。
[2]例如，研究年代学有两种方法，一种是比较的，一种是绝对的。先用直觉的，绝对的，定个标准时期，然后依照这个时期的东西，去推定其他地方的所发现的古物是在这个时期以后，或在以前，因此年代的前后，也就弄清楚了。傅斯年：《史学方法导论》，中国人民大学出版社2004年版，第191页。

完善的表格设计等多种途径来进行尝试。[1]而英国著名社会学家安东尼·吉登斯则进一步认为，尤其是从社会学方法的研究视角和规则来看，社会科学的这种双重解释以及"共有知识"的传承特性，要求社会科学观察者必须沉浸于一种"生活形式"中，将意义框架的创造和再生产看作是他试图分析的人类社会行为的条件，这才意味着一个观察者可以由此产生这样的描述。[2]例如，绘画中的构图方法，它几乎已经成为一种思考方式，系统地采用三维模型并充分发挥绘画的全部技能，使得经过深思熟虑的自然或者城市风光为观看者提供数条幽径而渐入佳境。[3]

而在法学领域尤其是刑事司法改革领域谈论方法和方法论，研究者必须对某一制度、实践、改革问题的深层结构作出了模式化的概括，或者对某一问题作出了因果关系意义上的解释，或者是提出了某一具有解释力的理论变量，揭示了某种因果律。[4]当然，这种因果律在某些方面已经被经验证实，而在某些方面没有明确的证据对它进行否定。"科学可以在已发现其为真的地方应用因果律，但是并不必须假定它在其他领域内也是真的。因此，我们不可能觉得因果律必可应用于人的意志这一点具有任何先天的确实性。"[5]而从刑事诉讼法的实施现状、司法改革问题与完善研究进路等方面来看，刑事诉讼乃至刑事司法改革的理论和实践

〔1〕 Thomas C. McCormick, Roy G. Francis, *Methods of Research in the Behavioral Sciences*, Harper & Brothers , Publishers, 1958, p. 24.

〔2〕 ［英］安东尼·吉登斯：《社会学方法的新规则——一种对解释社会学的建设性批判》，田佑中译，社会科学文献出版社 2003 年版，第 36 页。

〔3〕 ［法］克洛德·列维-斯特劳斯：《看·听·读》，顾嘉琛译，中国人民大学出版社 2006 年版，第 9—10 页。

〔4〕 陈瑞华：《论法学研究方法：法学研究的第三条道路》，北京大学出版社 2013 年版，第 5 页。

〔5〕 ［英］伯特兰·罗素：《我们关于外间世界的知识——哲学上科学方法应用的一个领域》，陈启伟译，上海译文出版社 2008 年版，第 153 页。

都存在一种因果意义上的"贫困化"现象。这种"贫困化"现象集中体现在刑事司法改革的方法中。只有借鉴上述社会科学以及社科法学的研究方法、研究资源与研究进路,对刑事诉讼和刑事司法改革这一所谓的"富矿"进行挖掘、整理与开创,才能促使我国刑事司法改革方法的完善和方法论体系的构建,进而促使我国法学研究者形成自己的理论标签与自我标识[1],最终实现中国法学的转型和升级(如图1.1)。

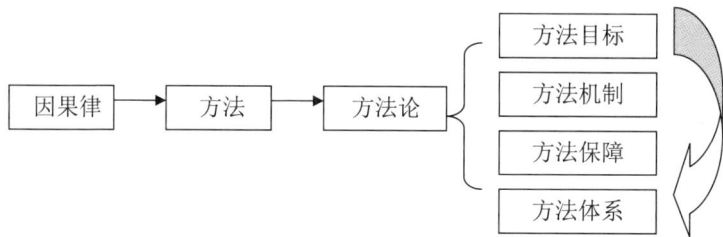

图 1.1 从方法到方法论体系

(二)通过方法克服刑事司法改革的贫困化

刑事诉讼法是我国的基本法律之一,在我国法律体系中具有重要的地位。在国外尤其是英美国家,刑事诉讼法被称为"小宪法",尤其在涉及人权保障、程序正义、司法价值、纠纷解决和社会治理等方面体现和发挥着其他法律难以比拟的优势和作用。在我国,虽然刑事诉讼法有着上述的重要地位,但是相对于其他部门法学,对于它的研究却显得与其在法律体系中的地位不相适应。刑事诉讼同民事诉讼一样,面临着理论与实践的脱离、刑事程序与实体的背离、研究自主性与创新性的缺失以及研究方法的单一

---

[1] 杨继文:"青年法学者应有自己的学术标识",载《检察日报》2015年3月24日,第3版。

等问题，这些问题构成了张卫平教授所言的"贫困化"问题。[1]
刑事诉讼研究和刑事司法改革理论的贫困化体现了当下法学研究
的幼稚病症，与日益成熟的经济学、社会学以及人类学等学科相
去甚远。而作为社会中的法律，刑事司法研究不能脱离我国社会
的司法现实背景与人民的法律愿望和需要，否则提出的理论或者
从事的研究就只能是一种"人云亦云"的理论浮想而缺乏实践能
力与操作性。那种"象牙塔"内的理论，既不能解决中国问题，
又欠缺足够的解释力，最终导致实践"反对"理论，形成所谓的
"理论与实践的两层皮"现象。更为严重的是，理论不能指导实
践，法律理解与适用出现偏差，刑事诉讼程序就有被"规避、搁
置和架空"的危险，而最终的后果是替代性的刑事司法"潜规
则"的日益盛行。[2]

因此，针对这种刑事诉讼和刑事司法改革理论研究的贫困化
现象，我们有必要从新的视角、理念和方法来进行"反贫困"机
制设计，最终使得刑事诉讼和司法改革的研究日益科学、完善、
成熟。

第一，研究方法的突破与创新。从刑事诉讼和司法改革目前
的研究状况来看，相比于刑法学中的"法解释学"大讨论，其总

---

〔1〕 张卫平教授认为，导致民事诉讼法学贫困化的主要因素归结为：理论脱
离实践、程序与实体的背离、研究自主性失位、研究方法的缺失与失范等四个重要
方面。具体请参见张卫平："对民事诉讼法学贫困化的思索"，载《清华法学》2014
年第2期。

〔2〕 例如，万毅教授认为，"地下刑事诉讼法"并不是完全贬义，由于我国刑
事诉讼立法理念和技术的落后，一些重要的制度和程序在刑事诉讼立法上明显缺位，
"地下刑事诉讼法"的产生和存在，一定程度上弥补了立法的疏漏，实际上带有一
定的"补漏"和"纠偏"性质。但是，另一方面，这些"地下刑事诉讼法"的隐性
存在，反过来又可能"架空"了刑事诉讼立法，对程序法治化以及刑事诉讼法的公
正运行构成威胁。具体请参见万毅：《实践中的刑事诉讼法：隐形刑事诉讼法研
究》，中国检察出版社2010年版，第1页。

体上还是处在"注释法学"的初级阶段，相关法律解释的目的、逻辑与方法十分不健全，难以达到适应灵活多样和色彩绚丽的司法实践的要求。因此借鉴其他部门法学以及学科的研究方法，势在必行。法律回归社会科学的"精神家园"，社科法学的真正体现也许在未来刑事诉讼和司法改革的研究中会占据越来越重要的位置。目前，刑事诉讼中实证研究方法的兴起、法律与文学运动中对于司法文本的解构与重构等，都鲜明地体现了这一研究方法的发展趋势与潮流。

第二，研究资源的更新与开创。一般认为，交叉研究是理论创新的重要源泉，刑事司法、刑事诉讼以及刑事证据的研究也不例外。米尔建·R.达马斯卡灵性地借鉴了马克斯·韦伯的科层式社会体系，创造性地运用于刑事司法的组织体系中，提出了至今仍然被各国学者广泛引用的两类、四种司法模型。由此观之，在刑事诉讼乃至刑事司法中，法律文本的精确理解，需要解释学以及诠释学；法律规范的严格适用，需要主体角色理论以及心理学基础；法官公正裁量与司法裁判，需要司法治理技术以及信息经济学知识；刑事证人的出庭与证据采信，需要认知心理学的判断与总结；等等。因此，刑事诉讼和刑事司法的研究者必须重视研究资源的更新与开创，注重多学科知识与理论的综合使用与技术应用，以充分回应法律的社会性、复杂性与综合性特征。

第三，研究进路的发掘与借鉴。不管是研究进路中的"从经验到理论""从技术到制度"，还是研究范式中的"大胆假设、小心求证""小处入手、大处着眼"，都充分体现了刑事诉讼和司法改革研究的整合性、体系性和创造性。前者是研究进路的轨迹论、构造论，后者是研究进路的问题论、分析论。也许正在发生，也许必然发生——中国法学正在逐步转型，中国刑事诉讼也在发生转型：从"贫困"到"反贫困"，从实践反对理论到"理论反对实践"[1]，最终实现从幼稚到成熟。

(三) 通过方法论促使刑事司法改革科学化

通过上述对于方法及其价值的阐述和分析，可以得出方法及其相关研究在刑事司法改革中具有重要作用。通过方法论促使刑事司法的改革和发展，可以克服刑事司法改革和刑事诉讼发展中的"贫困化"现象，并使其日益走向科学化。其一，通过方法促使刑事司法改革科学化，有助于全面和深刻地理解我国各个时期的刑事司法改革特征和研究状况。通过方法这一关键途径，可以准确地理解和判断各个时期的刑事司法改革动向和内容。这是因为，方法牵涉到各个时期刑事司法改革的实施状况；不同方法的应用，在刑事司法改革中可能会产生不同的效果。其二，通过方法的视角，有助于理解各国刑事司法改革的经验教训，促使我国刑事司法改革对其他国家和地区相关方法的比较、借鉴和吸收。对刑事司法改革方法的比较考察，可以得出方法理解上的失败教训和成功经验、方法接受上的错误观点和积极观点、方法应用上的教条思想及其反思。[2]例如，通过对日本刑事司法改革中精密方法的考察，可以看出这种司法改革对于各类主体的细化要求和态度。对待罪犯是一种"严父"惩罚的态度，而对被害人则是"慈母"爱护的精神。[3]其三，通过方法的归纳和整理，有利于

---

[1] 龙宗智教授认为，出现这种"实践背离理论，理论反对实践"的现象，根本原因在于，刑事司法存在一种内在矛盾——它既要保持一种公正的形象及维系公民的权益，又要在运作条件十分有限、工作任务十分艰难的情况下，去发现和追究社会越轨者。由于前者，它必须进行正当性话语言说，而且由于学者的天性是批判性而不是肯定性的，是求异而非求同的，这使理论与实践的背离更为明显。由于后者，它就需要用一种比较灵活、有效的方式去处置案件，而不会过分地顾及理论上的说法。具体请参见龙宗智：《理论反对实践》，法律出版社2003年版，第2页。

[2] 李承贵：《20世纪中国人文社会科学方法问题》，湖南教育出版社2001年版，第34页。

[3] [日] 佐々木知子：《日本の司法文化》，文艺春秋2000年版，第181页。

刑事司法改革理论与实践的结合，确立司法改革的标准和限度，为下一步的深化和推进提供基础和前提。例如，在欧洲，刑事司法改革的方法特征典型地体现为国内法与泛欧洲区域的整合路径。因为欧洲加速整合而象征主权的国界在欧洲区域内敞开后，泛欧洲性的跨国犯罪就此"获利"，欧洲各国不一的追诉标准使得各自追诉机关疲于奔命又未必见效，于是，欧洲开始逐步朝向一致性的欧洲化刑事程序发展，相关公约或协定不胜枚举。[1]其四，促使刑事司法改革方法上升为方法论，有助于准确把握刑事司法改革的层次结构。刑事司法改革同样需要方法论来实现科学化的理论。正如有学者认为的，刑事司法改革的科学化必须是以合理的政治定位为前提，以科学的法律定位为参照系，以完善的功能定位为关键，以独立的财政制度作支撑，立足于社会的科学有效监督，着眼于预防和控制贪腐问题，符合公共目的的多元化、系统化的法律价值体系。[2]

二、当前刑事司法改革的方法及其主要问题

自 20 世纪 70 年代末期以来，中国司法改革在本土化创新道路上具体形成了三种主要的司法改革方法，即"地方探索法""顶层设计法"以及"二元协调法"。应当说，在不同的阶段或者层面，这三种司法改革方法体现出了各自的优势，也都取得了极大的成效。但是，如果秉持"实践是检验真理的唯一标准"的客观立场，我们可以发现，这三种方法在实践中的局限性也是非常明显的。

---

〔1〕 王士帆："全新刑事诉讼法典——瑞士刑诉改革与整合"，载《政大法学评论》2010 年第 118 期。

〔2〕 冀祥德、邓超："司法改革'上海方案'价值评析"，载《政法论丛》2014 年第 6 期。

（一）地方探索法

地方探索法实质上就是"摸着石头过河"在司法改革中的具体运用。"摸着石头过河"是中国早期改革的主要方法，是改革开放取得极大成就的重要理论工具。这一论断鼓励了基层和个体在各个领域大胆探索，积极创新，为整体改革方案的确定"杀出一条血路"。在这样的背景下，作为中国整体改革的一部分，司法改革体现出了极强的"地方探索先行"的特征。

地方探索法的提出及实践，实际上是充分利用了地方尤其是地方司法机关在改革探索方面表现出来的积极性和能动性。随着经济的快速发展和社会结构的剧烈变化，社会纠纷急剧增多，地方司法机关在巨大的办案压力之下不得不积极尝试改革。必须承认，在改革的早期，地方探索法表现出了极强的生命力，地方司法机关在诸如内部机构改革、上下级关系的调整和明确、办案责任制改革、考评和激励机制探索、裁判文书改革等方面都取得了值得肯定的成绩，为司法改革的进一步深入推进立下了汗马功劳。

然而，地方探索法的缺陷也是有目共睹的。首先，地方探索法的推广，不可避免地出现了司法改革的合法性危机。随着改革的推进，在一些地方，改革探索已经突破了法律的界限，"先例判决制度""辩诉交易制度""被告认罪普通程序"等涉嫌"越权违法搞改革"的情形时有发生。[1]其次，由于各地改革自行其是，缺乏统一的指导思想和整体思路，导致改革的统一性、系统性不足，使得改革中乱象丛生，不同时期不同地方的改革措施彼此脱节甚至相互矛盾，最终会破坏法制的统一和稳定。最后，也最为重要的是，地方探索法无力解决司法改革面临的体制性、基础性的重大问题。"多年以来，司法改革主要体现为一种技术性改革，

---

[1] 参见万毅："转折与展望：评中央成立司法改革领导小组"，载《法学》2003年第8期。

细小琐碎。……然而，司法改革绝不应限于琐碎的局部改良，而要全局统筹，坚定方向，大刀阔斧，稳步推进。司法改革的顶层设计，可视为司法改革迷途中的航标，指明方向，引领未来，这对走出当前的改革困境，开创新局，意义重大。"[1]

（二）顶层设计法

司法改革的持续深入让人们清醒地认识到了地方探索法的不足，一种强调改革统一推进、呼吁制度设计的"顶层设计法"逐渐进入了司法改革的领地。2003 年，中央成立司法体制改革领导小组，统一指导全国司法改革工作。2004 年，司法体制改革领导小组推出《中央司法体制改革领导小组关于司法体制和工作机制改革的初步意见》，这被视为是司法改革开启顶层设计的重要标志。尤其是党的十七大以来，司法改革更多地指向了宏观体制层面，以顶层设计推动司法改革。

顶层设计法的好处自不待言，它不仅能够解决司法改革的合法性问题，也能旗帜鲜明地确立司法改革的指导思想和整体思路，对维护法制统一和司法权威自然也是大有好处，尤其在司法改革进入深水区后，顶层设计在面对体制性、基础性的重大问题时，无疑具备更加强大的改革能量。

然而，根据中国以及中国司法的实际情况，单纯依赖顶层设计并推动，难度颇大。首先，离开了实践的探索，顶层设计的成果难以保证科学性和可操作性。中国幅员辽阔，各地情况大不相同，如果不依赖实践探索、不详细总结实践探索的经验和教训，顶层设计就不可能是符合中国实际国情的。其次，如果缺乏必要的试验而强力全面推行顶层设计目标，司法改革可能会面临极大的风险。任何改革都是一个系统性工程，司法改革也不能例外。

---

〔1〕　徐昕："司法改革的顶层设计及其推进策略"，载《上海大学学报（社会科学版）》2014 年第 6 期。

换言之，各种不确定性因素对司法改革的影响是不可能在事前完全预料的。只有经历了推行、试错、评估、修正等一系列完整过程后，全面施行司法改革方案的风险才会降至最低。最后，顶层设计法还面临无法充分地释放地方司法机关改革活力的问题。也就是说，在中央主导下进行司法改革，地方司法机关的心态和态度将可能发生极大变化，主动改革可能会变成被动落实，积极进取可能会变成消极避让。地方在司法改革中的创新思维将不能得到充分激发。因此，"以为司法改革仅仅依靠顶层设计或者用顶层设计取代摸着石头过河，既不符合三中全会所要求的顶层设计与摸着石头过河相结合的基本精神，也不符合人类社会公认的司法规律。"[1]

（三）二元协调法

上述分析表明，中国当前的司法改革，必须妥善处理好"摸着石头过河"和"顶层设计"之间的关系，两者需要相互依赖、共同推进。[2]司法改革"既要地方探索，又要顶层设计，两者必须进行密切协调配合"的方法，就是"二元协调法"。这是我国现阶段司法改革采用的基本方法。

二元协调法注重同时发挥中央和地方的改革积极性，强调司法改革整体推进和局部突破的协调，是一种总体上比较科学务实的司法改革方法。然而，当前的司法改革实践表明，二元协调法依然有其力所不及的地方。具体地讲，在二元协调法统摄下的司法改革，存在着如下几个问题：

第一，无法调动多方面的改革资源。二元协调法是从中央与地方的维度来考虑改革资源的调动问题，关心的仅仅是中央和地

---

〔1〕 参见葛洪义："顶层设计与摸着石头过河：当前中国的司法改革"，载《法制与社会发展》2015 年第 2 期。

〔2〕 参见葛洪义："顶层设计与摸着石头过河：当前中国的司法改革"，载《法制与社会发展》2015 年第 2 期；徐昕："司法改革的顶层设计及其推进策略"，载《上海大学学报（社会科学版）》2014 年第 6 期。

方在司法改革中的不同作用。但是，它并不关心和考虑其他主体参与司法改革的问题。在一个开放社会中，包括司法改革在内的公共事务的参与主体，绝不应该仅仅限定为国家层面的公共权力机关。当前，司法改革的一个重大不足，就是不能最大限度地有效吸收更多的主体参与到司法改革中来，没有在合理范围内完全"开门搞改革"。在这样的情况下，诸多的改革资源实际上没有被充分地调动起来。比如专家学者，他们在眼界和智识上的深厚积累是一个极好的资源，但是由于缺乏制度性的参与通道，专家学者们的呼声可能不能被充分地听取和吸纳。又如坚守在司法一线的政法干警，他们的经验和感受可能也没有引起决策者的充分重视。另外，比如公共媒体，比如普通民众，他们的职业优势、他们的经验、感受、知识，在目前的司法改革中，可能都没有发挥应有的作用。改革资源的浪费无疑是作为一项公共事务的司法改革的损失。

第二，无法对改革实践施加全面监督。司法改革是绝对的公共事务，其成败事关社会公众的损益。因此，司法改革尤其是地方试点改革应当接受来自社会各方面的监督。就现阶段而言，对司法改革的监督应当主要包括两个方面：其一，监督司法改革是否依法进行。改革必须依法进行，司法改革也概莫能外。先前的改革经验告诉我们，地方性的司法改革试验容易出现违法违规改革的情况。其二，监督司法改革是否按照顶层设计的精神和方向进行。顶层设计为司法改革划定了基本的改革框架，然而，在多方面的制约和诱导因素之下，改革的实践完全有可能违背顶层设计的初衷。为此，从多种途径、多个层面对司法改革措施的合法性以及合政策性进行监督，是非常必要的。但是，目前来看，改革实践受到的监督是远远不够的。决策者对改革情况的了解更多的是自下而上的层层汇报，而社会公众也大多只能通过媒体的报道来窥探改革的实施情况。在严重的信息不对称之下，全面监督自然无法真正落到实处。

第三，无法对改革成果形成客观评估。效果评估是司法改革的重要环节。改得对不对？成效好不好？下一步如何改进？要正确回答这些问题，都需要依赖于公正客观的评估结论。但是，我们目前的司法改革评估工作做得还很不到位。首先，评估主体比较单一。正如前面所述，司法改革参与主体与监督主体的范围都不够广泛，信息不对称的问题较为突出，因此，改革的评估者基本上就是改革的实施者。"球员当了裁判员"，无论结果是否公正，都容易引起质疑。司法改革尤其是地方探索已经进行了多年，改革的项目涉及方方面面，但仅从公共媒体所报道的情况来看，鲜有承认改革失败的案例。客观公正的第三方评估机构的缺位，是造成这种现象的重要原因。其次，缺乏科学的评估方法。由于大多是自我评估，倾向性难免过强，评估结论的作出很多都是来源于改革机构内部单方面的自我"表态"和总结，基本上不会采用统计法、访谈法、问卷调查法等社会科学方法。因此，无论是在逻辑上还是在经验上，这样的评估结论都难以令人信服。

第四，无法对地方探索经验进行有效提炼。地方探索尤其是目前的试点改革，其根本作用在于为司法改革的全面推行铺路。如此看来，对探索经验的提炼，是地方性、局部性司法改革的重要任务。改革是否成功？为什么成功了？哪些方面失败了？为什么失败了？成、败是一种必然还是仅仅是机缘巧合？哪些弯路可以少走？哪些基础性工作必须加强？改革的具体经验教训是具有普遍意义的共同性问题还是仅仅是一种"地方性知识"？这些都是在总结提炼地方探索经验教训时必须认真回答的问题。但是，在总结地方司法改革的经验教训方面，目前做得还相当不够，乐于总结经验的多，愿意承认教训的少，经验总结多的是自我肯定、自我表扬，少的是通过现象认识规律、总结规律。而在总结提炼的技术层面，也更多的是通过简单的主观归纳，缺少务实的实证性研究。

总的来说，无论是一元的地方探索法、顶层设计法，还是将这两者进行融合的二元协调法，在整体视野上，都有一定的局限性。尽管这三种改革方法在司法改革的不同阶段，都在一定程度上发挥了或者正在发挥积极作用，但是，它们都将思路集中在如何处理中央与地方在司法改革中的关系上，而没有在一个更加系统、全面的时空范围内理解司法改革，也就无法为司法改革规划一条正确的行进路线。方法上的突破创新，是司法改革的当务之急。

三、当前刑事司法改革的方法论转向

司法改革是一个宏观的系统工程，需要从体制、步骤、方法等方面进行完善。不论是理论上渐进式的"相对合理主义"、激进式的"超前改革观"、折中式的"条件论"，还是实践中开拓式的"地方探索法"，法学理论界和实务界对于司法改革的进程和发展都满腔热情。而确定司法改革的目标和任务后，最为重要的就是司法改革的方法问题。方法选取的科学合理，才能正确反映司法改革中的突出问题，才能实现改革的预期目标。[1]从我国司法改革的历史来看，自20世纪80年代法院系统民事审判方式改革以来，历次司法改革体现为一种由点到面、由浅到深以及逐步"自觉"的发展趋势。从根本意义上来看，司法改革的推进与深入都是由当时中国的国情和现实法律实践需要所决定的，表现为司法实践的技术理性以及法学理论的繁荣。[2]中国的司法改革需

---

〔1〕 有学者认为，司法改革根据实施的具体情况，可以采取的正确而行之有效的方法主要包括：试点的方法、自上而下的方法、自下而上的方法、全面铺开的方法以及增加透明度的方法。具体请参见谭世贵主编：《中国司法改革研究》，法律出版社2000年版，第50—61页。

〔2〕 吴卫军：《司法改革原理研究》，中国人民公安大学出版社2003年版，第74—75页。

要系统的理论指导，更需要科学的方法论指引。有学者在十多年前就明确地指出了缺乏方法论指引的改革问题所在。"现在的司法改革在全国各地是新招迭出，这从正面讲是一种繁荣，从反面讲是一种无序。现在各地都过分地追求改革的形式和影响，而不考虑其效果和合法性。"[1]

而在党的十八届三中全会上，通过了《决定》，它全面部署了深化司法体制改革。而在中央全面深化改革领导小组第二次会议上，通过了《关于深化司法体制和社会体制改革的意见及贯彻实施分工方案》，它具体制定了深化司法体制改革的目标和原则，明确了各项深化体制改革任务的路线图和时间表。而在第三次会议上，通过了《关于司法体制改革试点若干问题的框架意见》和《上海市司法改革试点工作方案》，它为一些重点和难点问题指出了推进的依据和政策。[2]十八届三中全会召开以后，党明确提出我国的今后改革路线是"摸着石头过河"与"顶层设计"的结合。其后党的四中全会，对司法体制改革进行了具体部署和框架设定。在我国当前司法改革的过程中，"摸论"和"设计论"的方法被法律人所期待和推崇，形成了司法改革中的地方探索和顶层设计的"二元协调法"。因此，从司法改革的理论研究和实践探索来看，我们不但要注重司法改革的实体内容，而且更要重视司法改革的方法论问题。正如著名史学家王尔敏教授在谈论史学方法论的重要性时所言，方法论问题不仅是理论与教学的需要，更是实践探索是否有效的关键所在。"检讨过去，环顾学术现状与教学需要，终不能不戒慎警惕，以信撰述方法论之不易着手。期间最大考虑，则在于检讨其是否有较持久之效用，以及是否影响后生之

---

〔1〕 景汉朝：《中国司法改革策论》，中国检察出版社2002年版，第218页。

〔2〕 杨维汉："6省市先试点，为全面推进司法改革积经验——中央司法体制改革领导小组办公室负责人就司法体制改革试点工作答记者问"，载《新华每日电讯》2014年6月16日，第4版。

误入歧途。"[1]具体来说，当前刑事司法改革的方法论问题主要有以下几个方面：其一，实践探索和顶层设计的结合问题。其二，重点、难点突破与整体推进的协调问题。其三，参与改革和方案完善问题。其四，政策立法和依法改革问题。总体上看，不管是我国司法改革曾经适用的地方探索法，还是顶层设计法，以及它们之间的融合协调法，都存在体系上或者整体上的一定局限。它们将改革的思路和进路放在了司法改革中的中央和地方关系上，忽视了现实国情、参与主体、依法改革等关键和核心问题，无法为刑事司法改革规划一条正确的行进路线。[2]

伴随着我国当前司法改革的深入进行，世界各国对于司法改革的模式方法、具体任务和技术进路都呈现出了世界性的转向趋势。法治发达国家逐步由整体性改革转向日益精密的技术性推进，而法治发展中国家则注重法律体系—构建背景下的整体性改革推进。[3]"纵观第二次世界大战后的刑事司法史，随着各国刑事司法改革的推进，国家职权主义的诉讼模式都在一定程度上弱化甚至转向。"[4]而这种司法改革的转向趋势和模式，必然会引出

<hr>

〔1〕王尔敏：《史学方法》，广西师范大学出版社 2005 年版，第 1—2 页。

〔2〕汤火箭、杨继文："司法改革方法：比较、问题与应对"，载《四川大学学报（哲学社会科学版）》2016 年第 1 期。

〔3〕总体来看，国外司法改革主要有"技术性推进"和"整体性推进"两种方式。前者以美国、日本的"法律局部修正式"司法改革为代表，后者以大多数发展国家，如拉丁美洲各国、俄罗斯、伊朗等国的"法律体系完善式"司法改革为代表。在不同的推进路径下，各国的司法改革方法呈现出科学方法与系统方法的区分。技术性推进路径一般为法治较为发达的国家和地区所遵循，多采用科学性、技术性的局部修改和完善的方法，以实现司法改革的精密化，而法治后发展国家一般遵循整体性推进路径，为实现法律秩序的统一而多侧重采用系统方法，以实现司法改革与社会力量的协同化。具体请参见汤火箭、杨继文："司法改革方法：比较、问题与应对"，载《四川大学学报（哲学社会科学版）》2016 年第 1 期。

〔4〕龙宗智："检察官客观义务的基本矛盾及其应对"，载《四川大学学报（哲学社会科学版）》2014 年第 4 期。

司法改革的方法论问题。在非洲和亚洲地区的多数国家都处于法治国家的转型过程中。它们的法律完善和司法改革已经成为当地人民和国家发展的根本诉求之一。而方法论意义上的改革完善与改革立法，成为这些主要国家转向科学化的典型特征。[1]例如，几内亚颁布实施了《法律和司法能力培养方案》、贝宁制定了《法律和司法改革方案》、菲律宾研究实施了《司法改革方案》、克罗地亚公布实施了《法院和破产管理方案》、哈萨克斯坦公布实施了《法律改革方案》、阿根廷制定了《模范法院发展方案》等。

第三节　刑事司法改革方法应对论

一、刑事司法改革的方法论体系

一般认为，方法是一种发现问题并予以解决的过程、方式和手段。方法的理论升华和科学化即构成了方法体系或者方法论。方法论意义上的体系主要包括：其一，方法具有规则、顺序以及手段的意义。其二，方法是一种解决问题的过程，包括要求、动机、目标等。其三，方法具有价值判断，是一种有助于人们行为的积极力量。其四，方法具有灵活性，可以根据不同的对象而进行变化。其五，方法论是上述内容的一种体系化表现。而且，从方法论的适用范围和普遍性与否来看，可以将方法论分为一般层次、特殊层次和个别层次。一般层次的方法论，可以适用于一切哲学社会科学，是一种哲学意义上的方法；特殊层次的方法论，可以适用于多种学科，尤其是跨学科和相关事务的研究领域中；

---

〔1〕 韩波：《法院体制改革研究》，人民法院出版社 2003 年版，第 330—336 页。

个别层次的方法论只能适用于具体的学科和事务当中。

　　具体到刑事司法改革的方法论，最高人民法院课题组认为："司法改革方法论就是在一定世界观指导下从事司法改革实践活动的所有方法、手段和途径的总称。"[1]具体来说，刑事司法改革方法论体系和层次结构是由司法改革过程中的基本要求（一般层次）、基本目标（个别层次）、基本手段（特殊层次）、基本机制（特殊层次）和基本保障（特殊层次）来构建和完善的（如表1.3）。

表 1.3　刑事司法改革方法论体系

序号	体现	内容	层次结构
1	基本要求	符合现实国情	一般层次
2	基本目标	"摸论"和"设计论"的平衡	个别层次
3	基本手段	重点突破和整体推进	特殊层次
4	基本机制	改革参与和方案完善	
5	基本保障	政策立法和依法改革	

　　第一，刑事司法改革方法论的基本要求是以我国的现实国情为基础，是一种一般层次意义上的方法要求。世界上没有一套放诸四海皆准的刑事程序，区域文化与社会气氛往往是一个国家司法环境的背景基础，故不能忽略外国法制体系而径自"翻译"外国"法条文字"作为继受方法，也不能闭门造车，不顾国际发展。[2]而假使应该由法的特质出发来确定法学、法学方法及其思考方式的特征，就必须对法学的研究客体有更详尽的认识，显然，每种

----

〔1〕　最高人民法院课题组：《司法改革方法论的理论与实践》，法律出版社2014年版，第27页。

〔2〕　王士帆："全新刑事诉讼法典——瑞士刑诉改革与整合"，载《政大法学评论》2010年第118期。

法学方法论事实上都取决于本国的现实国情和对法的理解。[1]

第二，刑事司法改革方法论的基本目标是"摸论"和"设计论"的平衡。当前的司法改革是一个渐进发展的具体过程，是个别层次意义上方法论的体现。顶层设计强调改革的系统性和全局性，而地方性的试点注重探索性和实践性。试点法院要把握司法改革的目标和方向，积极稳妥地推进深入；要把中央顶层设计和地方探索实践有机结合起来，在党的十八届三中、四中全会精神基础上，大胆先行先试。而作为一种司法改革的探索方法，地方试点的主要目标是通过一些制度的创设来检验司法改革总体设计的成效和价值。但是，这样的试点改革也许存在明显的合法性问题和激烈的理论争议。

而对司法改革的顶层设计而言，由于方案没有经过社会性的开放讨论，当前的司法改革存在适用范围和空间限度的界定问题。更为重要的是，该司法改革方案根本性和方向性的问题，由于缺乏实证调研资料和理论研究，难以达成共识，实施的难易程度也不得而知。例如，《关于司法体制改革试点若干问题的框架意见》和《上海市司法改革试点工作方案》初步体现了顶层设计与实践探索相结合的要求，但是具体实施和技术细节推进将是实践中的难题。因此，当前刑事司法改革最需要解决的问题之一是怎样实现实践探索和顶层设计的结合。这一问题的解决需要在下述的基本手段、基本机制和基本保障中达到"摸论"和"设计论"之间的平衡。[2]

第三，刑事司法改革方法论的基本手段是重点突破和整体推进，这是一种特殊层次意义上的方法论要求。当前刑事司法改革

〔1〕〔德〕卡尔·拉伦茨：《法学方法论》，陈爱娥译，商务印书馆2003年版，第20—21页。

〔2〕关于司法改革方法论的概要性内容和核心观点，具体请参见杨继文："用方法论指引和推进司法改革"，载《人民法院报》2016年4月17日，第2版。

的顶层设计，确定了体制改革中重要的、关键性的和基础性的四项改革任务——推动省以下地方法院检察院人财物统一管理、完善司法责任制、完善司法人员分类管理和健全司法人员职业保障。这四项改革任务因事关司法改革的成败需要重点突破，而上述的地方性试点需要在顶层设计的背景下整体推进。因此，在当前司法改革的过程中应当贯彻"整体推进与重点突破相结合，这体现了多元协调、统筹兼顾的司法改革思路。在具体的操作过程中，除了关注制度与制度之间的相互协调，更需关注影响、支持或制约一个制度的多项因素，形成司法体制改革与经济、社会发展的协调推进，点与面的协调推进以及近期改革与远期改革的协调推进。"[1]

第四，刑事司法改革方法论的基本机制是改革参与和方案完善，体现为特殊层次的方法要求。党的十八大以来，司法改革进一步深化和推进，试点的框架和方案相继出台，地方性试点的工作已经陆续启动。但是，目前能够得到的信息基本上都是主流媒体所报道的局部信息。改革中的社会参与、信息共享以及方案完善等问题依然没有解决。改革中的广泛参与、改革信息的共享是司法改革方案和试点工作的基础和前提，没有广泛参与的司法改革和信息共享机制、试点评估机制以及纠错机制的构建，刑事司法改革方案将没有办法进行与时俱进的修改和完善，最终会影响司法改革决策的科学性、公众的理解性和实施的有效性。例如，日本在《司法制度改革审议会的意见书》中明确规定，司法机构的实施、相关政治部门的协调以及国民对于司法的参与机制，共同构成司法制度改革"公共性的空间"的顶梁柱，并由此确立了司法的国民基础。国民的司法改革参与，既是司法公平和正义的要

---

〔1〕　熊秋红："司法改革中的方法论问题"，载《法制与社会发展》2014年第6期。

求，也是司法民主和司法为民的体现。[1] 而为了得到社会公众的支持和理解，日本的司法制度改革审议会对于相关改革任务与举措的讨论较为充分，在两年的时间里共举行了 63 次讨论会、38 次专题报告和 4 次大型"公听会"，实证调研、参与讨论和效果评估的机制和保障措施较为完善，进一步防止了改革中的"异化风险"。[2]

第五，刑事司法改革方法论的基本保障是特殊层次意义上的政策立法和依法改革。在实施司法改革的政策决策时，为了避免科学性和可行性的不足、防止改革中的政策主义和激情主义，有必要适时进行关于司法改革内容和步骤的立法工作，而刑事司法政策的政治本质和解释框架也许已经远远超出了制裁刑事犯罪的本意。刑事政策制定者获得了比切实惩罚犯罪更多的政治利益。[3] 在刑事司法中，法院司法作用的功能发挥比它在政策过程中的地位和角色要大得多，而政治组织也希望通过法院的这种作用，将其决定范围衍生至刑事司法领域，它们希望影响法院的裁决方式和过程。[4] 例如，日本在战后的司法改革过程中，通过日本国宪法和相关立法，将最高裁判所的机关设置、裁判官的独立性职权等改革成果进行法律保障和制度维护。[5] 因此，全面深化和推进司法改革是当前我国法治建设的重要内容[6]，也是保证刑事司

〔1〕 ［日］上治清："国民の司法参加"，载［日］东京弁护士会编：《司法改革の展望》，有斐阁 1982 年版，第 103 页。

〔2〕 杨继文："用方法论指引和推进司法改革"，载《人民法院报》2016 年 4 月 17 日，第 2 版。

〔3〕 Daniel P. Mears, *American Criminal Justice Policy: An Evaluation Approach to Increasing Accountability and Effectiveness*, Cambridge University Press, 2010, p. 20.

〔4〕 Henry R. Glick, *Courts in American Politics: Readings and Introductory Essays*, McGraw-Hill Publishing Company, 1990, p. 65.

〔5〕 ［日］潮见俊隆：《司法の法社会学》，劲草书房 1982 年版，第 174 页。

〔6〕 杨继文："重提刑事司法改革中的'中体西用'观：日本的经验与启示"，载《四川民族学院学报》2015 年第 2 期。

法改革的实效性和权威性的重要举措。同时，在国家层面设立关于司法改革的委员会，可以从中央和地方的关系视角对司法改革尤其是刑事司法改革实施进行统筹、分析与决策，也可以在恰当的时候促进人民群众的参与以及拉动民间团体组织的智力支持等。

二、司法改革多元整合法及其应对原理

（一）多元整合法：一种新的司法改革方法

在完善司法改革方法的问题上，我们必须明确，当前采用的二元协调法在方向选择上是基本合理的，即要充分重视中央和地方在司法改革中的不同作用并对两者的关系进行必要的协调。但是，司法改革也应当跳出单纯的"中央—地方"思维，在一个更加系统、宏观的视野中，考虑更多的影响因素，整合更多的改革资源，以寻求改革成效的最大化。因此，司法改革的方法应当由二元协调法向一种更为全面的"多元整合法"转变。

"我国目前以及将来有关司法改革的研究，应当克服现有弊病，向开放性、实践性、政治性、批判性之方向努力。"[1]在当前司法改革进入"深水区"的现实背景下，为了解决实践探索和顶层设计之间的结合问题，有必要在重点突破和整体推进的道路上，注重改革方法的多元和整合原则。也就是说，随着司法改革的深入推进，改革所面临的各种问题将越来越复杂。司法改革框架的设定和实施，必然会涉及一些冲突性的利益和价值，并受到社会制度安排、信息流向以及多样化经济条件等的限制和影响。如果不从多元的方法和视角来审视司改中的问题，那么司法改革将难以有实质性的推进和发展。

因此，司法改革的稳步有序实施，需要从改革本身的复杂性、

---

[1] 汤火箭、梁欣："当前司法改革研究的基本特征"，载《检察日报》2002年5月28日，第3版。

社会需求的多样性以及政策过程的稳定性等多维视角进行分析，从而形成司法改革中的多元整合方法。它的理论基础是一种司法改革的整体性特征和方法。这种多元整合法，既涉及司法改革进程中技术手段的多元及其交叉运用，又包含参与主体的多元和深层互动（如图1.2）。

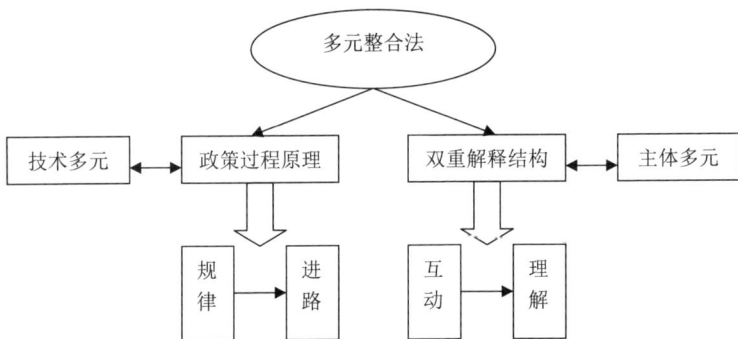

图 1.2 司法改革的多元整合法

（二）多元整合法的原理和进路

1. 技术多元：政策过程原理的实现

司法资源属于社会的公共资源，而司法机关行使司法权力的目的是为了维护政策的实施和提供公共性质的服务。因此，司法改革是促使司法资源向社会供给的完善措施，目的是提高司法制度和司法机关的供应能力和实效价值。"司法改革由作为公共权力机关的改革主体通过制定和推行一系列举措来实施，实质上就是公共政策的决策和实施过程。"[1]"当众多行为者都积极地寻求他们对事件的重要意义时，理解政策过程就需要我们掌握关于政策目标的相关知识，同时注意观察全国范围内的众多行为者，这就

---

〔1〕 最高人民法院课题组：《司法改革方法论的理论与实践》，法律出版社2014年版，第47页。

可能涉及技术性很强的科学问题或是法律问题。"〔1〕

　　把当前的司法改革理解为一种政策过程，首先，需要强调依法推行和深化，坚持依宪改革和依法改革，必要时将司法改革的成果法律化，避免出现社会公众和众多行为者的理解偏差和技术依赖。例如，日本的司法改革成果由 24 部法律来体现和保障，保证了内容涉及司法考试改革、知识产权法院改革等措施的效力和执行力。其次，需要审视司改的各个不同阶段和程序步骤。在议事程序、构建司法改革政策的合法化以及实施和评估等阶段，具体考量前述的司法改革之多元影响因素。再次，在司法改革的过程中，为了实现司法改革政策的目的，需要在各个阶段和地方试点方案中避免"被体制化"和自下而上的"偏差性"，将焦点集中在司法改革的方案实施而非政策性的引导。最后，在作为政策过程的司法改革中，需要审视是否存在过于单一的司法政策导向的循环圈，取而代之的应当是在地方试点和顶层设计之间的多元与互动的循环圈。

　　具体来说，多元整合模式的政策过程原理应当遵循司法改革项目的发展规律和运行进路，在调研、立项、论证、实验、评估、完善、推广等环节和阶段进行精心设计和统筹安排。其一，在调研阶段，充分利用实证和田野调查方法，做到地方试点调研的充分和详实，全景式地展现司法实践的现状，增强后续改革的针对性与实效性。其二，在改革立项阶段，要充分考虑具体改革项目和任务的目标、实施计划和前期准备成果等。其三，在论证阶段，要合理地确定司法改革任务的实施方式和步骤，采用系统、定量、比较等分析的方法撰写论证和调研报告。其四，在试点实验阶段，注重试点的工作计划性和实施效果，采用跟踪、参与等方式收集相关司法改革数据和试错经验。其五，在评估阶段，强调评估机

〔1〕　[美] 保罗·A. 萨巴蒂尔编：《政策过程理论》，彭宗超、钟开斌等译，生活·读书·新知三联书店 2004 年版，第 5 页。

构的独立性、公正性和科学性，采用过程评估、重点评估等方式全面地了解地方试点的样本和实施情况。其六，在完善和推广阶段，重视司法改革项目的纠错过程，在样本完善的基础上进行检测和信息反馈，最终由司法改革主导机关在顶层设计的范围和限度内推广。概括地讲，司法改革应当合理吸收、综合采用多种技术手段，乐于、擅于运用社会科学的研究工具，找准问题、开准"药方"，客观冷静地评估评价改革成果，积极、审慎地推广改革经验。

2. 主体多元：双重解释结构的消解

司法改革中的行动者和其他社会主体由于处在专业设置和话语概念的不同框架下，他们对司法改革形成了"双重解释"。"这种双重解释，不仅关系到参与和领会包含在普通人进行社会生活生产过程的意义框架，而且关系到在专业性概念设计的新意义框架内对此进行的重构。"[1]实际上，当前司法改革的推动主体和参与主体，乃至改革的承受者，都存在一定程度的"闭门造车"现象，难以给予公共媒体、普通公众和学者们充分的讨论空间和批判对象，使得司法改革的行动者和外界难以形成沟通与协商，无法逾越"专业槽"和专业智识的局限。司法改革所涉及的专业性知识和技术性工具毋庸置疑，但这使得在公众眼中司法改革及其成果逐步"脱离"和"消失"在人们实际生活中常见的司法内容和认识里。[2]

───────────────

〔1〕［英］安东尼·吉登斯：《社会学方法的新规则——一种对解释社会学的建设性批判》，田佑中译，社会科学文献出版社 2003 年版，第 35 页。

〔2〕司法改革中的这种"双重解释"影响，与社会学乃至社会科学中的解释学构建十分相似。安东尼·吉登斯认为："双重解释带来的一个后果就是社会科学中的原创性思想和发现往往不同程度地'消失'在它们与实际活动常见内容的结合中。这就是为什么社会科学没有得到像自然科学那样的'技术性'应用的主要原则之一，这也是在公众眼中社会科学的威望比自然科学小的主要原因之一。"具体请参见［英］安东尼·吉登斯：《社会学方法的新规则——一种对解释社会学的建设性批判》，田佑中译，社会科学文献出版社 2003 年版，第 67 页。

因此，从解释学的路径来审视司法改革中的方法论问题，应当从以下几个方面来进行分析、整合和生成，从而促使司法改革中的双重解释观念结构的消解，实现司法改革行动者、参与者、承受者以及普通公众和专家学者的良性互动和秩序维护。

第一，重视司法改革中的"常人方法学"。一般认为，常人方法学的中心议题可以被理解为，对涉及人们日常生产生活的行为活动与行动者的行为背景和情境存在一致性的理解及其形成一致性的过程。司法改革中的常人方法学，实质上是指司法改革的举措和行动能够被作为他者形象出现的普通大众所观察和理解。因此，司法改革应当注重这种常人方法学的运用，实现司法改革的公开透明，以便于作为"常人"的社会公众来理解司法、参与司法改革。司法改革的相关文件、论证过程、试点经验总结、评估效果等应当向社会尤其是普通大众和专家学者公开，使得普通大众和学者能够观察、分析和判断司法改革举措；使得普通公众能够充分地读懂司法改革的精神、价值、体系和意义；让社会公众在司法改革中拥有更多的"获得感"，逐步满足普通公众亲近和参与司法的需要。

第二，理清司法改革中的双重逻辑关系。有效地促使司法改革取得良好的结果和效用，需要上述双重解释中专业"知识"的恰当运用。而探究司法改革的合理化路径和逻辑，需要司法改革目的性行为以及顶层设计的不同形式，与作为"手段"或"工具"的司法实践共同服务于改革的预期结果和"专业性"的目的知识，从而合理配置它们双重解释之间的逻辑关系。司法改革的行动者需要在"利己主义"与"利他主义"之间进行调和，行动者的利益需要与社会道德、公众良知以及普通人价值体系进行协调和整合，维护司法改革中的逻辑秩序。例如，司法改革的推动者应当鼓励民间学术相关研究组织和团体的成立，充分发挥民间智库的作用，促进司法改革理论研究的深化与拓展。可以考虑把推进和深化司法体制改革方面的课题和项目由中政委、中国法学会、司法部等进行宣传和招标立项，引导学术机构和团体的加入，在一定限度和范围内引入国外司法改革研究机构，展开司法改革的顶层设计和摸着石头过河的探索和研究，提供地方样本与国际经验。[1]

第三，实现改革参与主体之间的有效互动。这些年来司法改革的试点以及实践表明，"由中央政法委领导的中央司法改革领导小组统筹司法改革，在整体部署和安排上主导性强，导致各部门的改革积极性不足，缺乏公众参与，无法激发民众的热情，发挥民众的集体智慧，民众的谏言也难以有效地进入顶层，削弱了司法改革本身的正当性。"[2]因此，在司法改革中，我们需要重新审视中央与地方之间以及官方与非官方之间的改革互动。"互动的生成有三个基本要素：它作为'有意义'的构成；它作为一种道德秩序的构成，以及它作为多种权力关系运作的构成。"[3]而与专业知识不同，司法改革的共有知识是以上述的解释逻辑被发现和运用的，交往以及背景情境是通过互动的形式和理解的道德秩序所维系的。司法改革的互动同时确保了权力的实现和权利的维护。这是因为，司法改革的权力代表了行动者调动司法等社会资源去从事和构建司法改革格局的能力，而互动中的司法改革权力又在一定程度上成为新的权力生成要素，并影响着司法改革的进程。在互动的生成要素中，司法改革的权力资源需要调动专业知识来促使互动不会出现异化和偏差，并在最大程度上能够被社会大众在道德上理解为正当和合理，从而在根本上维护司法改革

---

〔1〕 徐汉明等："关于深化司法体制改革——中国法治发展与社会治理咨询报告（五）"，载《法制日报》2014年6月4日，第9版。

〔2〕 徐昕："司法改革的顶层设计及其推进策略"，载《上海大学学报（社会科学版）》2014年第6期。

〔3〕 ［英］安东尼·吉登斯：《社会学方法的新规则——一种对解释社会学的建设性批判》，田佑中译，社会科学文献出版社2003年版，第201页。

互动的结构化进程。

3. 整合路径：司法资源配置的优化

既为"多元整合"，"多元"仅是其中内涵之一，"整合"同样是相当重要的。所谓"整合"，其实质就是指资源的优化配置。而作为司法改革方法的多元整合，其实就是要进行合理搭配组合，妥善处理以下三类关系：其一，多元主体之间的关系。这就是说，要明确在改革推进的具体阶段，哪些主体可以参与，参与的各主体之间的主次以及分工。总的原则是，要充分发挥司法改革各参与主体的各自优势，形成最大的正向合力，实现改革成效的最大化。其二，多元技术之间的关系。司法改革是系统、复杂的实践工程，不像数学算术一般单纯且答案唯一。因此，我们要借鉴和利用多种社会科学方法，透过多种视角对司法改革进行预测、推动及评估，以求得更大程度上的"相对合理"〔1〕。其三，多元主体与多元技术的组合关系。也就是说，要在参与主体和改革技术之间实现协调，为特定的参与主体配备最恰当的技术手段。不过，归根到底，"整合"始终都是一个实践性问题，只有通过不断地试验和修正，才能使上述三类关系达到相对合理、相对稳定的平衡。在这个意义上，多元整合是一种方法，也是一个伴随司法改革始终的过程。

三、小结与启示

伴随着当代中国社会的大变革和大发展，新一轮司法改革逐步推进和深化，司法改革的方法与时俱进地被提上了议事日程。司法改革的顺利推进，离不开司法改革相关理论的支持，更离不

---

〔1〕 关于司法改革中相对合理主义的详细论述，请参见龙宗智："论司法改革中的相对合理主义"，载《中国社会科学》1999 年第 2 期；龙宗智："'相对合理主义'及其局限性"，载《现代法学》2002 年第 4 期。

开科学和完善的方法指导。司法改革方法的理论研究，一方面应当借鉴国外合理的司法改革技术和方法，促使司法改革方法与我国国情和社会类型相适应。另一方面，针对当前司法改革所存在的理论选择和实践问题，应当坚持司法改革的多元整合方法，通过技术的多元来实现政策过程原理，通过主体的多元来消解双重解释结构，实现中央与地方之间、官方与非官方之间的良性互动和资源整合，从而进一步深化、拓展和推进中国的司法改革。

只有借鉴社科法学的研究方法和研究进路，对刑事司法改革进行深入挖掘与理论创新，才能形成我国法学研究者自己的理论标签[1]，进而才能实现中国法学的转型和升级。刑事诉讼同民事诉讼一样，都存在研究的"贫困化"问题，表现为当前我国刑事司法改革的方法论问题和转型要求。而刑事司法改革的反贫困机制设计和科学化需要方法论的指导，更需要方法论体系的完善和结构层次的分明。刑事司法改革方法论的一般层次要求是以我国的现实国情为基础；刑事司法改革方法论的个别层次意义上的目标，体现为"摸论"和"设计论"的平衡；刑事司法改革方法论的特殊层次需要包括重点突破和整体推进的基本手段、改革参与和方案完善的基本机制、政策立法和依法改革的基本保障。

---

〔1〕 杨继文："青年法学者应有自己的学术标识"，载《检察日报》2015年3月24日，第3版。

第二章

地方探索：基层公共法律服务改革实证分析

第一节 改革与意义：深化司法改革对基层公共法律服务的要求

一、深化司法改革对我国基层法律服务能力提出了新要求

党的十九大报告指出，中国特色社会主义进入新时代。司法部出台的《关于进一步加强司法所建设，努力提高基层公共法律服务水平的意见（征求意见稿）》明确要求，努力为每个乡镇（街道）、每个村（社区）、每个家庭、每个村（居）民提供多层次、多领域、个性化的公共法律服务，实现公共法律服务全覆盖，使广大群众获得感、幸福感、安全感更加充实、更有保障、更可持续。[1]它的重点内容即建设公正司法和提高司法公信力。而在当前司法改革的推进过程中，需要重点强调的是我国法律服务的现实问题。也就是说，在我国法律服务制度的深化改革过程中，需要明确的是基层法律服务的主导者、参与者和完善者，切实落实让每一位公民感受到公平和正义，强调的是坚持"司法为民"，最终目的是提高我国法律职业者的办案质量和职业能

---

[1] 蔡长春："司法部有关负责人就《关于进一步加强司法所建设 努力提高基层公共法律服务水平的意见（征求意见稿）》答记者问"，载《法制日报》2018年1月24日，第3版。

力。例如，在英国，法律至上的精神随处可见。无论从法庭的设置，还是审判活动的程序，无论是法官所穿戴的具有象征意义的发套、法袍，还是社会大众崇法、守法的态度，都处处体现着法律的权威。[1]英国在司法改革中针对公共法律援助实际问题，着眼于保障人权、控制社会、维护公众利益、追求司法效率的平衡，并且大胆创新、保持传统、求新求变。[2]因此，在这种我国深化司法改革背景和要求下，尤其是建设公正司法和提高司法公信力牵制作用和具体要求下，使得我国的法律服务制度在面对司法改革的推进和深化背景下，尤其是对法律服务中的职业者提出了新的职业能力要求和时代需求[3]，那就是让法律服务的主体分类更加精细化和专业化，法律援助律师更多地在法律实务一线办案，而主管部门需要切实保障法律援助律师等工作人员的权利，对这些主体要起到重要的支持和保障作用。

二、基层法律服务必须提高办案质量和职业水平

在刑事诉讼司法实践中，如果再没有辩护律师维护其合法权益，面对晦涩的法律条文和繁杂的司法解释，就会造成犯罪嫌疑人与执法办案部门严重的信息不对称，在强大的国家机器和公权力面前，个人权利将很难得到保障，甚至有肆意被践踏的危险。因此，承担法律援助的律师等法律工作人员应当提高的是自己的法律知识水平和职业能力，着力于从司法改革的被动者向司法改革的主动者转变[4]，这其实也意味着要加强法律服务者们的职

---

〔1〕 James A. Inciardi, *Criminal Justice*, Oxford University Press, 2002, p. 8.

〔2〕 黄伟东："关于英国、南非司法制度的考察报告"，载《山东审判》2007年第3期。

〔3〕 黄桂晗、李晓东："法院队伍职业化建设问题研究——以完善职业保障为重点"，载《光华法学》2014年第1期。

〔4〕 Cristina Dallara, *Democracy and Judicial Reforms in South-East Europe Between the EU and the Legacies of the Past*, Springer International Publishing, 2014, p. 110.

业能力建设。同时，除了提高法律服务者的职业能力外，应当将专业办案过程置于案件当事人和社会各界的监督之下，一旦出现职业瑕疵甚至不规范行为，按照对办案质量负责的要求，要承担相应的责任。这样就会倒逼法律服务者们规范职业行为、提高职业水平，更加注重办案的每一个环节和每一个细节，进而有利于提升法律援助者们的办案质量和职业能力。

第二节　比较与分析：基层公共法律服务的地方探索法

地方探索法实质上就是"摸着石头过河"在司法改革中的具体运用。"摸着石头过河"是中国早期改革的主要方法，是改革开放取得极大成就的重要理论工具。这一论断鼓励了基层和个体在各个领域大胆探索、积极创新，为整体改革方案的确定"杀出一条血路"。在这样的背景下，作为中国整体改革的一部分，司法改革体现出了极强的"地方探索先行"的特征。[1]我国各个地方在基层公共法律服务方面进行了有益的探索，提炼出了具有一定价值的制度运行模式。

一、地方基层公共法律服务的模式和现状

（一）基层公共法律服务的综合模式

1. 法律服务的社区模式

云南省昆明市官渡区在昆明南部汽车站广场举行的"法治在我身边·共创文明城市"法律志愿者集中服务日活动，来自17家法律服务机构的律师、公证、法律援助、基层法律服务和基层司

---

[1] 汤火箭、杨继文："司法改革方法：比较、问题与应对"，载《四川大学学报（哲学社会科学版）》2016年第1期。

法所的志愿服务人员等共计 500 余人参加了活动。据统计，活动现场共发放《法律援助指南》和《法制宣传读本》等各类法律法规及法治文明宣传资料 2000 余份，受理各类法律咨询百余人次，解答各类疑难问题 20 余个。在开展社区矫正工作时，可以聘请当地的心理专家、心理咨询师等专业人员组建心理专家顾问团，实行流动式心理矫治服务。同时应该鼓励社区矫正工作者积极参加心理学专业方面的学习和培训，提高自身开展实务工作的能力。[1]

2. 法庭义工模式

四川省什邡市人民法院以服务困难群众为宗旨，与市法律援助中心联合会签了《律师志愿者派驻法院服务合作协议》。通过律师协会、律师事务所的律师志愿者驻点什邡市人民法院，定期为困难群众提供法律咨询和受理法律援助申请服务，从而实现法律援助和司法救助的无缝对接。这是什邡市人民法院对最高人民法院、最高人民检察院、司法部《关于逐步实行律师代理申诉制度的意见》中"探索建立律师驻点工作制度"的积极回应，也是什邡市人民法院在该市扶贫攻坚工作中，将法律援助案件的受理关口进一步前移，让困难群众更加便捷地获得援助服务的一次新探索，打通服务群众"最后一公里"的又一新举措。[2]《律师志愿者派驻法院服务合作协议》明确约定了以下几方面主要内容：一是，市人民法院在诉讼服务中心设立专门的律师接待室、阅卷室，提供相关办公设施。二是，律师志愿者义务开展诉讼引导、法律咨询、书写诉状、代理申诉等法律事务，对符合法律援助条件的，及时协助申请法律援助。三是，市人民法院对律师在派驻

---

〔1〕 参见闻书芳、金小红："社区矫正工作者的专业化问题研究——以湖北省社区矫正调查为例"，载《光华法学》2014 年第 1 期。

〔2〕 参见费示汉："非程序性审判监督的反思与改善——以现行司法改革背景为视角"，载《光华法学》2014 年第 1 期。

地的服务工作提供安全保障。

（二）针对法律援助特殊对象的基层模式与现状

1. "1+1+N"模式

在江苏省泰州市高港区，"1+1+N"法律援助流动队开展"法企同行·送法进台企"活动，并在高港高新技术开发区内设立"1+1+N"法律援助流动队服务台资企业基地。[1]"1+1+N"法律援助流动队服务台资企业基地启动运作后，陆续开展一系列服务，在助推台企发展和台商维权方面发挥重要作用。根据工作计划，"1+1+N"法律援助流动队将定期到高新区法律驿站，通过现场咨询、座谈访谈、问卷调查、电话回访等形式和"12348"服务热线、台商微信服务平台，全面了解台企需求，对企业在人力资源、公司治理、股权、知识产权、合同等方面的法律风险进行研讨，编制《防控企业法律风险服务手册》，为企业提供风险提示和法律建议；联合区律师事务所有针对性地将典型案例、风险防范、证据收集等有关法律知识推送到台商服务微信群；帮助台资企业完善法人治理制度，完善工会、劳动保障、工资集体协商等制度，为企业重大经营战略调整提供周密细致的非诉法律服务。

2. 巾帼志愿法律援助活动

山东省烟台市莱山区法律援助中心响应区妇联的号召，积极参加由区妇联主办的"巾帼志愿公益行·我为莱山添光彩"活动。莱山区法律援助中心在佳世客超市门前设置法律咨询站点，围绕《中华人民共和国妇女权益保障法》《中华人民共和国反家庭暴力法》《中华人民共和国未成年人保护法》等与群众生活息息相关的热点法律为群众进行现场咨询和解答，本次活动共发放宣传材料

---

[1] 参见"泰州高港区'1+1+N'法律援助流动队服务群众'最后一公里'"，访问地址：http://pufa.jschina.com.cn/31022/31031/201706/t20170601_ 4170085.shtml，访问日期：2018年4月20日。

100 余份，解答群众咨询 10 人，解决法律问题 10 个。[1] 由于妇女在男权社会中处于弱势地位，而贫穷的妇女更是这一弱势群体里的弱者。妇女法律援助制度成为了体现法之正义精神的妇女利益诉求协调机制和妇女权益保障机制。[2]

3. 刑事法律援助志愿团

为进一步加强律师参与法律援助工作，提高刑事法律援助案件的办案质量，安徽省铜陵市召开"刑事法律援助律师志愿团"成立大会，33 名律师在会上郑重宣誓，正式成为志愿团成员。例如，高校开展法律援助是当前法律援助工作的重要组成部分，高校法律援助是实现卓越法律人才培养的重要途径、实现法学教育与法律援助的两项职能、达到教育与社会效益双重目的，有利于培养"双师型"教师与"应用型"学生。[3] 与此同时，该市还制定了刑事案件法律援助志愿团管理办法。成立刑事法律援助志愿团，是铜陵市律师发挥专业优势、服务大局、服务社会、勇于承担社会责任的重要体现。通过专业化团队建设，维护刑事诉讼当事人的合法权益，促进司法公正，维护和保障人权，彰显律师队伍的公益意识和奉献精神。该律师团的主要工作职责包括为刑事案件被害人、犯罪嫌疑人、被告人提供法律咨询；接受市法律援助中心指派，为刑事案件被害人、犯罪嫌疑人、被告人提供辩护或代理；参与市法律援助中心组织的疑难刑事法律援助案件的研讨；参与刑事法律援助理论研究和典型案例撰写；参与市法律援

---

〔1〕 参见"莱山区法援中心参加巾帼志愿公益行活动"，访问地址：http://www.ytsf.gov.cn/system/2017/06/20/010417980.shtml，访问日期：2018 年 4 月 21 日。

〔2〕 参见韩荣和："中国妇女法律援助的模式选择"，载《妇女研究论丛》2009年第 3 期。

〔3〕 参见余妙宏："校政所合作，助推高校法律援助工作新发展"，载《浙江万里学院学报》2017 年第 2 期。

助中心就刑事法律援助工作组织开展的调研、宣传、表彰、规范文件制定等活动。

此外，还有监狱法律援助志愿团模式。为进一步健全完善监狱法律援助工作机制，上海首支监狱法律援助律师志愿团在长宁区法律援助中心成立。

二、借鉴与评析

从目前司法改革的推进来看，各地基层公共法律服务制度和模式都在进行地方探索，取得了一定的成效，但是也存在一些共性的基层公共法律援助问题。[1]例如，服务质量的具体问题表现在值班人员窗口服务经验不足，未能给来访人提供直接、准确的指引；刑事案件会见笔录比较简单，有的未征询是否同意法律援助律师辩护的意见，大部分律师只会见一次，很少与受援人就开庭事宜进行庭前沟通，与办案机关沟通联系不及时，导致办案单位催促法律援助机构通知律师尽快阅卷，辩护意见不够准确、不够全面，庭审辩护效果不佳；民事案件主要依据受援人提供的证据材料，较少主动调查取证。再如，法律服务制度本身的立法缺陷以及主体力量不足，法律服务职业发展激励和评估机制不足。另外，这种地方探索的方法也导致了系统规范的基层公共法律服务案件质量评估标准的缺乏。它的效果需要综合诸多因素进行判断和衡量，而且对法律服务案件质量评估需要公安局、检察院、法院、司法部多机构多部门的配合协作，虽然司法部在 2012 年公布实施了《办理法律援助案件程序规定》，但也仅是对案件办理程序进行规定，对案件质量的评估尚没有统一的规范。

---

〔1〕 Peter H. Solomon, Jr. Todd S. Foglesong, *Courts and Transition in Russia*: *The Challenge of Judicial Reform*, Westview Press, 2000, p. 170.

第三节　样本与问题：基层公共法律服务 温江模式的实证分析

当前的司法改革是一个渐进发展的具体过程，是个别层次意义上方法论的体现。顶层设计强调改革的系统性和全局性，而地方性的试点注重探索性和实践性。[1]具体来看，构建覆盖城乡、惠及全民的公共法律服务体系，是党的十八届四中全会提出的重要任务，也是全面深化改革、全面推进依法治国的重要内容。四川省成都市温江区司法局以满足社会需求为导向，联合西南财经大学，共同研发"法治温江"大数据检索和可视化两个平台，开启数据化时代公共法律服务 2.0 版本，不断加强覆盖城乡居民的基层公共法律服务体系建设。[2]

一、温江模式的核心内容

第一，面向基层的公共法律服务"三级平台"。[3]温江区司法局紧紧围绕"覆盖城乡、功能完善、便捷高效、群众满意"的目标要求，构建了"公共法律服务区—镇（街）—村（社区）"三级实体平台。具体来说，在城区，建成了区公共法律服务中心；在镇街，建立了 2 处司法行政公共法律服务中心和 10 个法律服务窗口；在村（社区），设立了 116 个法律之家。

---

〔1〕 参见杨继文："论刑事司法改革方法论体系"，载《东方法学》2016 年第 5 期。

〔2〕 参见"'法治温江'大数据平台为新时代基层公共法律服务体系建设添色加力"，访问地址：http://www.wenjiang.gov.cn/wjzzw/bmdt/2018-06/22/content_0e7e5d69436e432588b2a1c7a6f66a09.shtml，访问日期：2018 年 6 月 22 日。

〔3〕 参见"温江区司法局探索构建公共法律服务'三级六化五服务'体系"，访问地址：http://www.scsnsf.gov.cn/html/news/tszs/2017-11/2479.html，访问日期：2018 年 6 月 22 日。

例如，温江区围绕"产业"与"商户（村民）"两个法治服务重点，加快推进以天星村为圆点辐射整个北部花木产业片区的法治文化建设。寿安镇天星村位于温江北部生态片区花木产业聚集中心区，近年温江区以园林景观文化为核心打造了首个植物编艺公园，为突出市场化发展，推进法治文化产品市场培育，温江区结合区域"川派盆景发源地""编艺之乡"的特色，引导编艺大师，通过编艺手法塑造形态各异的法治植物小品，并于法律之家花园集中展示。

温江区坚持以"建"为基础、以"用"为核心的要求，灵活设置法律服务窗口、花木行业调解室、法律援助联系点等微型平台，使群众在家门口就能看得见法治文化、享受到法律服务、感受到法治熏陶。同时，整合调动基层组织、网格管理员、村两委（村中国共产党党员支部委员会和村民自治委员会）等村委会力量，驻村律师、人民调解员、花木行业协会等专业力量，群众自治组织、志愿者等社会力量，共同参与法治宣传教育、法律需求收集、免费释法解惑、矛盾纠纷化解等工作，形成以共同推动法治、以法治保障共治的基层治理新格局。

通过天星村法律之家的建设加强青少年、进城务工人员以及广大村民的普法宣传力度，充分体现用法治思维和法制宣传的方式推动花木产业发展和生态旅游中化解矛盾的作用，做到人人知法、守法、懂法，努力形成人们不愿违法、不能违法、不敢违法的法治环境，整合生态片区的律师资源，贴近群众和实际，及时收集并制定出群众日常需要的合同范本。同时采取法律援助律师接待日的方式，既能与群众双向互动、解答群众的法律问题，又能以法律顾问的身份为当地村委会提供法律服务，提高驻村法律顾问服务的针对性和便利性。

温江区聚焦花木营销领域矛盾纠纷，通过与花木协会、规模种植户、村人民调解委员会合作，掌握纠纷调处难点，成立寿安镇花木纠纷人民调解委员会，重点发布片区花木行业纠纷调解花木品种年度参考价格，增强调解员对纠纷标的额的把控，改变因行业行情信息不对称导致协议履行率低的情况。

通过实地调研发现，寿安镇花木企业在花木营销的过程中，因合同不履行、争抢生意等问题引发了很多矛盾纠纷，绝大多数纠纷由于调解员对花木行业瞬息万变的行情不能及时掌控，也没有具体的参照标准，导致在花木纠纷调解上时有曲折反复的情况。因此，温江区在建设天星村法律之家的基础上融入"五子说事"文化（"院坝子、茶铺子、菜摊子、酒馆子、幺店子"），打造温江区首个由花木行业协会人员、法律援助律师、基层调解员组成的花木营销行业纠纷调解室。同时，依据花木行业协会的产业行业标准 [主要为花木行业规范标准及花木指导价格（根据不同时期的花木行情及时更新）]，制定寿安镇生态片区花木营销行业纠纷调解花木价值参考标准（根据实际情况实时更新），真正做到有制度、有标准、有操作性，充分发挥基层调解组织作用。

温江区花木交易的风俗习惯基本都是在茶馆里成交的。茶馆文化是温江花木交易的传统风俗，基于辖区 80%花木买卖成交信息出自茶馆的特点，温江区用"一茶泯恩怨"的理念，将盖碗茶的特色文化融入法律服务中，将法律之家变成喝茶聊天谈事的地方，使法律服务更接地气，让矛盾纠纷的调处得以在熟悉的环境中得到快速解决。

第二，基层公共法律服务的"四大工程"。一是构建基层公共法律服务宣传工程。先后打造出温江区法治文化主题公园、"星期八小镇"法治体验馆等名片项目和20余个优质法治宣传教育基地。编排了话剧《毒殇》、川剧《铡美案》等大型普法剧目，组织开展"法治大讲堂进校园"活动等。二是实施基层公共法律援助济民工程。以区法律援助中心为支撑，以10个镇街工作站及工青妇残（工会、青年联合会、妇联、残联）、民宗局、看守所、人武部等12个部门工作站为基础，以114个村（社区）联络点为终端，建立起"半小时法律援助服务圈"。三是开展基层法律援助律师服务惠民工程。建立法律援助专家库，顾问律师覆盖全区114个村（居）委会，建立"企业法律体检"制度，建立重大事件专项法律顾问服务制度。

例如，温江区司法局组建"温江法律学院"。由区法学会牵头，区司法局具体实施与西南财经大学法学院在温江区公共法律服务中心共建"温江法律学院"。旨在承担全区法律"智库"建设，不断充实全区法律人才储备，优化基层法律人才，提升全区依法治区水平。同时在温江区人民法院、检察院、司法局建立社会实践基地，让法学教师、学生在实践中感受社会主义民主法治建设进程，实现法律实务与法学理论教学研究的紧密结合。

再如，温江区发挥驻村法律援助律师的作用，做好换届选举"宣传员"。在村（社区）换届选举前期，指导全区驻村律师开展村（社区）换届选举"法治大讲堂"专项普法行动。驻村律师深入村（社区）集中时间开展《中华人民共和国宪法》《中华人民共和国村民委员会组织法》等法律法规宣传400余场，为换届选举营造了良好的法治环境。发挥驻村律师基层法律顾问的积极作用，协助基层党委政府和自治组织完善换届选举规范性文件，并参与指导换届选举工作，当好政策参谋和法律助手，参与选举程序审查10次，提出法律建议20余条。

四是创新基层人民调解和民工程。推进村（社区）人民调解委员会为主体，专业性、行业性人民调解委员会为"两翼"的调解组织建设。建成"秀云工作室"等一批个性化柔性调解工作室，发挥法律援助律师的专业知识，打造"红柳聊吧""五子说事"等群众议事平台，建立覆盖全区的"百会千点万人"论理说事新机制。

例如，温江区发挥驻村援助律师的作用，做好矛盾纠纷"调解员"。利用驻村律师贴近群众、熟悉民情的优势，开展矛盾纠纷排摸，特别对因选举程序、选民资格、选举方式等引发的矛盾纠纷隐患，排查一起、化解一起。对可能引发群体性事件或影响换届选举正常进行的重大矛盾纠纷、突发事件，做好疏导、调处工作，力争调处一件，和谐一片。截至目前，共调处各类矛盾纠纷405 件，调处成功397 件，成功率98%。

再如，温江区探索刑释人员柔性化安置帮教新模式。一是打造"中途之家"，做强安置主载体。依托区内企业黄大姐保洁服务有限公司，打造占地12 000 余平方米，集食宿、教育、培训、救助等功能于一体的安置帮教基地，建立重归社会的"中途之家"；通过政府购买服务，从企业选聘基地管理团队，确保基地有序运转；畅通基地与监所信息沟通渠道，在温江籍服刑犯相对集中的监所动态发布就业岗位需求，组织开展入监招聘，实现社会化帮扶与出监教育无缝对接。二是建构"资源洼地"，提供个性化帮扶。民政、劳动、工商、税务等部门在基地开设就业保障、营业登记、社会救济等绿色通道，上门提供高效政务服务；组织花卉园艺、市政服务等行业协会以及爱心人士和企业，在基地内开展职业培训、创业指导、心理健康咨询等针对性服务，2015 年以来已有79 人取得安全操作、园林绿化、家政保洁等从业资质，379 人走上工作岗位，13 人实现成功创业。三是广播"善心善行"，夯实情感主支撑。依托56 个社区的"430 课堂"，由区司法行政系统党员志愿者对安帮对象未成年子女进行课业辅导和情感关怀；联系高校志愿者开展"阳光夏令营"活动9 次，丰富安帮对象子女假期生活；常态化开展安帮对象家庭大走访，为特困对象家庭落实低保、协调解决子女入学等困难和问题，避免刑释人员及其家庭陷入情感孤岛。

第三，基层公共法律服务的质效管控机制。一是强化公共法律服务的质量监管。推行岗位责任、服务承诺、首问负责、限时办结、服务公开工作制度，积极开展案卷质量评查、建立执业诚信档案、质量跟踪查检等工作，规范公共法律服务机构和人员行为，确保公共法律服务质量。二是狠抓法律援助服务队伍的教育培训。深入开展党的群众路线教育实践活动，引导法律援助服务人员增强责任意识、法治意识，做到守纪律讲规矩，自觉践行法治。持续开展职业道德教育，对发现的问题提出批评、及时整改。每年定期举办各类培训班，讲解业务知识，提高业务水平。

例如，温江区通过以下三个方面措施完成公共法律援助服务满意度测评基础工作。一是分类施教，在扩大覆盖面上下功夫。根据不同地域、行业和对象的特点，分别开展"法润温江"新市民培育、"法促产业"专项普法、"互联网+法制宣传"行动，推动法治城市创建进程，不断扩大法制宣传覆盖面，截至目前共开展法制宣传52场，接受法律咨询800人，受教育群众达30 000人。二是创新形式，在提升服务知晓率上下功夫。在全区居民集中安置点、群众聚居地、集市、交通要道等醒目位置悬挂法律服务进村（社区）便民联系牌，向群众公示驻村（社区）法律服务相关信息，方便群众寻求法律帮助。同时，积极利用网络、广播、手机平台等现代传媒及板报、橱窗、广告灯箱等形式，提升群众对法律服务知晓率。三是贴近法律援助服务，在提升群众满意度上下功夫。统一印制驻村（社区）律师联系卡及与群众生产生活密切相关的法律法规、法律援助、公证知识等法制宣传资料3000份，由局领导带队、科室包片、司法所和驻村（社区）律师走村入户，散发联系卡、宣传资料，解答法律咨询。

第四，基层公共法律服务的信息化建设。依托法律大数据、微信、微博和门户网站等互联网平台，构建和提升基层公共法律援助服务的信息化水平。建成了"温江公共法律服务大数据可视化平台"，以"12348"和"82781148"为核心的热线咨询系统、以"温江法援"QQ群和QQ视频为核心的在线服务系统、以"温江司法"官方微博为核心的在线业务处理系统，形成虚拟网络和实体平台相互补充、协调互动的基层公共法律服务信息化网络，为打造"半小时法律援助"基层公共法律服务圈提供信息技术支撑。其中，研发并已投入使用的"法治温江"大数据可视化平台，将基层司法法律援助等业务板块案件数据实时汇总，通过大数据分析技术，形成从个案展示到链条分析，再到综合研判的立体式数据分析结果，及时感知社会需求变化动态、精准研判社会矛盾发展态势。[1]

例如，温江区构建"技防"网络，强化精准管控。在采用手机定位监控的基础上，对该区重点社区服刑人员实施脚环定位管理，通过北斗卫星导航系统（BDS）实施实时、动态、精准定位，搭建集人员定位、活动轨迹展现、违规预警、报警处置等功能于一体的立体式监督管理平台，实现24小时全方位监管，有效弥补以往手机定位监管出现的人机分离、定位不准等问题，切实筑牢社区矫正监管安全"防火墙"。

再如，温江区司法局推进"互联网+"新市民普法。一是奖励吸引扩面。利用官方微信"法韵温江"开展"口令红包""砸金蛋""拍下身边的温小法"等活动，吸引新市民参与普法，实现了手机网络与普法对象的无缝对接。自奖励活动开展以来微信

---

〔1〕 参见"'法治温江'大数据平台为新时代基层公共法律服务体系建设添色加力"，访问地址：http://www.wenjiang.gov.cn/wjzzw/bmdt/2018-06/22/content_0e7e5d69436e432588b2a1c7a6f66a09.shtml，访问日期：2018年6月22日。

阅读量已突破 5000 人，点赞人数达 395 人。二是互动普法提质。围绕《物业管理条例》《中华人民共和国民法总则》等法律法规，开设"微课堂""法治问答""法律知识抢答"板块，根据参与者答题正确率和时间给予奖励。以奖促学的普法方式提升了普法的质效，解决了新市民没有充足时间和足够兴趣学习法律的问题。三是按需推送增效。紧跟社会热点及新市民微信留言积赞，创作拍摄了"反家暴法·关爱儿童"和"未成年保护法"专题法治微电影 2 部，在"法韵温江"进行推送，点击观看人数达 1600 人，点赞人数达 219 人，让新市民足不出户便可以学到与生活密切相关的法律知识。

二、温江模式建设过程中存在的问题

第一，基层公共法律服务体系建设缺乏统一规划。这导致区级层面公共法律服务还显零散、体系性不强，使得散落分布的公共法律服务工作无论是实体依托、工作内容、人员配备、服务流程、保障力度，还是不同层级的区域分布、服务半径、服务监管等，还缺乏统一部署和标准规范。

第二，基层公共法律服务平台建设滞后。一是实体平台建设不均衡。区、镇街实体平台基础设施完备，软硬件配置齐全，在公共法律服务供给中起到主阵地作用，但村（社区）实体平台规范化、标准化难度较大，作用发挥也较为单一，甚至出现不同程度地闲置空转。二是信息化平台功能缺失。温江区司法局维护运行的公共法律服务信息化平台，主要是微信、微博和门户网站，仅能提供法律咨询、法制宣传、办事指南等基本服务，且与群众互动渠道分散，尚未形成公共法律服务资源聚集优势，群众关注度和使用频率不高。

第三，基层公共法律服务建设保障措施有待加强。基层公共法律服务的保障力度相比公共卫生、公共交通等稍显不足，特别

是在政策保障和经费保障方面显得比较突出，财政整体保障水平仍然较低。同时，通过社会购买方式的法律服务事项难以找到合适的社会组织承接。

第四，基层公共法律服务队伍专业化程度不高。区、镇街两级公共法律服务平台人员综合素质参差不齐，在解决群众法律诉求时有不及时、不专业的现象，公共法律服务的公信力受到质疑，社会认可度也大打折扣。

第五，基层公共法律服务产品"公益有余、供给不足"。律师是法律服务的重要组成部分，是法治建设的主力军，但温江区律师数量与其他城区相比，呈现总量不足问题。且温江区目前没有司法鉴定机构，公证员奇缺，法律服务行业从业人员总量不足是造成公共法律援助服务供给不足的最大制约因素。特别在每个村（社区）建立法律服务工作室后，工作室办公场所要与村（居）委会合署解决，而相关法律服务主要靠驻村法律援助律师电话值班和不定期坐班提供。基层公共法律援助服务资源投入不足、要素保障不够、服务人群少、服务产品更新慢、服务提供主体与社会公众互动少等原因导致服务产品整体供给不足。

第六，基层公共法律服务质量评估体系缺失。质量是公共服务的生命线，保持优质高效的服务质量是公共法律服务良性发展的内生动力。温江区尚未制定一项完整意义的公共法律援助服务质量评估体系，近年来出台的有关公共法律服务制度也仅针对具体服务项目，如《成都市温江区关于建设村（社区）法律服务工作室的实施意见》《成都市温江区关于加强"一村（社区）一律师"工作的实施意见》。总体来看，温江区在公共法律服务尤其是基层农村公共法律援助服务领域的制度不少，但缺乏纲领性、系统性的评估标准，导致服务质量参差不齐，影响了基层公共法律服务的社会公信力、群众认可度。

第四节　改进与提升：基层公共法律服务
制度的完善进路

构建覆盖城乡的基层公共法律服务体系，必须针对法律服务改革过程中的薄弱环节和工作盲区，按照政府主导、社会参与、布局合理、运行有效、惠及全民的原则，有计划、有步骤加以推进，实现好、维护好、发展好基层人民群众的基本权益。

一、明确基层公共法律服务体系的总体设计

一要明确思路。要统筹基层法律服务行业协调发展，以保障基层群众法律服务权益为根本目标，构建政府与社会的互动体系、加强农村和社区公共法律服务建设、积极构建覆盖城乡的基层公共法律服务体系。二要制定规划。抓紧研究制定基层公共法律服务体系中长期建设规划，明确构建思路、发展目标、阶段性任务以及保障措施等，通过顶层设计，推动科学有序发展。三要尽快将构建基层公共法律服务体系纳入地方经济社会发展总体规划，与经济社会发展一同研究部署、一同组织实施、一同督促检查。四要探索基层公共法律服务体系建设的地方立法进路。

二、加快基层公共法律服务的线上线下平台建设

基层公共法律服务体系建设要以实地与虚拟两大平台线上线下融合互动为业务支撑，分层次制定可按需扩展的公共法律服务基本产品清单，形成相对统一各具特色的"n+X"产品体系，研究制定公共法律服务质量监督和评价体系。在技术革新中不断迭代发展，在用户反馈后持续自我完善，努力重构公共法律服务体系，以"让用户通过网络得到更好的法律服务体验"为核心，提

高公共法律服务效率，提升群众满意度和获得感。[1]具体来看，一是加强实体平台建设。建立街区、镇街、村社三级公共法律服务平台，采取窗口化、综合性、一站式服务模式。二是加强热线平台建设。建立起全区的"12348"法律服务协调指挥中心。三是加快网络平台建设。充分运用四川省司法行政综合业务系统和四川省公共法律服务系统两个网络平台，加快构建温江区"法治温江大数据可视化平台"和"温江区公共法律服务便民查询平台"建设。四是完善服务产品体系。按照司法部《关于加快推进公共法律服务体系建设的意见》的界定，法制宣传、人民调解、公证服务、律师服务、法律援助、司法鉴定、司法考试等法律服务事项具有典型的公共属性，但从司法行政职能配置上看，上述事项中，前五类属于自上而下均能调配的行业资源。因此，建议将法制宣传、人民调解、公证服务、律师服务、法律援助作为基本公共法律服务产品，各级和各地按照区域内法律服务资源，将司法鉴定、司法考试和其他法律服务事项作为扩展产品，形成我省"5+X"公共法律服务产品体系。五是规范实体平台建设。一方面科学规划实体平台建设层级。建议区县及以上设公共法律服务中心，按需求分布设立片区分中心或园区分中心，各村（社区）综合功能体植入公共法律服务窗口，另一方面合理布局公共法律服务中心功能。按照靠前服务群众、缩短办事距离、提高服务效率的要求，建议区县以上中心把"前台后厂"作为功能布局标准，即在接待大厅设立法律援助、人民调解、公证服务、法律咨询、综合接待作为基本服务窗口，后台工作区按照业务进行办公区域划分，应当包含公证业务室、当事人会见室、纠纷调解室、档案资料室、行政办公室。各村（社区）综合功能体公共法律服务窗口提供法

────────

〔1〕 参见金海民、蒋晓闻："关于建立'互联网+公共法律服务'体系的实践研究"，载《中国司法》2016年第12期。

律援助、人民调解、公证服务宣传引导和法律宣传咨询服务。六是统一外观形象标志。建议统一为公共法律服务中心冠以行政区划名称；区县以下各片区、园区称公共法律服务分中心，冠以驻地镇街名或园区名，不冠行政区划名称。外观上，统一标志标牌样式，建议按照蓝色背景白色元素为基本识别底板，统一使用司法行政徽章、统一字体样式、统一门厅室桌牌模板；各类指示牌抬头统一为"中国司法"，司法行政徽章居中，抬头之下为各机构、部门或科室名称，体现司法行政系统上下统一的庄重形象。

表2.1　温江区司法局公共法律服务产品清单

（"5+X"，共9类，37项）

序号	业务板块	产品名称	产品描述
1	律师服务	服务机构查询	利用信息化平台，公示区属律师事务所、基层法律服务所及其他法律服务机构基本信息
		从业人员查询	利用信息化平台，公示区属法律服务机构从业人员基本信息及其执业记录
		法律咨询解答	为来访群众提供法律咨询解答服务，引导选择适当的维权途径
		常用合同范本自助打印	为群众提供房屋租赁、借贷担保、婚姻家庭、加工承揽、购销转让等常用格式合同范本
		常用法律文书草拟指引	为群众草拟常见法律文书给予指引，对其中涉及法律法规予以释明

序号	业务板块	产品名称	产品描述
2	人民调解	咨询受理	为群众提供调解咨询及受理调解申请
		业务培训	分类别建立调解案例库及调解专家库，供群众和社会组织点选，开展培训活动
		组织指导	全区人民调解组织审批工作，指导区内各类主体按需设立人民调解组织
		纠纷预警	全区民间矛盾纠纷调解工作数据汇总分析和通报； 受托对需求的各类主体内部矛盾纠纷进行研判，指导做好纠纷排查制度建设
3	法制宣传	普法讲师服务	建立普法讲师库，供企事业单位、社会组织选择普法讲师，开展各类普法宣传教育活动
		法治文化阵地索引	综合展示全区法治文化阵地，方便群众自由选择参观学习
		法治图书馆	提供宪法、合同法、劳动争议法等的法律书籍及法律案例书籍，供群众在线阅读或现场借阅
		普法文艺节目库	集成全区的法治文艺节目，供全区企事业单位或社会组织选择使用或在线观看
		普法"两微一端"	通过微信、微博和客户端，制作、传播法治，群众可以便捷获得法律知识

续表

序号	业务板块	产品名称	产品描述
4	法律援助	法律援助综合服务	为群众提供法律援助申请受理、审批、指派服务
		法律援助代书服务	为符合法律援助条件的群众提供与法律援助事项相关的代书服务
		民事法律援助	为符合法律援助条件的群众提供民事法律援助诉讼案件承办服务
		刑事法律援助	为符合法律援助条件的犯罪嫌疑人、被告人提供刑事法律援助承办服务
		公证法律援助	为符合法律援助条件的群众提供公证法律服务
		司鉴法律援助	为符合法律援助条件的群众提供司法鉴定服务
		他项法律援助	为符合法律援助条件的群众提供诉讼事务以外的，纠纷调解、心理干预、法律意见等非讼服务
5 (1)	公证服务	公证综合服务	公证咨询解答、申请指引
		法律行为证明	证明公民、法人设立、变更、终止法律上的权利义务关系的行为
		法律事实证明	证明法律行为以外的，对权利义务关系的设立、变更、终止有一定法律影响的一切客观事实

续表

序号	业务板块	产品名称	产品描述
5(2)	公证服务	法律文书证明	证明法律上具有特定意义或作用的各种文件、证书、文字材料客观真实性
		债权文书赋权	对无疑义的追偿债款、物品的文书，赋予强制执行效力
		保全证据	对可能灭失或以后难以取得的证据依法采取措施，对证据先行收集和固定，以保持其客观真实性和证明力
		公证提存	提存标的物
		代写有关文书	代写与公证事项有关的法律事务文书
		其他登记事项	法律、行政法规规定由公证机构登记的事务
6	安置帮教	就业培训	为刑释人员提供就业咨询与技能培训
		创业指导	对刑释人员创业进行指导
		远程探视	为在监服刑人员亲属提供远程视频探视，帮助服刑人员积极改造
7	司法鉴定	司法鉴定咨询	为群众提供司法鉴定咨询
		司法鉴定便民场所	满足群众人身类现场鉴定的基本需求

续表

序号	业务板块	产品名称	产品描述
8	司法考试	区级执法人员法律职业素能提升	为区级执法部门的行政执法人员提供法律职业素能提升服务
9	风险预防	法律风险扫描	运用大数据情报挖掘技术，从各类裁判文书、失信人名单等公开征信数据中查询目标对象的综合实力和信用水平，从知识产权类大数据中，挖掘即将启动的产品研发计划是否与他项专利冲突，避免侵权风险

三、落实基层法律服务保障机制

由温江区司法局的地方探索来看，公共法律服务制度改革需要通过相关主管部门出面进行经济和专业方面的支持和保障。律师作为法律援助最基本的力量，做了大量的公益援助。由于律师的收入一般都来自办案，而目前我们国家在律师提供法律援助方面的投入不够，律师提供法律援助就意味着要他牺牲个人收入。同时，法律援助的质量和水平直接关系到当事人的合法权益，也直接关系到实现公平正义，这又恰恰是律师和当事人共同追求的终极目标。因此，如果国家对法律援助有更多的投入，这样就可以使律师有更多的积极性，用更多的时间和精力去参与，并且这也有利于相关部门做更多法律援助方面的技能培训，以提高参加援助律师的执业水平和服务质量。例如，为了加强法律援助质量管理，荷兰法律援助委员会组织制定了《最佳实践指南》作为办理法律援助案件的质量标准，供律师参考。荷兰法律援助委员会成立了一个专门的研究机构，由相关法律专家和学者组成，负责编写法律援助评估年报、清理法律援助委员会债务、发布报告等。[1]具体来看，需要在秉持法律援助乃国家责任之立场的同时，充分引入非政府的行动力量，以社会机构、社会资金、社会律师和社会评价作为"政府扶持模式"之基础，利用社会向度之上刑事法律援助的竞争效应，激活刑事法律援助的竞争生态。[2]一是积极推动在地方政府购买公共服务经费中设立基层公共法律服务专项经费，扶持和促进基层公共法律服务体系均衡发展。二是大胆引入市场化运作机制，鼓励社会组织和市场主体积极履行社会责任，广泛筹集基层公共法律服务体系建设资金。三是利用报刊、电台、电视台、互联网等现代传媒广泛宣传基层公共法律服务的意义和作用，鼓励、引导和吸引社会各界为公共法律服务提供捐助，吸纳社会资金参与公共法律服务。

四、培养基层公共法律服务体系的人才队伍

建议加快推进公职律师队伍建设，联合财政、人社（人力资源和社会保障局）等部门出台关于公共法律服务社会工作者聘请等方面的政策，为各地建立专兼结合的公共法律服务力量创造条件，实现区县以上中心按照"1+2"（1个窗口接待人员配备2名后台支持人员）模式配备工作人员，片区分中心至少3名工作人员（1名公证员、1名法律援助工作人员、1名综合接待人员兼公证员助理）。具体来看，一是加强基层公共法律服务人才的引进。二是发展基层公共法律服务志愿者队伍，通过与西南财经大学法学院等高校共建实习基地，招募、培养志愿者参与基层公共法律服务活动。三是落实待遇。对专职基层公共法律服务人员应按规

---

〔1〕 参见刘帅克："法国、荷兰法律援助制度改革情况及启示"，载《中国司法》2014年第11期。

〔2〕 参见谢澍："刑事法律援助之社会向度——从'政府主导'转向'政府扶持'"，载《环球法律评论》2016年第2期。

定落实待遇报酬，倡导律师的职业伦理，建立人权律师制度，有助于强化律师法律援助的义务。[1]四是加强职业培训和合理规划职业发展，提升基层公共法律服务队伍素质。五是加强法律援助服务志愿者队伍建设。法律服务志愿者是指不为物质报酬，基于良知、信念和责任，利用自身所具备的专业知识和能力，自愿为社会和他人提供免费法律服务和帮助的人。建立包括律师、法律院校师生、离退休法律从业者及其他具备法律知识和工作技能的志愿者队伍，鼓励引导社会力量参与法律援助、法制宣传、人民调解等公共法律服务，发展壮大法律服务志愿者队伍，完善法律服务志愿者队伍的管理制度和服务方式，实现公共法律服务提供主体和提供方式的多元化。

五、关注和重视基层欠发达地区的公共法律服务

虽然司法行政机关已经制定了一系列扶持举措，关键要将它们落实下去，真正让需要法律帮助的人，尤其是在基层和欠发达地区的需要法律援助的人得到帮助。需要进一步发挥法律援助在扶贫中的作用，推进对贫困地区和农民工、残疾人等特殊群体的法律援助力度。根据司法部的部署，法律服务将重点向基层和欠发达地区倾斜，采取聘任制和律师志愿者参与等形式，解决基层及边远地区法律援助人员短缺的问题，将损害赔偿、婚姻家庭、劳动保障等纳入法律援助补充事项的范围。

六、健全基层公共法律服务管控体系

法律援助案件质量评估业已成为提升法律援助质量、推动政

---

〔1〕　参见贺海仁："法律援助：政府责任与律师义务"，载《环球法律评论》2005 年第 6 期。

府法律援助监管工作的核心手段和重要工具。[1]具体来说，一是建立健全公共法律服务标准体系。建议出台省级乃至全国的公共法律服务实体平台建设指导标准、服务规程标准，明确各类别公共法律服务场所和产品的建设标准、服务标准、评估标准。二是强化公共法律服务质量监管，建立科学合理的公共法律服务需求调查、工作反馈、服务测评、质量评估和失信惩戒机制，推行岗位责任、服务承诺、首问负责、限时办结、服务公开等工作制度，进行个案跟踪问效，确保服务产品质量。三是建立完善第三方评审机制，促进政府购买律师服务参与公共法律服务体系建设的长期健康发展。

附录：温江区公共法律服务体系建设方案

温江区城乡法制宣传教育体系建设方案

为贯彻落实《温江区关于推进公共法律服务体系建设的意见》，推进温江区公共法律服务体系建设，努力为全区人民提供标准规范、优质高效的公共法律服务产品，建立完善城乡法制宣传教育工作制度，特制订本方案。

一、概念界定

城乡法制宣传教育体系是指以党委、政府领导的，由司法行政机关负责实施的，以满足城乡居民对法律知识以及法治文化需求为目的，所开展的一系列活动的总和。

二、工作任务

1. 建设城乡法制宣传教育基地。加强城区街道、社区及村镇

---

［1］ 参见郝静、杨永志："构建法律援助案件质量评估体系之实证检视与对策研究——以 H 省法律援助案件质量评估试点为样本"，载《西部法学评论》2015 年第 6 期。

法制宣传教育场所建设，依托全区图书馆、博物馆、展览馆、社区文化活动中心、法律服务工作室，建立法制宣传栏或法制宣传橱窗，打造一批优质法制宣传教育基地。派专人定期维护相关展览场所，及时更新宣传内容。

2. 创新法制宣传教育方式及内容。充分发挥电视、杂志、报刊、广播、热线电话等传统媒介宣传模式，选取一批典型常态、贴近民生的案例，采取以案说法的方式，开展法制宣传教育活动。同时立足社会实践、与时俱进，积极开设、维护温江区微博、微信等新媒体，不断扩大在移动终端的受众主体，创新法制宣传内容与形式，采取语音、漫画、影音等图文并茂、城乡居民乐于接受的方式开展法制宣传教育活动。

3. 加强重点人群的法制宣传教育工作。结合目标群体的分布状况，加强对妇女、老人、儿童等弱势群体的法制宣传教育，确保其知法用法，依法维护自身合法权益。立足温江区城乡一体化发展现状，加强对外来务工人员、中小企业主的法制宣传教育，确保劳资双方知法、懂法、用法。

4. 建立特定日期开展法制宣传教育工作机制。选择3·15国际消费者权益日、4·22世界法律日、12·4全国法制宣传日等特定日期开展法制宣传教育活动。

5. 开展法治文化活动。充分利用法治文化主题公园和法治文化街区等载体，提高利用报刊、广播、电视、网络等现代传媒手段开展法制宣传工作的水平，开展法制宣传电影播放、法律知识竞答等一系列法治文化活动。

6. 建设法制宣传教育公益队伍。邀请高校教师、法律服务志愿者、律师以及其他热衷法制宣传教育事业的社会人员，定期组织法制宣传教育活动，可开展基本法律普及介绍、现身说法、法律风险预防等多个工作方向。

7. 推行法制宣传教育专项活动。在全区中小学配置法制副校长，深入开展"法制宣传教育进学校"活动，以青少年法制教育基地为依托，设立中小学法制知识课程，建立青少年合法权益保障和违法犯罪活动预防机制。

8. 印发法律宣传教育读本。对需要普法宣传的内容，印发法制宣传教育手册及读本，在法制宣传教育基地予以分发。在特定日期开展法制文化宣传等其他场合予以分发，扩大法制宣传教育的普及面及影响力。

9. 宣传典型工作事例。加强法制宣传教育工作的总结和报告，选取能够凸显工作实效，为人民群众所认可、满意的优秀工作事例，并向区政府和上级司法行政机关汇报，不断扩大影响力。

温江区"半小时"法律援助服务圈建设方案

为贯彻落实《温江区关于推进公共法律服务体系建设的意见》，推进温江区公共法律服务体系建设，努力为全区人民提供标准规范、优质高效的公共法律服务产品，建立完善"半小时"法律援助服务圈，特制订本方案。

一、概念界定

"半小时"法律援助服务圈是指，借助城乡村社法律援助网点建设与布局，开展法律援助工作，确保城乡居民的法律援助需求在半小时内得到受理。

二、工作任务

1. 拓宽法律援助范围，构建法律援助机制与其他救济制度的衔接机制。认真贯彻落实刑事诉讼法关于法律援助的具体要求，并建立律师援助代理诉讼和非诉讼业务制度。切实做好向困难群众及弱势群体提供法律援助的工作，探讨建立诉讼之外的法律援助工作项目。加强法律援助与司法机关、区共青团、区老龄办、区妇联等弱势群体保护单位的工作衔接，建立完善工作接洽制度，确保城乡居民获取法律援助的路径不断拓宽。

2. 建设法律援助工作平台。加强区法律援助中心、司法所法律援助台、村社法律援助点建设，在村级单位聘请法律援助联络员，构建方便群众的半小时法律援助服务圈。深化便民窗口建设，规范化接待受援群众，努力查找接待人员在工作效率、便民制度的落实、工作纪律方面存在的不足。

3. 建立信访与法律援助协作机制。建立法律援助介入信访案件机制，实现法律援助工作与信访工作的有效衔接，切实解决符合法律援助条件上访群体的法律服务需求。对符合法律援助条件的信访群众依法主动开展法律援助活动，运用法律援助分担信访压力。

4. 开展特殊群体法律援助专项活动。拓宽法律援助覆盖面，突出重点服务对象，将残疾人、妇女、儿童、老年人、农民工、服刑人员、社区矫正人员等列为重点援助对象，定期开展针对不同主体的特色化法律援助服务。

5. 建立购买律师服务参与法律援助制度。推行政府购买法律援助试点工作，明确参与承接区法律援助服务的资质条件。加强参与法律援助案件数量和质量作为律师事务所的考核比重，制定最低工作量指引标准，引导律师资源积极参与法律援助服务。

6. 建立法律援助案件回访追踪制度。建立健全案件质量评估反馈体系，对接受法律援助的主体要及时跟踪回访，检查承办人在法律援助中的办案效果，并将反馈意见作为指派单位考核承办人的重要指标，以此不断提高法律援助案件的质量。

7. 创新法律援助工作方式，提升服务效果。建立窗口申请、电话申请、网络申请、上门受理等多种工作方式。同时，采取申请受理主动服务相结合的工作方式，深入城乡社区、企业单位、开展主动咨询式工作模式。改进案件指派方式，根据案件性质和法律援助人员业务方向予以恰当配置，提升法律援助效果。

温江区法律顾问、咨询体系建设方案

为贯彻落实《温江区关于推进公共法律服务体系建设的意见》，推进温江区公共法律服务体系建设，努力为全区人民提供标准规范、优质高效的公共法律服务产品，建立完善温江区法律顾问、咨询体系，特制订本方案。

一、概念界定

法律顾问、咨询是指，具有法律专业知识的个人或组织依法接受公民、法人或其他组织聘请，为其提供法律服务，协助其运用法治思维解决法律问题、防范法律风险，以提高决策或管理的法治化水平。

二、工作任务

1. 建立覆盖区政府及工作部门的法律顾问网络。按照法律顾问聘请条件，采取个人申报、定向邀请和公开选聘相结合的方式，由区司法局提供符合担任法律顾问的法律机构及工作者名单，由区政府及各工作部门择优选取，与被聘请单位或个人签订法律顾问聘请合同，并建立相应的法律顾问工作制度，在重大执法行为、规范性文件制定、重大社会事项法律风险评估、重大合同签订等方面加强法律审查，为政府决策提供必要的法律支持。

2. 落实"一村一社一法律顾问"工作制度。区司法局按照就近原则提供备选名单，推荐给村委会或居委会与相关律师事务所签订法律顾问合同。组织相关法律工作人员入驻村社，围绕人民群众最关切的问题提供法律帮助、提供法律咨询、宣传法律知识，引导村居民理性化表达自己利益诉求，将矛盾化解在基层与萌芽状态。为基层自治组织实行民主化、法治化管理提供法律支持，提升基层民主政治的法治化水平。

3. 引导区内工商企业建立法律顾问制度。积极倡导并鼓励民

营企业和其他非公有组织建立律师顾问制度，确保法律顾问为企业从事经济活动提供必要的法律支持，实现温江区民营经济依法经营，实现量与质的双重提升。同时，服务"大众创新、万众创业"，引导行业协会、商会建立法律顾问工作制度，为多个处于创立或发展阶段的小微企业提供必要的法律支持，减免其法律咨询费用，确保小微企业获得公益性法律顾问服务，推动其更好更快发展。

4. 加强重点企事业单位的法律顾问制度建设。加强医院、改制企业等矛盾多发地法律顾问制度的建设，引导上诉单位在一定范围内选聘法律顾问，运用法治手段疏导化解相关社会矛盾。

5. 强化对法律顾问工作的监督和管理。法律顾问应当在与聘任单位签订合同范围内开展相关活动，严格遵守法律顾问工作纪律，不得利用法律顾问身份从事与职责无关的事宜。区司法局负责对担任法律顾问的单位或个人进行监督管理，认真收集并整理相关聘用单位对法律顾问工作情况的反馈。区司法局将法律顾问工作开展情况纳入受聘单位或个人的年度考核范围，定期组织法律顾问工作研究，总结交流工作情况、经验和教训，逐步改善工作方法，推动全区法律顾问工作水平的提升。

温江区公证法律服务体系建设方案

为贯彻落实《温江区关于推进公共法律服务体系建设的意见》，推进温江区公共法律服务体系建设，努力为全区人民提供标准规范、优质高效的公共法律服务产品，建立完善温江区公证法律服务体系，特制订本方案。

一、概念界定

公证法律服务是指，公证机构根据自然人、法人或其他组织申请或委托，依照法定程序对民事法律行为、有法律意义的事实和文书的真实性、合法性予以确定的证明活动。

二、工作任务

1. 加强公证机构基础设施建设。完善主城区公证机关窗口建设，开展标准化工作试点，建立公证法律服务标准体系，着力打造一流公证服务行业窗口。同时将公证服务向城乡社区、村镇延伸，依托司法所、村委会和居委会，设立1—2个标准化公证咨询服务站，积极推动公证法律服务向基层延伸，进一步解决村社公证资源不足问题，推动公证资源合理布局。

2. 拓宽公证法律服务领域。推动公证服务介入教育、医疗、社会保险、拆迁、农村土地流转、农村土地改革、担保贷款等多项容易发生纠纷的重点民生领域和社会领域，加强对社会热点问题和利益纠纷集中点的公证服务介入力度，努力服务于城乡统筹一体化建设需要。通过前期提供综合性公证法律服务，为城乡居民采取法治化手段处理矛盾和纠纷提供证据支持。

3. 完善公证服务工作模式。在开展窗口受理的同时，开展巡回办证、蹲点办证，组织公证人员定期或者不定期深入街道、村社开展公证咨询，受理公证业务。采取公证流动车形式，深入基层、社区村镇，力争上门办证的数量取得一定突破。将人民群众常见的各类公证事项及公证流程汇编印发，制作公证宣传资料，提升群众办理公证的意识。

4. 进一步规范公证办理程序。对全区公证文书和公证卷宗进行统一规范，推行公证档案电子化查询，推行公证精细化管理。完善当事人摄影存档制度，将申请人办证事宜全程录像，当场签名确认存档，避免假证、错证现象发生。严格规范办证程序，确保公证受理、审查、审批、出证、归档各个流程的规范化运作，努力实现执业标准化、工作规范化。

5. 加强公证队伍建设。重点解决温江区公证力量不足的问题，探索建立公证辅助业务人员选聘外包制度，委托本区部分人力资源公司招聘、培训公证辅助人员，以不断满足本区公证业务增长工作需求。加强公证队伍培养，定期开展培训工作，健全培训机制，推动公证队伍正规化和专业化。充分发挥温江大学城辐射作用，引导高层次法学科研人员及司法机关离退人员参与公证事业。

6. 充分发挥公证协会的自律管理作用。公证协会应当加强对新型公证事项和处理突发性公证事项的业务指导，不断提升行业内业务水平。发挥公证协会对公证业务的行业监督力度，由协会定期开展工作总结，充分发挥行业协会的自我管理、自我完善的积极性和主动性。

7. 加强公证执业监督。建立公证服务监督评价机制，加强对公证业务的质量管控，定期开展公证服务及卷宗检查评比工作，最大程度避免公证事故的发生。强化公证风险控制，将检查结果列入公证员考核内容，不断健全完善以群众满意度为导向的公证服务评价管理体系。

温江区司法鉴定服务体系建设方案

为贯彻落实《温江区关于推进公共法律服务体系建设的意见》，推进温江区公共法律服务体系建设，努力为全区人民提供标准规范、优质高效的公共法律服务产品，建立完善温江区司法鉴定服务体系，特制订本方案。

一、概念界定

司法鉴定服务是指，在诉讼活动中，鉴定人运用科学技术或者专门知识对鉴定申请人或委托人所提出的专门性问题或相关材料进行鉴别和判断，并提出鉴定意见的活动总和。

二、工作任务

1. 实现温江区司法鉴定机构的零突破。支持实力较强的司法鉴定机构在温江区设立分支机构，在司法所或村社设立司法鉴定服务点、便民服务所或基层农村工作站，实现司法鉴定法律资源下沉，推进便捷、优质的司法鉴定服务逐步覆盖城乡、延伸基层。

2. 加强司法鉴定工作硬件建设。建设标准化办公场所，实现接待室、鉴定室、档案室的独立设置；按照司法部及四川省司法厅要求配备齐全必要的鉴定仪器和设备，加强司法鉴定机构技术设备建设，推动鉴定场所规范化建设，并开展检查验收及总结评定活动。

3. 拓宽司法鉴定服务领域。及时将与保障民生和服务民生密切相关的鉴定事项纳入统一登记管理范围，将交通事故、保险理赔、医疗损害、工伤鉴定、征地拆迁等相关事项纳入司法鉴定的服务范畴，并着力制定医疗事务、交通事故、工伤事故等司法鉴定标准及技术规范，解决多重鉴定、重复鉴定、矛盾鉴定问题，为人民调解、公证、仲裁、诉讼等纠纷解决活动提供必要的证据支持。

4. 探索建立公益性鉴定服务体系。探索司法鉴定与法律援助相结合制度，减轻困难弱势群体的诉讼成本，对符合鉴定援助的当事人实行鉴定费用减免优惠政策，确保困难群众依法享有公益性鉴定服务，保障其合法权益，突出司法鉴定活动的公益性。

5. 加强对司法鉴定工作的监督和指导。建立健全司法鉴定人执业评价机制，加强培训考核，建立来自人民群众、专业组织、社会、司法机关评价反馈机制。指导辖区内各鉴定机构加强信息的收集和报送，认真编辑活动信息、简报或专刊，全面反映司法鉴定工作的规范化建设进度以及先进工作经验的总结。

6. 加强对司法鉴定队伍的教育培训。建立全区鉴定人资质数据库，探索推行全区鉴定机构工作人员培训班，定期开展相关执业培训活动。规范鉴定人出庭作证活动，通过接受法庭及当事人双方的质证，提升鉴定公信力。

7. 发挥行业协会自我管理的职能。健全司法行政机关和行业协会相结合的统一管理机制，指导鉴定协会开展行业内部管理和工作交流，重点解决贬低同行、压价、收取回扣等不正当方式揽取业务的行为，确保行业竞争良性发展。

温江区矛盾纠纷人民调解机制建设方案

为贯彻落实《温江区关于推进公共法律服务体系建设的意见》，推进温江区公共法律服务体系建设，努力为全区人民提供标准规范、优质高效的公共法律服务产品，建立完善矛盾纠纷人民调解机制，特制订本方案。

一、概念界定

矛盾纠纷人民调解机制是指，在人民调解委员会的主持下，以国家法律、法规、规章、政策和社会公序良俗为依据，对产生矛盾纠纷双方当事人采取说服教育、规劝疏导，促使双方当事人互谅互让、平等协商，自愿达成协议、消除纠纷的一种工作机制。

二、工作任务

1. 建立社会矛盾纠纷人民调解综合指挥点。在温江区公共法律服务中心建立区人民调解指挥分流中心，负责全区重大矛盾纠纷的调解，研究制定辖区人民调解工作指导意见和工作方案，加强对全区矛盾纠纷调解工作的综合协调处理，负责对跨部门、跨地区案件采取联合调处。同时将热线受理、窗口受理、网站受理的一般性矛盾纠纷指挥分流至辖区内街道、村社、行业调解组织，充分发挥区人民调解中心的统筹、协调作用。

2. 加强人民调解组织的系统化建设。进一步健全城乡人民调解委员会建设，实现街道、村社100%建立人民调解委员会。严格执行司法部及省厅关于人民调解委员会的规范化建设要求，逐步实现人民调解委员会规范化建设率达到85%以上的目标。探索建立治安纠纷、道路交通事故人民调解机制，在公安派出所及交通事故处理大队设立人民调解室，运用调解方式妥善解决治安纠纷及交通事故纠纷；探索建立医疗纠纷人民调解机制，在主要医院建立医疗纠纷人民调解委员会，建立健全医疗纠纷人民调解工作联席会议制度；探索建立物业纠纷人民调解机制，加强已建住宅小区人民调解组织规范化建设，大力宣传人民调解工作机制，引导居民通过调解方式处理矛盾纠纷；探索建立厂区人民调解工作机制，在全区已建立工会组织的500人以上的企业建立人民调解委员会，在其他企业结合实际情况建立调解小组，并挂靠所在街道、乡镇人民调解委员会；探索建立城乡商事纠纷调解机制，与区工商联建立工作指导协调机制，协助区工商联指导城乡商会建立健全商事调解组织。

3. 完善人民调解与行政调解、司法调解联动工作机制。探索建立人民调解与行政调解联席会议，在征地拆迁等涉及民生的重要行政行为上，强化人民调解对行政调解的介入力度；探索建立访调对接机制，对有可能通过人民调解处理的信访案件，及时分流至各类人民调解组织；探索建立与公安机关的联调机制，对轻微矛盾引起的纠纷，引导当地人民调解委员会介入，实行先行调解制度；探索建立驻派法庭调解室，着力调解涉及婚姻家庭、损害赔偿、经济纠纷等事项，分流民事诉讼压力。建立诉调对接机制，完善诉前调解告知、诉中调解委托、吸收人民调解员参与诉讼调解；探索建立检调对接，就检察环节刑事和解、民事申诉执行和解等事项开展调解对接。

4. 加强人民调解员队伍建设。总结推广政府购买服务方式、聘请专职人民调解员的经验和做法，把有法律知识，能够联系人民群众、热心人民调解事业的社会志愿人员充实到人民调解队伍中去，不断改善调解队伍结构。增强基层调解力量，每一村委会、居委会人民调解委员会配备一名专职调解员，由各街道、乡镇负责落实并登记造册上报区司法局备案；探索建立人民调解援助团，从相关单位吸收在法律、道路交通事故处理、物业、劳动纠纷、拆迁征地等方面具有专业知识的人员组成人民调解援助团，以志愿的方式为各类专业性调解提供咨询服务和专业意见。强化对人民调解员业务的培训，区司法局要把调解员的培训纳入统一规划，每年定期在调解知识、卷宗制作等方面对人民调解员采取学习讨论、现场观摩等方式来集中培训，不断提升人民调解员工作技能水平。落实人民调解员工作报酬，将调解工作专项经费列入财政预算，保障其足额到位；建立案件调解补贴与奖励相结合机制，调动调解队伍工作积极性。

5. 不断优化调解工作方式。调解工作要由事后受理向事中参与和事前预防转变，最大限度将矛盾化解在产生初期。人民调解员工作要与法制宣传工作相结合，由调解员深入开展普法教育，从源头上预防和减少矛盾发生。人民调解工作要与信息收集工作相结合，针对矛盾的突发性和可变性，人民调解员要建立可靠的信息来源通道，及时掌握第一手信息，增强工作的主动性。人民调解工作要与纠纷排查工作相结合，发现矛盾苗头，及时上报。在纠纷发生之初尽早介入或亲临现场，稳定当事人情绪和行为，防止矛盾纠纷的激化。

温江区公共法律服务体系标准化建设方案

为贯彻落实《温江区关于推进公共法律服务体系建设的意见》，推进温江区公共法律服务体系建设，努力为全区人民提供标准规范、优质高效的公共法律服务产品，建立完善公共法律服务体系标准化工作制度，特制订本方案。

一、概念界定

公共法律服务体系标准化建设是指，运用标准化理念和方法，将公共法律服务体系建设中的模式化、可重复性和需要统一执行的服务项目和管理内容，通过技术指标、规章制度、活动方案等形式加以总结提炼，并形成可推广、可复制的工作经验和建设模式。

二、工作任务

1. 明确标准化建设工作主线。公共法律服务体系标准化建设是一个综合性工程，是需要区司法行政机关统筹、协调的重要工作内容之一，是其行政管理职能的部分体现。因此，并非所有属于司法行政管理职能的事项都可以纳入公共法律服务体系标准化建设之中。公共法律服务体系建设作为工作主线，其主要内容应当包括法制宣传、法律援助、法律咨询、司法鉴定、法律公证、人民调解等。所以，在推进区公共法律服务体系标准化建设中，应当准确把握公共法律服务体系的内涵和外延，围绕上述工作内容制订相应的标准化建设方案。

2. 梳理已有标准化工作制度。按照公共法律服务体系建设内容，充分整合梳理现有资源和成熟工作制度，总结反思已有制度和工作方案在当下建设公共法律服务体系的大环境下是否可以继续实施、适用。做好与上级文件之间的承接，完善相关配套制度，细化具体实施细则。确保现有制度能够有效落实，促使其成为公共法律服务体系标准化建设方案的有机组成部分。

3. 补充完善标准化工作制度。在梳理现有可以纳入公共法律服务体系标准化建设工作方案的基础上，探索建立符合公共法律服务体系内涵和外延标准要求的新型化、创新型服务项目和工作制度，补充完善标准化工作制度。采取对照类比的工作方式，制定与现有工作内容性质相同或相近的标准化工作制度；采取考察学习的工作方式，将其他省市地区关于公共法律服务体系建设的优秀做法和先进经验与温江区实际情况相结合，不断丰富完善具有温江特色的公共法律服务体系标准化工作制度。

温江区公共法律服务体系实体平台建设方案

为贯彻落实《温江区关于推进公共法律服务体系建设的意见》，推进温江区公共法律服务体系建设，努力为全区人民提供标准规范、优质高效的公共法律服务产品，建立完善公共法律服务体系实体平台，特制订本方案。

一、概念界定

公共法律服务体系实体平台是指，包括区公共法律服务中心、街道乡镇司法所公共法律服务站、村社法律服务工作室在内的，以提供公共法律服务、满足城乡居民基本法律服务需求为宗旨的，一系列实体化工作场所的总称。

二、工作任务

1. 制定基本技术指标。区一级设立"温江区公共法律服务中心"，采取"前台后厂"工作模式，选址以方便群众办事为原则，服务窗口采取"4+1"模式，即安排法律咨询、法律援助、人民调解、公证处四家工作单位集体入驻，并建立相应的特色综合服务窗口，集中受理转接其他公共法律服务事项。区公共法律服务中心设置等待区、咨询室、会客室、会议室等工作场所，以满足基本工作需求。

街道乡镇设立"公共法律服务站"，集中整合司法所法制宣传、人民调解、法律援助等服务，以及其所协办公证业务，统一命名为"×镇（街道）司法所公共法律服务站"。

村委会、居委会设立"公共法律服务工作室"，依托村委会或者居委会工作场所，设立村居公共法律服务实体平台，整合村委会、居委会律师法律顾问、专职人民调解员、法律援助联系点等法律服务资源，统一命名为"×村（社区）公共法律服务工作室"。

（1）外观。区公共法律服务中心大门正上方（门楣）挂横式标志，区名称为"温江区公共法律服务中心"。街道乡镇公共法律服务站、村社公共法律服务工作室可以根据实际设置标牌，有条件的可单独设置门牌。

（2）内部标示。人员公示栏：区公共法律服务中心应设置公示栏，公布法律服务人员基本信息、投诉监督电话等内容。乡镇、街道、村居公共法律服务站（室）可以设置公示牌，公布法律服务人员的姓名、职务、服务内容、联系方式、驻点时间等内容。宣传栏：通过设置固定宣传栏、宣传内容上墙、编印宣传指南、手册、便民服务卡等多种形式将公共法律服务的主要服务项目、内容、方式、流程、办理时限、收费标准等向社会和群众予以宣传、介绍。宣传内容一般应包括公共法律服务七大领域总体介绍，以及各类特色法律服务项目重点介绍。印发各类公共法律服务宣传手册，供办事群众查阅。工作牌：分为桌面工作牌和胸牌两种，上面标有工作人员的照片、姓名、职务、职责，便于群众识别。窗口设置：区公共法律服务中心设置法律咨询、法律援助、人民调解、公证服务、综合服务窗口，条件具备的，可增设法律指引等多个窗口。街道、乡镇、村社区公共法律服务站（室）可以只设置1个综合服务窗口，条件具备的也可根据需要，增设其他窗口。

（3）基本设施。区公共法律服务中心应考虑服务项目、服务内容、服务对象和办公需要，合理配置办公和服务设施。根据需要配备办公电脑、办公电话、打印机、复印机、传真机等，设置法律服务热线电话（12348）；设置公示栏，用于公示服务人员、服务项目、服务内容、服务流程、所需材料、办理时限、收费标准、收费依据等服务信息；设置宣传设施，用于放置办事指南、服务手册、示范文本等相关资料的存取栏（架、台），用于介绍公共法律服务事项的高清电视机（包括办事流程、办理时限、申请材料等资讯内容）；设置基本服务设备，供群众自助服务的电脑、多媒体屏（电子显示屏、触摸屏等）；设置等候场所，提供群众书写、等候休息的桌椅、饮水机、无障碍通道等便民设施，安装意见箱（簿），公示投诉电话。有条件的可通过公共法律服务信息化网络、微信、微博等载体提供服务。司法所及村社公共法律服务平台可结合实际，合理配置相关设备。

2. 明确服务项目、方式及内容。

（1）服务项目。包括但不限于以下服务项目：法制宣传教育服务、律师服务、公证服务、司法鉴定服务、基层法律服务、法律顾问服务、人民调解服务、法律援助服务。各级公共法律服务平台可以根据需要和条件进驻上述部分服务项目，并逐步进驻全部服务项目，也可以进驻其他更加丰富的服务项目。

（2）服务方式。指引：主动提供公共法律服务的相关信息和资料。咨询：以互动方式提供公共法律服务的相关信息和资料。受理：接受对公共法律服务的申请。办理：经审核同意后或不经审核直接提供公共法律服务。转接：将不属于自己受理范围的事项转接至其他窗口或单位。投诉：获知并处理公共法律服务中的违法或不当行为。各级公共法律服务平台可以根据需要和条件提供上述部分服务方式，并逐步提供至全部服务方式，也可以提供其他更加丰富的服务方式。服务方式与服务项目、内容可以进行多种组合。

（3）服务内容。区公共法律服务中心开展法制宣传教育；现场解答法律和相关业务咨询；受理、办理公证、法律援助、人民调解等业务；指引司法鉴定及司法行政其他业务；提供法律顾问服务；受理对律师、公证、法律援助、司法鉴定等服务投诉；完成当地党委、政府和上级部门交办的其他工作。乡镇街道公共法律服务工作站开展法制宣传教育；解答现场和电话法律咨询；指引和开展人民调解工作；指引、解答法律援助咨询，受理、审批部分法律援助事项；指引、解答公证咨询，协助办理相关公证业务；指引司法鉴定及司法行政其他业务，解答相关业务咨询。村社公共法律服务工作室解答现场法律咨询，宣传法律知识；指引和开展人民调解工作；指引法律援助申请，解答相关咨询；提供"一村一社一法律顾问"工作；指引相关法律服务；等等。

3. 制定具体工作制度。各级公共法律服务平台应当建立健全以下工作制度：服务人员岗位职责制度，接待服务规范守则，首问责任制度，一次性告知制度，限时办结制度，投诉处理制度，登记统计、信息报送制度，档案、台账管理制度，检查考核制度。

温江区公共法律服务体系数字平台建设方案

为贯彻落实《温江区关于推进公共法律服务体系建设的意见》，推进温江区公共法律服务体系建设，努力为全区人民提供标准规范、优质高效的公共法律服务产品，建立完善温江区公共法律服务体系数字平台，特制订本方案。

一、概念界定

公共法律服务体系数字平台是指，包括 12348 公共法律服务热线电话、公共法律服务门户网站、两微一端（微博、微信、手机客户端）在内的，以提供公共法律服务、满足城乡居民基本法律服务需求为宗旨的，一系列数字化工作系统的总称。

二、工作任务

1. 完善 12348 热线服务电话工作平台建设。统一将律师、基层法律工作者、司法行政人员定期编排到 12348 服务热线工作中，重点探索购买律师服务参与热线服务、将全区热爱公益、具有丰富执业经验的优秀律师通过各种激励机制选拔到热线服务队伍。推动 12348 热线的内部分流衔接机制，建立与公共法律服务其他负责主体、区内各司法所的交流联通机制，及时登记转接不属于 12348 工作范围的事项，确保人民群众办事有路。推动 12348 热线的外部分流衔接机制，妥善处理社会公众的多项服务需求，与区内 110、12315、12319 等其他服务热线的互联互通，建立相互协作关系。加强对 12348 服务热线值班工作的组织、领导、监督和管理，加强对服务人员的技能培训，出台相关工作制度，定期采取录音抽查，强化跟踪管理，确保 12348 热线电话的服务质量。

2. 推进公共法律服务网站工作平台建设。开发设计温江区公共法律服务网站，建立线上公共法律服务平台，将法律援助、司法鉴定、司法公证、人民调解等服务项目呈现在网站上，确保人民群众足不出户即可享受优质高效的公共法律服务资源。改造升级区司法行政官方网站平台，设计涵盖司法行政各项业务的智能司法行政网站，并开发由司法行政机关主页链接到公共法律服务网站的技术，实现司法行政机关的其他职能与开展公共法律服务工作有机结合。制定完善公共法律服务网站工作规章制度，落实专人负责维护网站日常运行，整合公共法律服务项目和公共法律服务产品，打造全区公共法律服务大厅，广泛实行网上咨询、网上受理、网上办理、网上审核、网上监督，实现公共法律服务的在线服务与落地服务相结合。

3. 加强"两微一端"工作平台建设。加强"温江司法"新浪微博建设，开设温江公共法律服务专栏，定期更新推进温江区在公共法律服务体系建设方面的进度，不断提升其影响力。加强"法韵温江"微信平台建设、推出微信公共法律服务点查询定位功能，完善微信预约、微信办事功能。加强温江区公共法律服务手机客户端软件开发建设，通过开发软件，将网络平台与区公共法律服务中心的公共法律服务产品整体移植到手机等移动终端设备上来，为手机客户提供在线公共法律服务，确保人民群众可以通过手机客户端及时准确获取公共法律服务信息，实现在线申请、办理业务、互动交流的服务。

温江区公共法律服务队伍建设方案

为贯彻落实《温江区关于推进公共法律服务体系建设的意见》，推进温江区公共法律服务体系建设，努力为全区人民提供标准规范、优质高效的公共法律服务产品，发展壮大温江区公共法律服务队伍，特制订本方案。

一、概念界定

公共法律服务队伍是指，由区司法行政工作者、法律服务工作者、法律服务志愿者组成的，以提供公共法律服务、建设普惠性公共法律服务体系为目标的有组织的集体。

二、工作任务

1. 加强区司法行政工作者队伍建设。坚持把加强司法行政领导班子建设作为推动公共法律服务体系建设的重要任务之一，大力推进学习型、服务型和创新型领导班子建设。召开工作推进会议，定期组织举办公共法律服务体系建设工作汇报、研讨和交流活动，深化司法行政工作队伍对公共法律服务体系建设工作的认识，在思想上重视起来，为工作落地推进奠定坚实的基础。结合具体建设方案，组建区司法局领导、各科室、司法所负责人及工作人员为成员的公共法律服务体系工作推进小组，明确责任、细化方案、统筹安排，认真贯彻落实《温江区关于推进公共法律服务体系建设的意见》及附属各建设方案，加强工作调研，召开专题工作会议，确保各项工作有序开展。

2. 加强区法律服务工作者队伍建设。充分发挥区司法局、业务科室及司法所的领导协调作用，加强业务上的指导和思想上的教育，统筹安排法律服务工作者参与到区公共法律服务体系建设中。探索配置由公共财政补贴的专职工作人员参与公共法律服务体系建设，选配专职人民调解员、公证辅助人员、公益性工作岗位工作人员提供基础性公共法律服务。重点探索建立政府购买律师服务参与公共法律服务体系建设工作方案，申请设立财政专项列支，结合《中华人民共和国政府采购法》及公共法律服务工作性质特点，推动律师服务进入政府集中采购目录，明确律师可以参与提供公共法律服务的内容和类别，提高区公共法律服务体系建设的质量和水平。建立由采购主体、服务对象和第三方评估机构组成的评审机制，对律师服务定期综合考评、结项验收，不断提升律师提供公共法律服务的质量。

3. 加强区法律服务志愿者队伍建设。建立区法律服务志愿者队伍，积极引导社会各界符合条件的热心公益人士加入志愿者组织，不断壮大区法律服务志愿者队伍。依托区、乡镇街道、村社，建立完善法律服务志愿者活动平台，为志愿者开展活动提供必要的后勤条件支持；建立完善网络联系平台，方便志愿者之间沟通。推行区志愿者标准化工作活动机制，加强对志愿者招募、登记备案和日常管理，建立志愿者活动方案，引导志愿者积极参加区公共法律服务体系建设，及时总结好的经验和工作做法，创新工作机制，努力形成体系完善、运行规范、机制健全的志愿者工作格局。

第三章

信息技术:"互联网+" 与司法信息协同平台构建[1]

　　"互联网+"时代需求和司法改革的当务之急是司法的信息化建设,网上司法信息协同平台的构建和完善是"互联网+"时代对于检察机关等司法部门信息化建设的根本要求。当前网上司法信息协同平台的现状与问题主要体现在:信息工程建设缺乏统筹规划,分散建设模式导致信息孤岛;信息需求以业务职能为中心,推进信息共享各自诉求不同;各部门数据标准不同,信息共享遭遇技术壁垒;信息安全保障机制不完善,信息共享推进如履薄冰。司法改革中地方探索的"政法部门信息共享与业务协同平台"为我国司法信息协同平台的建设提供了重要的样本和参考,该平台被构建为资源层、支撑层、应用层和安全支撑子系统、配置管理子系统等部门,完全能够满足各个司法部门之间信息协同和共享工作的需要。

　　随着信息技术的快速发展,"互联网+"渗透到社会各个领域。[2]"互联网+"的实质是实体世界与互联网世界如何接轨、融

　　〔1〕 本章内容的实证调研和资料分析,感谢时任四川省都江堰市人民检察院黄马检察官的帮助和建议。
　　〔2〕 在2015年3月5日召开的十二届全国人大三次会议上,李克强总理在政府工作报告中首次提出"互联网+"行动计划。"互联网+"是以互联网为主的新一代信息技术(包括移动互联网、云计算、物联网、大数据等)在经济、社会生活各部门的扩散、应用与深度融合的过程,本质是传统产业的在线化、数据化。"互联网+"行动计划应着力于三个方面的内容:一是着力做优存量,推动现有的传统行业提质

合和进化，并由此产生新的"互联网文明"。[1]"互联网+"世界的创新和发展使得全球的各种信息进行了重新配置，这对于司法部门来说具有十分重要的理论和实践意义。司法部门需要及时反映信息技术的时代背景，在刑事司法打击违法犯罪方面尤其需要技术性的支撑和多样性的信息来源。[2]目前来看，我国司法部门的信息化建设水平也在不断提升，各部门围绕核心业务开发、应用相关信息系统，积累了较多的有益经验和信息数据。但由于司法各个部门之间总体上缺乏信息共享和协作的机制和平台，使得日常司法工作中大量的部门之间的协作和沟通需要通过人工方式来实现，造成重复劳动、效率低下等问题。如何整合司法各个部门之间的信息资源和业务系统，建立行之有效的部门间共享、协作机制和平台，成为司法部门信息化工作以及应对"互联网+"时代需求和司法改革的当务之急。其中，一个非常重要的内容就是要加强技术和方法的研究和思考，并进而促成当前司法改革的整体转向，使其成为调整和变更利益关系、解决复杂而艰巨的难题的关键所在。[3]有的检察院构建了"智慧检务"工程，探索"互联网+信息化+检察"工作模式。[4]2015年以来，A检察院牵头建设了该省首个"政法部门信息共享与业务协同平台"，取得了

（接上页）增效和转型升级。二是着力做大增量，打造新的增长点，培育新产业，发展新业态。三是要推动优质资源的开放，完善服务监管模式，增强社会民生等领域的公共服务能力。具体请参见宁家骏："'互联网+'行动计划的实施背景、内涵及主要内容"，载《电子政务》2015年第6期。

　〔1〕 黄璜："互联网+、国家治理与公共政策"，载《电子政务》2015年第7期。

　〔2〕 James A. Inciardi, *Criminal Justice*, Oxford University Press, 2002, p. 43.

　〔3〕 参见汤火箭、杨继文："司法改革方法：比较、问题与应对"，载《四川大学学报（哲学社会科学版）》2016年第1期；杨继文："用方法论指引和推进司法改革"，载《人民法院报》2016年4月17日，第2版。

　〔4〕 参见刘俊祥："'互联网+'环境下的'智慧检务'工程进路"，载《中国检察官》2016年第7期。

一定的成效，本文将结合该平台建设的实践经验，在"互联网+"的理论和背景下，对司法部门的信息共享与业务协同平台的建设与应用进行研究和探索，求教方家。

第一节 "互联网+"时代的司法需要信息协同平台

随着全面深化改革的深入推进，人民群众对司法公正和效率的需求越来越高，"互联网+"时代的"社会管理创新"已成为当前政法工作中最重要的课题之一。新形势下，电子政务信息化的关注重心已经从单一部门单一业务的内部信息应用系统建设，逐步转向如何更好地共享与融合跨部门的信息，整合提升政府和司法部门的公共服务和管理能力。中央政法委书记孟建柱在 2016 年中央政法工作会上曾着重指出，信息共享和深度应用不够是制约社会治理现代化的一个瓶颈，要加大组织力度，搭建有效平台，提高信息综合利用水平。例如，从刑事司法系统的最终目的来看，参与治理违法犯罪的最基本部门和主体包括警察、起诉、法院和执行部门，能否最终达到治理的目标需要的是上述各个司法部门的协同一致配合和互相影响制约。[1]

十八届五中全会提出"互联网+行动计划"的网络强国战略。[2] "互联网+"对于检察机关等司法部门的信息化建设具有推动作用。[3]以信息技术为核心的新一轮科技革命正在孕育兴起，互联网日益成为创新驱动发展的先导力量。可以说，信息优

---

〔1〕 Sue Titus Reid, *Crime and Criminology*, McGraw - Hill Companies, 2000, p. 316.

〔2〕 陈桂华："互联网+职务犯罪合成作战平台构想"，载《中国检察官》2016 年第 9 期。

〔3〕 钟云东："'互联网+检察'助推派驻检察室工作"，载《中国检察官》2015 年第 23 期。

势已成为核心优势，谁占据信息优势，谁就能掌握主动、赢得未来。这些年来，各级检察机关重视依托互联网技术，积极推进网上办公办案，部署应用全国检察机关统一业务应用系统和案件信息公开系统，已经尝到了互联网技术的甜头。在新的形势下，要充分认识到，"互联网＋检察工作"，不是简单的检察工作加互联网，而应更加重视信息技术发展和互联网应用在检察机关的不断拓展，以信息化引领检察工作现代化。[1]

第二节　网上司法信息协同平台的现状和意义

一、信息协同平台的现状

目前，我国各个司法部门都建立了较为完善的垂直专属网络，在部门内部实现了信息化系统办公。而垂直信息化不断深入，横向信息孤岛的问题却越来越凸显。这与"互联网＋"所追求的协同共享要求存在较大差距，与当前部门间存在的信息壁垒的矛盾日益凸显。例如，《"互联网＋检察工作"研究报告》称，"互联网＋检察工作"的价值实现取决于三点：一是新信息基础设施的形成。二是大数据整合与价值挖掘。三是基于前两方面而引发的分工形态变革。目前，在技术改造方面检察机关态度比较积极，在基础设施部署安装、应用开发、平台建设等方面已有一定积累，在业务形态创新方面进展稍显缓慢就会影响到工作流程的优化及人员的科学配置。[2]具体来说，网上司法信息协同平台的现状与问题主要有以下几个方面的内容：

---

〔1〕　曹建明："做好互联网时代的检察工作'＋'法"，载《中国法律评论》2015年第3期。

〔2〕　正义网络传媒研究院："首份《'互联网＋检察工作'研究报告》解读"，载《检察日报》2016年1月13日，第12版。

第一，信息工程建设缺乏统筹规划，分散建设模式导致信息孤岛。各部门现有信息系统都建设在部门专网上，通过物理隔离不与外界连通，在网络层面为信息共享和业务协同设置了障碍。此外，由于各部门管理自成体系，以及资源共建、共享模式没有达成共识等多种原因，形成了相互独立和封闭的信息孤岛。这种信息孤岛效应难以形成"法际关系"的合力规制和综合治理，最终可能会产生我国法律体系之间以及立法、执法与司法的混乱。[1]

第二，信息需求以业务职能为中心，推进信息共享各自诉求不同。各部门组织结构是条块分割的二维模式，即纵向层级制和横向职能制相结合的矩阵结构，在信息资源采集上，各部门以职能划分，在信息共享上需求不同，在统筹协调和机制完善等方面存在困难。例如，公安机关的政务微博、微信运用虽然一直走在政府职能部门的前列，但面对"互联网+"计划上升为国家战略的新发展趋势，很多公安机关的政务双微运行却还一直停留在"+互联网"的模式上，双微协同中还存在着定位不清、互动不充分，突发事件应对上的共振效果不佳、服务"官僚化"等问题。[2]

第三，各部门数据标准不同，信息共享遭遇技术壁垒。目前，各部门信息采集、处理、加工和维护等都是自成系统，尚未统一标准，现有的信息系统之间数据的直接互用性较弱。而且，新建平台难以与现有系统和信息资源直接对接，增加了建设成本和难度，且建成后扩展存在困难，影响了信息共享推进进程。例如，在法院系统，一些地方依赖于人工填写结案卡片而非电脑自动捕获相关信息，这也会影响生成的数据评价的科学性、真实性。所

〔1〕 杨继文、梁静："经济犯罪法际关系治理论"，载《南昌大学学报（人文社会科学版）》2016年第2期。
〔2〕 刘桂玲："'互联网+'视域下的公安政务双微研究"，载《山东警察学院学报》2016年第4期。

以，如何构建和实际操作全面、充分反映审判公正、效率、效果的指标体系还需要不断摸索。[1]

第四，信息安全保障机制不完善，信息共享推进如履薄冰。"互联网+"是互联网与传统行业融合发展的新的经济形态，其正在迅速兴起，也得到了中国政府的大力扶持。但是，在相关产业蓬勃发展的同时，也面临着大量的风险与法律问题。[2]司法部门业务中保密信息较多，信息共享会增加泄密概率，出于部门利益或安全考虑，在推进信息共享上态度自然十分审慎，安全保密成为拒绝共享的理由。对涉密信息定级、权限设置、保密管理等需进一步规范，信息安全保障水平需提升。

二、信息协同平台的意义

在"互联网+"环境下，互联网不再仅仅发挥信息基础设施的作用，更为重要的是互联网将成为改进经济社会实体管理、生产和经营方式的创新要素。[3]基于司法信息平台的运作原理和要求，在各个司法部门业务中，诸如犯罪嫌疑人身份信息、犯罪事实、犯罪证据等具有工作内容上的可复制性，可以直接应用在司法信息平台当中。而案件受理、期限控制、文书送达等工作事项在司法部门之间具有的可衔接性又为司法信息平台的构建提供了必要的信息要素。因此，在确保司法公正的前提下，充分整合司法资源、提升办案效率已成为司法部门工作发展的重要方向。通过整合跨部门、跨网络的各类资源，可实现部门

---

〔1〕 参见左卫民："信息化与我国司法——基于四川省各级人民法院审判管理创新的解读"，载《清华法学》2011 年第 4 期。

〔2〕 吴志攀："'互联网+'的兴起与法律的滞后性"，载《国家行政学院学报》2015 年第 3 期。

〔3〕 王兴伟等："面向'互联网+'的网络技术发展现状与未来趋势"，载《计算机研究与发展》2016 年第 4 期。

之间信息共享，部分法律文书、文件资料的网络流转，"零距离"协同办案，保障实施同步监督。司法业务协同的基础是信息共享，各部门提供本部门管理的权威数据，在共享基础信息的基础上，促进司法部门之间的业务协同，有助于打破司法部门间"信息壁垒"，为破解"执行难"等问题提供了重要的方式和思路。

第三节　网上司法信息协同平台的构建目标和原则

一、构建目标

四川省都江堰市的司法部门信息协同平台被称为"都江堰政法部门信息共享与业务协同平台"，它的目标在于，基于现有的政法专网，连通政法委、公安局、检察院、法院、司法局、看守所等部门，实现政法部门的网络对接，完成数十种业务协同办理、上百种数据信息共享（如图 3.1）。

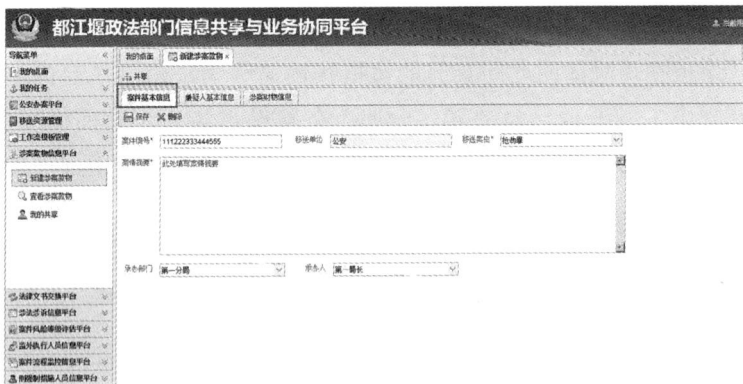

图 3.1　都江堰政法部门信息共享与业务协同平台

在上述总体目标要求下，都江堰市的司法部门信息协同平台的建设技术难度大、业务条线复杂、数据种类繁多，为降低建设难度和政府投资风险，按照分三期实施的总体思路进行建设。

第一期为初建期，通过对一审案件全流程实现，构建出基础的信息共享及业务系统技术平台，并在各部门之间实现一审案件的业务协同和基础数据的信息共享，实现共享的信息既包括案卡信息也包括案件的文书信息和卷宗信息。

第二期为对接期，在一期基础上实现各自系统和本平台的对接工作。以此达成更为完备的业务协同和信息共享。

第三期为发展期，根据前期建设基础，完成除一审案件以外的其他业务流程的业务协同，并可根据此平台构建刑事诉讼监督系统，进一步保障检察监督职能发挥。

二、构建原则

（一）需求牵引、面向服务的原则

任何持续有成效的共享应用都必须以应用需求为导向，以满足业务需求作为出发点，否则就只是"形象工程"。建设共享平台应当充分征求各部门意见，采集应用需求，合理设计系统功能，建立符合各个司法部门具体环境下的服务体系，以适应业务灵活重组扩展的需要。

（二）规范化及个性化的原则

司法部门网上信息共享与业务协同平台必须依照政法部门相关管理规范，同时又要兼顾信息化系统特点，在符合规范的同时，又能满足信息共享与业务协同的方便性和具体业务的个性化。

（三）先进性和实用性的原则

合理运用技术，优化配置软硬件资源。对于更新不频繁的共享信息，可采用间隔一定时间周期性进行批量处理交换，而对于更新频繁的共享信息应当做到随需随时调用，保障及时获取最新数据。

（四）灵活性及可扩充性的原则

系统的设计应着眼当前、考虑长远，充分体现系统设计的灵活性及可扩充性，确保系统能够随着业务的调整、数据的更新不断升级，从而不断发挥其最大的效益。

（五）适宜性及经济性的原则

精心设计规划，以合理经济的投资，最大程度保证投资效益。推动信息共享应该遵守共享信息适用而止，满足业务办理需要即可，不求全。尽量降低共享信息提供者负担，减轻后期数据维护工作量。

（六）安全性及易用性的原则

平台上线运行前须充分测试，确保软件系统的安全性。信息共享不是公开，应当严格遵守保密规定。以非涉密信息共享为主，对于涉密信息，应当完善保密工作机制。明确数据责任，规范共享信息的采集、发布、移送、权限及责任承担。

第四节　网上司法信息协同平台的具体构建

一、平台的总体架构

平台从总体架构上可分为资源层、支撑层、应用层和安全支撑子系统、配置管理子系统。资源层是各业务部门的具体业务系统资源。支撑层是平台架构的核心部分，支持常见的关系型数据库。依托支撑层可实现数据交换、文书服务和卷宗服务，用户可通过系统交换文书、扫描文档、调用电子卷宗，制作的电子卷宗，可与检察院统一业务应用系统的电子卷宗接口对接。统一消息服务和身份认证系统也在支撑层实现，可升级为电子身份认证系统，平台的总体架构如下图3.2。

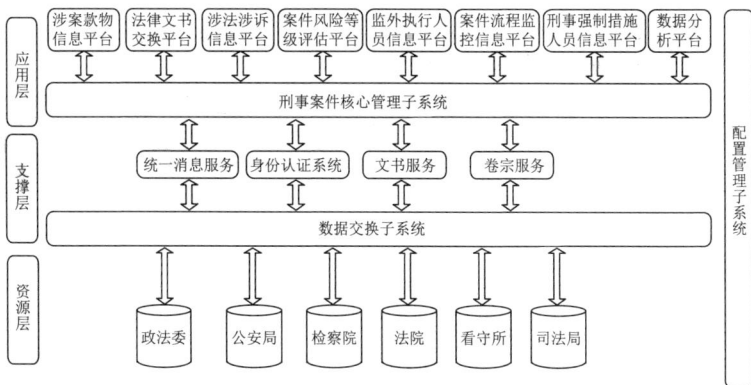

图3.2 平台的总体架构

二、平台的功能实现

根据司法部门工作需求，都江堰市政法部门信息共享与业务协同平台一期建设了涉案财物信息、法律文书交换等7个子平台，可在后期继续拓展，形成"7+X"的总体功能架构。

（一）涉案款物信息子平台

实现网上涉案财物信息登记、移送，便于相关部门实时监控、准确掌握涉案财物流向，确保妥善保管、跟踪、监控、及时处置被扣押的涉案财物，避免涉案财物被截留、挪用、调换、遗失或以其他方式侵占、损毁等问题的发生。

（二）法律文书交换子平台

实现政法部门法律文书、工作文书网上交换、移送。实现政法部门网上实时随案移送法律文书，相较纸质文档移送明显提高效率、节约成本，增强了文书的保密性和安全性。

（三）涉法涉诉信息子平台

实现涉法涉诉案件信息登记、共享、管理，通过网上分发、移送，解决涉法涉诉案件认领工作费时、费力等问题，提高效率。网络流程清晰，有助于实施监督，防范徇私舞弊，维护法治公平和正义。

（四）案件风险等级评估子平台

各部门在办案中对案件进行风险等级评估，共享给后续的办案部门，以便在办案中规避风险，化解矛盾。规范风险案件的办理流程，提醒办案人员在办理风险案件时提前做好预防与稳控措施，防范和化解办案过程中的各种社会矛盾。

（五）监外执行人员信息子平台

政法部门通过该平台共享监外执行人员信息，有助于加强对监外执刑人员的监督和管理，便于对监外执行人员的刑罚执行及对监管活动实施有针对性的监督。

（六）案件流程监控信息子平台

实现案件办理的最新状态实时共享，同时，检察院和法院等司法部门可及时掌握案件进展，了解案件的办理流程，监督案件办理流程是否符合规定，有效促进案件办理的规范化、标准化。

（七）刑事强制措施人员信息子平台

共享被采取刑事强制措施人员信息，保障刑事强制措施人员的处理情况跟踪监督，可避免相关部门的重复录入，同时可以通过网上提交延长羁押期限等申请，接收单位网上给出处理意见，提高办案效率、节约办案资源。

第五节 构建"互联网+"时代司法信息协同平台的经验和启示

互联网和信息化是把双刃剑:一方面,互联网的出现使信息的流动速度大大加快,生产和提供信息的成本大大降低。另一方面,互联网使信息的识别也更为困难。[1]因此,四川省都江堰市"政法部门信息共享与业务协同平台"的构建过程中,就是不断克服困难的过程,总结相关构建经验,有助于我国各个司法部门的协同工作以及当前司法改革的继续深化和有序推进,也为更广层面的应用和推广提供了样本和参考。

一、统筹推进平台建设

在司法过程中,尤其是刑事司法运行过程中,案件和事实不仅仅是在法庭被调查和证明,他们需要调动很多部门和资源,需要共同努力和推进才能最终完成。[2]在"互联网+"时代,司法信息协同平台建设和运行涉及部门多,资金投入大,工作量大,技术难度也较大,肯定会遇到不少困难和问题。政法委作为各个司法部门的共同领导和协调机关,由其统筹规划和协调落实最为合适。在政法委的作用和推进下,各司法部门共同建设、共同使用,避免投资浪费和重复建设。通过统筹需求,综合考量,兼顾部门利益,使得平台建设的阻力最小、效益最大。

---

〔1〕 张维迎:《信息、信任与法律》,生活·读书·新知三联书店 2003 年版,第 252 页。

〔2〕 Sanford H. Kadish, Stephen J. Schulhofer, Rachel E. Barkow, *Criminal Law and Its Processes: Cases and Materials*, Little, Brown and Company, 1995, p. 14.

二、检察机关主力推动

对于信息共享和业务协同，各政法部门均有较强的应用需求。检察机关作为法律监督机关，诉讼监督职能的履行贯穿诉讼全程，与人民法院、公安机关、司法行政机关均有密切的信息互通需求，监督职能的切实、充分履行更加基于对信息的及时全面掌握。因此，由检察机关来推动平台建设能够更加有效的串联各部门应用需求。工作中，建设构想的提出、功能需求的征集、总体架构的设计、与研发单位的沟通均主要由检察机关推动完成。例如，2014 年初，K 市人民检察院建成覆盖检察业务、行政管理的系统平台，通过电子案卷流转系统、检委会调阅系统、律师借阅系统、归档查询系统，实现电子案卷制作、归档、查询、调阅、共享、提取等流程化管理，极大地提高了工作效率。[1]

三、问题导向完善功能

平台的基础在于构建，生命在于运用，建好不是目的，用好才是根本。要能够解决实际问题，平台才有生命力。例如，涉案财物管理工作中存在的管理不规范、移送不及时、监管不到位等问题，一直困扰司法部门，通过在平台中建立涉案财物信息流，实现实时监控，准确掌握涉案财物流向，能够促进依法规范处置。工作中大量法律文书要专人负责整理、移送、登记，而数字化卷宗的应用却很少，通过网络来移送和管理文书将有效提高工作效率，节约司法资源。瞄准这些实践中的困难和问题，对于各部门均有现实意义上的考量，提高了平台的实用效能。

---

〔1〕 杨舒涵："'互联网+'助力提升检察公信力"，载《新疆日报（汉）》2015 年 11 月 16 日，第 7 版。

四、完善规范管理机制

信息共享平台的应用要正常化、日常化和规范化。平台建成后应当制定运行管理规定，保障信息共享的及时性和数据的高利用率。成员部门间建立联络员制度、联席会议制度和协调工作会议制度，定期开展信息共享与业务协同分析总结，通报工作情况，及时协调处理平台运行中的重大问题和具体问题。各成员单位应当制定管理制度，规范工作要求和保障机制，应由专人负责录入及审核，确保办案部门、录入人员与平台终端一体，信息录入与案件办理及时、完整、安全、规范和统一。

第四章

大数据应用：大数据与刑事拘留检察监督信息化改革

检察院对于刑事拘留的司法监督需要及时反映信息技术的时代背景。通过大数据和云计算的具体操作和智能分析，可以实现将刑事拘留案件的过程和结果进行"全覆盖"式地分析、预测和研判，实现检察机关对公安机关侦查措施的"静默监管"。当前刑事拘留检察监督信息化建设存在缺乏统筹规划、信息数据难以互动和整合、安全保障机制不完善等问题。刑事拘留检察监督应当树立"大数据"思维，着力构建涉及刑事拘留检察监督的信息大数据系统并注重从刑事拘留检察监督的主体要件、程序要件和法律适用要件等方面完善和细化大数据的分析和研判。

习近平总书记曾在中央全面深化改革领导小组的第三十六次会议上重点强调互联网等大数据与司法治理的创新机制之间的关系问题，提出了实现司法主动拥抱大数据的基本要求。在大数据时代尤其是"计算法学"时代，一旦社会和技术条件具备，走向基于社会计算的法学研究才真正具有现实的可能性。[1]而在检察院正在进行的信息化改革背景下，互联网时代的检察大数据构建、检察智能化改革等具体措施将极大地推动和深化检察监督等职能的实施和完善。检察机关在面对刑事拘留等具体侦查领域时，不仅需要检察信息化改革的保障作用，而且更加需要提高检察监督

---

〔1〕 钱宁峰："走向'计算法学'：大数据时代法学研究的选择"，载《东南大学学报（哲学社会科学版）》2017年第2期。

实效、提高检察管理规范化运行和完善检察监督执法的能力。因此，在刑事拘留的检察监督之信息化改革和具体巡检、专项检察监督措施的实施过程中，需要重视的是刑事拘留检察监督改革主动适应互联网、大数据的发展趋势，促进大数据与刑事拘留检察监督改革的深度融合。

第一节　刑事拘留检察监督信息化
建设的现状与问题

一、刑事拘留检察监督信息化建设的现状

20 世纪以来，对人类社会生活和法律部门影响最大的学科，人工智能和计算机科学当属其中。[1]"互联网+"世界的创新和发展，使得全球的各种信息被重新配置，这对于检察部门来说具有十分重要的理论和实践意义。检察院对于刑事拘留的司法监督需要及时反映信息技术的时代背景，在刑事司法打击违法犯罪和保障人权方面尤其需要技术性的支撑和多样性的信息来源。[2]在当前的互联网信息时代，对刑事拘留的检察监督活动则是对限制人身自由司法措施和侦查手段的司法信息监督，本质上是特定的司法系统与周围信息环境进行信息交换与物质交换的过程。目前来看，我国检察系统的信息化建设水平也在不断提升。例如，有的检察院构建了"智慧检务"工程，探索"互联网+信息化+检察"工作模式。全国各地检察院围绕检察核心业务开发、应用相关信息系统，积累了较多的有益经验和信息数据。但由于司法各

---

〔1〕［加］泽农·W. 派利夏恩：《计算与认知》，任晓明、王左力译，中国人民大学出版社 2007 年版，第 1 页。

〔2〕James A. Inciardi, *Criminal Justice*, Oxford University Press, 2002, p. 43.

个部门之间总体上缺乏信息共享和协作的机制和平台，刑事拘留检察监督司法工作中各个部门之间的协作和沟通通常需要通过人工方式来实现，从而造成重复劳动、效率低下等问题。

我国刑事拘留检察监督信息化改革主要为了解决侦查实践中存在的"限制人身自由措施之间关系失衡""对侦查手段的司法监督方法不科学"等问题。一般认为，刑事拘留等强制措施制度设置的主要目标在于保证犯罪嫌疑人或被告人能够顺利接受审讯和保全相关证据资料。在刑事拘留等强制措施的实施过程中，存在着一种所谓的"交替现象"，即不同种类的强制措施可能在刑事诉讼过程中交替出现。而目前检察机关基本上是基于传统"小数据"来开展对刑事拘留等侦查环节这种交替现象进行检察监督。真正意义上的人工智能和大数据应用还比较少，这种情况将会严重制约和阻碍刑事拘留检察监督工作的信息化改革，导致无法克服"乞丐式监督"的命运。从刑事司法系统的最终目的来看，参与治理违法犯罪的最基本部门和主体包括警察、起诉、法院和执行部门，想要最终达到治理的目标，需要的是上述各个司法部门的协同一致配合和互相影响制约。[1]如何整合检察院与公安侦查部门之间的信息资源和业务系统，建立行之有效的刑事拘留大数据共享、协作机制和平台，成为当前检察监督信息化工作以及应对"互联网+"时代需求和当前司法改革的当务之急。因此，"在新的形势下，要充分认识到，'互联网+检察工作'，不是简单的检察工作+互联网，而应更加重视信息技术发展和互联网应用在检察机关的不断拓展，以信息化引领检察工作现代化。"[2]

---

〔1〕 Sue Titus Reid, *Crime and Criminology*, McGraw-Hill Companies, 2000, p. 316.

〔2〕 曹建明："做好互联网时代的检察工作'+'法"，载《中国法律评论》2015年第3期。

二、刑事拘留检察监督信息化建设的问题

新近发布的《"互联网+检察工作"研究报告》明确提出了"互联网+检察工作"的实现要素，主要包括三个方面的内容，即检察机关如何提升"互联网"的信息设施与信息能力、法律大数据如何与检察机关的职能进行整合、检察机关信息化改革之后的具体运行机制完善。从目前检察机关的实践来看，信息化改革和大数据建设都比较积极，有的检察院已经在信息设施、平台应用以及大数据分析研判方面走在了理论前面。[1]但是，在大数据时代检察监督信息化改革背景下，这种刑事拘留的检察监督信息化建设也存在一些问题，主要有以下几个方面的内容：

第一，公安机关的刑事拘留信息系统与检察机关的监督信息系统缺乏统筹规划，难以推进信息共享。公安机关的刑事拘留侦查信息系统与检察机关的监督信息系统，都是分别设立在内网或者专网上的，难以在信息化背景下实现刑事拘留相关信息的协同和共享。两大部门的信息系统和信息化建设难以形成共享资源和模式，进而形成了相互独立和封闭的信息孤岛。这种信息孤岛效应难以形成刑事司法的合力规制和综合治理。例如，在刑事拘留的信息资源采集上，执行部门与监督部门以职能划分，在信息共享上需求不同，在统筹协调和机制完善等方面存在困难。

第二，两大部门的信息数据标准不同，导致刑事拘留检察监督的信息数据难以互动和整合，技术壁垒难以被攻破。正如前面所述，公安和检察两大系统的数据信息在很大程度上并不相互匹配，数据信息的具体技术处理和分析研判尚没有统一的评价体系，

---

[1] 正义网络传媒研究院："首份《'互联网+检察工作'研究报告》解读"，载《检察日报》2016年1月13日，第12版。

大数据意义上的分析和智能运算存在一定的数据偏差。而且，新建平台难以与现有系统和信息资源直接对接，增加了建设成本和难度，且建成后扩展存在困难，影响了信息共享推进进程。"这也就导致了检察机关没有必要的权威审查和纠正公安机关违法羁押的问题，检察机关发出的'纠正违法通知书'得不到执行，甚至遭到公安机关的变相拒斥。"[1]

第三，刑事拘留检察监督信息系统的安全保障机制不完善，信息共享推进如履薄冰。"互联网+"是互联网与传统行业融合发展的新的经济形态，正在迅速兴起，也得到了中国政府的大力扶持。但是，在相关产业蓬勃发展的同时，也面临着大量的风险与法律问题。[2]这正如刑事拘留等强制措施也存在一定的风险一样。这种强制措施意义上的制度适用，由于是一种典型的审前未决程序而存在风险防范问题，并且由于刑事庭审中的无罪推定等基本原则的要求而更加体现出一定的风险性。大数据进行合理预测和研判的重要基础之一就在于各种信息数据的最大化可获得性。[3]而检察监督业务中保密信息较多，信息共享会增加泄密概率，出于部门利益或安全考虑，在推进信息共享上态度自然十分审慎，安全保密成为拒绝共享的理由，对涉密信息定级、权限设置、保密管理等需进一步规范，信息安全保障水平急需提升。随着检察信息化的发展和改革，监督业务系统的运行和创新对信息化建设的要求也日益提高，在应用系统和数据不断升级扩充的同时，管理难度和运维成本等因素成为制约检察大数据构建和检察信息化发

---

〔1〕 陈瑞华、黄永、褚福民：《法律程序改革的突破与限度——2012 年刑事诉讼法修改述评》，中国法制出版社 2012 年版，第 118 页。

〔2〕 吴志攀："'互联网+'的兴起与法律的滞后性"，载《国家行政学院学报》2015 年第 3 期。

〔3〕 Bruce Ratner, *Statistical Modeling and Analysis for Database Marketing*: *Effective Techniques for Mining Big Data*, A CRC Press Company, 2003, p. 149.

展的重大障碍。[1]

第二节　刑事拘留检察监督与"大数据"技术创新

刑事拘留检察监督信息化改革与技术手段的创新和应用是相辅相成的。检察监督的信息化改革带动了技术创新发展，创新则解决了检察监督信息化改革的各种难题，一场政法系统的"科技革命"方兴未艾。而通过大数据和云计算的具体操作和智能分析，可以实现将刑事拘留案件的过程和结果进行"全覆盖"式地分析、预测和研判，从而实现检察机关对公安机关侦查措施的"静默监管"。也就是说，这种法律大数据的构建和应用，通过将侦查机关的具体刑事拘留措施与同类案件的大数据分析结果进行比对，从而快速筛选出异常情况，最终达到提高监督实效的根本目的。[2]这种法律大数据的方法和原理，能够较为有效地规范检察组织和个人的具体监督调查措施，明确加强刑事拘留检察监督重要性的改革目标，进而提高我国检察监督体系的科学性和规范性。

一、"人工智能检察院"的监督大数据模式

"大数据技术描述了一个技术和体系的新时代，被设计于从大规模多样化的数据中通过高速捕获、发现和分析技术提取数据的价值"。[3]我国刑事拘留检察监督制度信息化改革的本质在于消

---

〔1〕 刘军："虚拟化技术在检察信息化中的应用"，载《上海信息化》2012 年第 11 期。

〔2〕 高晋康、王方、朱乾灿："大数据推动构建法治信仰"，载《中国社会科学报》2016 年 6 月 21 日，第 4 版。

〔3〕 张吉豫："大数据时代中国司法面临的主要挑战与机遇——兼论大数据时代司法对法学研究及人才培养的需求"，载《法制与社会发展》2016 年第 6 期。

除传统监督实践中以检察人员的个人经验为主的"综合估量"调查方法的弊端，而将法律大数据的具体成果和统计数据与刑事拘留的具体案件信息相结合时，需要注意的是怎样将大数据的信息与技术贯彻于刑事拘留中的人之行为模式、程序之具体运作节点和法律之适用要件当中。刑事拘留检察监督的大数据信息化改革在于实现大数据和人工智能辅助检察监督人员的刑事拘留监督，从而有利于检察监督人员进行全面分析和比对研究，进而实现信息化改革意义上的监督运行模式升级。进而，应当将法律大数据方法和信息化原理引入检察监督应用的理论和实践中，这将有利于合理确定监督措施的具体适用对象，有利于将刑事案件中的具体事实和情节进行量化和数字化处理，最终实现刑事拘留监督措施信息化改革的理性化和智能化。

例如，贵州省的"人工智能检察院"通过"驻所检察信息管理分析系统"，可以查看当地看守所关押人员的罪名、时间、程序等情况的实时数据，进而调整刑事拘留检察监督的工作重点。而在检察院的大数据中心，可以通过"大数据分析服务系统"查看全院的检察监督业务模块，这样有助于领导有针对性地进行下一阶段的监督工作部署。在大数据分析的"案件流程监控系统"，案件管理部门以及监督部门可以查看全院的刑事拘留和逮捕情况，实行动态监控预警，保证了全院案件的刑事拘留监督程序安全。具体来看，针对刑事拘留的检察监督工作，主要通过"侦查活动监督平台"，对侦查拘留过程中的程序、主体、法律适用等违法行为，对照25类111项监督事项进行详细分析，进而通过向公安等侦查机关制作侦查活动监督通知书来进行制度制约和监督改正。再如，在四川省成都市，检察机关开发和构建了涉及刑事拘留检察监督的一系列业务大数据系统，补充侦查监督平台、审查活动监督平台等，使得刑事案件从批准逮捕开始就能够在智能大数据系统中留痕，保证了检察机关对侦查活动的全面且精准地监督。

又如，在上海市，为了破解刑事拘留存在的"线索发现难、调查核实难、监督处理难"三难问题，检察机关研发了刑事案件办案辅助系统。206 工程正在探索人工智能技术与司法结合的"证据校验"创新路径，将刑事拘留侦查机关执法细则等法律规定分解为计算机可以识别的规则，通过 OCR（光学字符识别）技术自动识别证据中存在的程序性瑕疵，构建一种由简到难的数据分析模型，对项目化的数据进行挖掘和研判。

二、刑事拘留检察监督应当树立"大数据"思维

世界的本质就是数据，大数据将开启一次重大的时代转型。大数据发展的核心动力来源于人类测量、记录和分析世界的渴望。[1]大数据需要注意的是社会部门之间的关系领域，这种同质化的影响主要集中在效率价值和应用伦理上。[2]大数据的应用思维主要在于变革人们之间的关于因果关系的随意意识，使得对于空间和关系的认识更加富有效率。[3]在检察监督领域，大数据时代的要求将深刻地改变着传统的刑事拘留检察监督的思维、模式和路径。检察监督过程中的检察员也将会极大地更新自己的法律知识和技术水平。这有利于检察机关对刑事拘留中的具体程序、当事人和法律适用等关键节点有的放矢，进行精细化监督和智能化分析。这也有利于检察员对刑事拘留过程中的各种信息及其洞察达到一个新的阶段和水平，进而达到计算机智能技术与人工监督环节的深入整合和协调发展。这将更有利于对刑事拘留检察监督工作的智能化升级，实现检察监督大数据的优化和升级，协调

---

〔1〕 ［英］维克托·迈尔-舍恩伯格、肯尼思·库克耶：《大数据时代》，盛杨燕、周涛译，浙江人民出版社 2012 年版，第 5 页。

〔2〕 Kord Davis, *Ethics of Big Data*, O'Reilly Media, Inc. , 2012, p. 43.

〔3〕 Robert Qiu, Michael Wicks, *Cognitive Networked Sensing and Big Data*, Springer, 2014, p. 87.

两大部门之间的数据、信息与人员等互动关系，完善我国刑事法律体系的技术化操作和智能化治理。

三、注重刑事拘留检察监督信息大数据系统构建

关于"大数据"，并不仅仅指的是数据的多少和大小，还包括涉及数据信息的当前运算和整理的功能，以及对于各种信息的综合处理和整合预测的现象。这些数据信息以及数据集的整体考量，正是鲜明地体现了大数据系统构建的独特价值和处理能力。为了迎合信息时代的要求和着力于防控刑事拘留措施的风险，应当强调检察监督改革的大数据支持和信息化建设，设立专门的刑事拘留监督信息大数据系统，以实现"互联网+检察监督"模式。一方面，在刑事拘留检察监督的大数据系统构建过程中，需要重视公安部门侦查系统和检察机关信息系统的统一和整合，建立基于刑事拘留具体信息和各项数据的分享机制，通过大数据的云计算能力对涉及刑事拘留措施的违法因素和相关信息进行处理和抓取。按照刑事拘留的程序时限要求和关键审查节点来展现当事人被刑事拘留的日常状态和侦查机关的复杂执行行为。另一方面，经过地方各个检察机关的试点和试错，可以在总结经验和提炼主题的基础上，初步建立涉及省级和全国性质的刑事拘留检察监督大数据系统。这种大数据系统包括刑事拘留等侦查措施的各种信息和数据的资源库，也涉及大数据云计算的分析和预测模式及其子系统。这种大数据系统的构建需要重点注意的是，检察信息系统与公安侦查系统的协调统一和有效衔接，以及检察信息化专业人才的培养和人员保障。

第三节 刑事拘留检察监督的"大数据"分析

一、刑事拘留检察监督大数据的应用原理

在形式上,大数据好像意味着大量的数据运算、统计甚至大型计算机的运用。其实,大数据的核心是尊重经验真实、敬畏经验真实、在乎经验的代表性。[1]大数据的创新价值主要在于更新了人们的存在方式和形成了数据王国。[2]具体来看,在信息的收集与管理应用方面,"大数据"时代的刑事拘留检察监督办案工作具有很强的数据意义,这会真正体现刑事拘留中各种数据和信息的运行足迹,并通过中国的检察"智造"来进行全程的监控和预测。具体而言,就是根据刑事拘留检察监督和侦查学的理论,在专门的数据分析工具的帮助下,通过对相互关联的数据库资源进行抽取与集合,开展数据清洗、数据挖掘、统计分析与逻辑运算。用这种交互式的数据解释来取得检察监督的案件线索、固定犯罪证据,还原案件事实,进而引导检察监督活动的开展。而检察机关的大数据中心的建设将成为检察信息化发展的必然。[3]智能检察院的基础在于大数据分析,该大数据从总体架构上可分为资源层、支撑层、应用层和安全支撑子系统、配置管理子系统。资源层是各业务部门的具体业务系统资源。支撑层是平台架构的核心部分,支持常见的关系型数据库。依托支撑层可实现数据交

---

〔1〕 白建军:"大数据对法学研究的些许影响",载《中外法学》2015年第1期。

〔2〕 Krish Krishnan, *Data Warehousing in the Age of Big Data*, Elsevier Inc., 2013, p. 15.

〔3〕 崔兆强、李昌俊:"检察机关大数据中心的建设研究",载《信息技术与信息化》2013年第6期。

换、文书服务和卷宗服务，用户可通过系统交换文书、扫描文档、调用电子卷宗，制作的电子卷宗，可与检察院统一业务应用系统的电子卷宗接口对接。统一消息服务和身份认证系统也在支撑层实现，可升级为电子身份认证系统。它的最终目标在于，利用信息化建设成果全力打造全流程、全时段、全方位的刑事拘留执法检察监督链条，切实做到刑事权力运行到哪里，监督制约措施就跟进到哪里，最大限度地减少刑事拘留执法瑕疵。[1]

二、检察监督大数据的具体应用

关于刑事拘留检察监督的大数据应用，主要是在"人工智能检察院"的构建过程中，找到检察监督中的工作要点，并通过云计算等技术手段与大数据产生相互关联。总体来看，刑事拘留检察监督的要点主要包括超范围的问题、超期羁押的问题、拘留后变更强制措施是否妥当问题、刑事拘留羁押中存在的安全隐患、刑事拘留期间看守民警的渎职行为问题、刑事拘留的犯罪嫌疑人权利保障问题等。具体来看，主要有三个方面的内容：

一是，刑事拘留检察监督大数据应用的主体要件，主要包括犯罪嫌疑人的权利保障及其存在的安全隐患避免。在检察监督大数据中，用"数据人"全方位获取被监督对象的情报有利于惩治侦查机关的违法犯罪行为和保障当事人的合法权益。当开始调查监督对象，检察人员在面对被调查对象或者特定关系人时，需要全面和细致地掌握相关人员的各种信息、数据和情报。通过大数据办案，检察机关的监督调查等措施不仅实现了信息网上传输和数据共享，提升了办案效率，还通过编织"数据铁笼"，从人工监督转变为数据监督，从事后监督转变为过程监督，从粗放监督转

---

〔1〕 吴鹏飞："强化'互联网+'思维：加快推进信息化与检察工作深度融合"，载《人民检察》2015 年第 16 期。

变为精准监督。而且，在检察监督措施的大数据技术应用过程中，将犯罪嫌疑人或者特定关系人带入办案中心，戴上智能手环，对犯罪嫌疑人等主体的身高体重、指纹足迹、DNA 等一站式和标准化采集，其在办案中心的活动轨迹将全程网上记载、流转和监督，有利于实现从自然人到"数据人"的过渡，通过社会化的信息和特定规律实现对主体的大数据分析研判。

二是，刑事拘留检察监督大数据中的程序要件。我国刑事拘留的功能主要在于排除妨碍诉讼的行为，导致的结果是犯罪嫌疑人被羁押，具有长期羁押犯罪嫌疑人的功能。[1]刑事拘留检察监督大数据中的程序主要是指刑事拘留的法律手续是否齐全、公安机关是否履行告知与通知嫌疑人家属的义务、所确定的拘留期限是否合法等程序性要件。针对刑事拘留中的程序性违法问题，例如超范围、超期羁押等问题，可以通过检察监督大数据的构建，使得检察机关及时介入具体案件的受案、结案等具体要点，知晓和了解公安侦查机关信息系统中的具体情况。公安机关实施的刑事拘留措施是否超越职权范围、是否存在超期羁押，具体刑事案件的涉案人员处置、适用（变更）强制措施、提请逮捕等具体情况都应当在检察监督大数据中明确体现（如图 4.1）。而涉及批捕、追捕、追诉、不捕、起诉、不诉、退回补充侦查等情况也应当在大数据中列明具体时间和理由。进一步需要检察监督大数据审查的内容是，是否有超过法定的刑事拘留期限仍不解除羁押，是否存在未立案而先刑事拘留的情形，是否存在刑事拘留证使用不规范，是否存在变更强制措施文书不送达等问题。[2]

---

〔1〕　谢小剑："论我国刑事拘留的紧急性要件"，载《现代法学》2016 年第 4 期。

〔2〕　苏喜民、张杰："强化刑事拘留强制措施法律监督的实证分析及理性思考——以张家口市人民检察院对公安机关刑事拘留强制措施执行情况的专项监督检查为分析蓝本"，载《中国刑事法杂志》2010 年第 10 期。

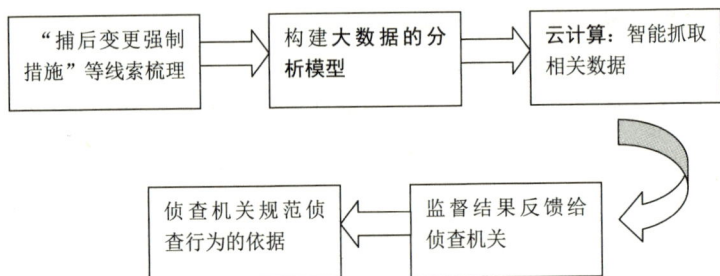

图 4.1　刑事拘留检察监督大数据应用过程

一般而言，对刑事拘留的检察监督在案件报捕之前很难掌握，导致无法监督和跟进侦查人员的违法问题。而通过检察监督大数据的应用，可以实现从刑事拘留的开始到结束的全过程监督和历时性监督，减少刑事拘留期间内看守所民警的渎职行为等违法犯罪行为。通过刑事拘留检察大数据系统，可以制作和发布电子立案通知书、电子撤销案件通知书以及电子纠正违法通知书等，监督和督促公安侦查机关纠正刑事拘留过程中的违法行为。需要注意的是，刑事拘留检察监督的重心之一应放在侦查机关公职人员违法犯罪行为的预防、预警工作上，充分利用大数据技术，建立完善的检察监督预警机制。

三是，刑事拘留检察监督大数据中的法律适用要件。其主要审查的是针对修改后《中华人民共和国刑事诉讼法》第82条的规定，审查被拘留人是否是现行犯或重大嫌疑分子。在刑事拘留的法律适用上，目前最为严重的问题是法律规定的拘留期限计算及其延长。因此，检察机关有必要利用大数据分析对侦查机关的刑事拘留时间进行监督，计算出刑事拘留的标准期限和范围、延长期限及其条件，并通过系统内的备案制度和预警制度来进行组织实施。

最终，在刑事拘留检察监督的信息化改革过程中，需要重新审视大数据时代的新情况和新问题。司法应当主动拥抱大数据和人工智能，这不仅是"计算法学"时代对检察学的技术要求，更是实现"让每一个公民感受到公平与正义"的根本诉求。而大数据、云计算与刑事拘留检察监督改革的深度融合，可以实现刑事拘留检察监督的信息化具体操作和科学化智能分析，进而实现对刑事拘留案件的过程和结果进行"全覆盖"式地分析、预测和研判，将大数据的信息与技术贯彻于刑事拘留中的人之行为模式、程序之具体运作节点和法律之适用要件，最终构建一种"人工智能+检察院"的监督大数据模式。

中　篇

法际改革论

第五章

概念阐释：通过程序的法际关系

　　自从 19 世纪 80 年代以来，社会中的违法和犯罪问题成为法学研究的重要内容，但是在经济犯罪领域的跨法际相关研究却少有人问津。从现代社会的早期到 19 世纪资本主义迅速发展时期，对经济领域的违法犯罪出现了新的调控机制和国家干预措施。但是，经济犯罪与司法规制以及公益与私利之间的冲突与对抗仍然继续存在，在个体理性行为模式下的法律实施与政策最优难以实现，关于经济违法犯罪规范的全面治理框架仍然没有形成。"对付经济犯罪有一个重要障碍：今天的开发社会缺乏足够的强制力量。物质和人力资本可以在国际上随意流动，而犯罪控制基本上还是一种国内事务。并且，个体之间的忠诚度彼此不同，又不断变化，没有全球通用的规则，更没有静止不变的规制。这些会诱使人们去非法牟取利润。事实上，人员和资本的流动，以及避税和各种全球化商业环境中的新型犯罪，可能威胁到依赖于税收的现代福利国家的生存。"[1]

　　经济领域的违法犯罪会破坏经济的良好秩序乃至产生经济危机。在美国的法律发展史中，90% 的法官在经济犯罪的司法程序审理过程中会面临各种各样的选择。而这种法官的选择行为，可能会削弱司法乃至法治的权威。因此，虽然法官的选择行为在经济发展的过程中扮演着重要的角色，但是在面对个人权利和民主

---

　　[1]　[瑞典] 汉斯·舍格伦、约兰·斯科格编：《经济犯罪的新视角》，陈晓芳、廖志敏译，北京大学出版社 2006 年版，第 2 页。

议题时，拥有选择权的法官应当首先进行司法程序意义上的评议，以维护司法的独立和社会民主。[1]因此，在我国经济犯罪的社会治理过程中，为了维护刑事司法的独立性和稳定性，同样需要独立性程序的规制、价值和意义。而且，程序不仅包括作为司法意义上的审判，还涉及选举、行政、立法等领域。"程序，从法律学的角度来看，主要体现为按照一定的顺序、方式和手续来作出决定的相互关系。"[2]它不仅按照规范的标准和条件来整理争议，公正地吸收各方主体的意见，并且在可见的"全景主义"中做出决定。这种程序不仅是决定的做出过程，还是人们在这一过程中的行为体现、理性思考和博弈选择。因此，基于程序的经济犯罪治理，需要以程序为基础和前提的各个部门法的衔接、协调、沟通和完善，以形成良好法际关系的合力治理，避免我国法律体系之间以及立法、执法与司法的混乱，这种法际关系是一次法的制度和规定合理推行到刑法等二次法当中的有益尝试。权利的主体和内容往往有着个体意义上的明显差异，而与一次法上注重权利不同，在刑法中较多强调的是义务，以及其作为"后盾法"的规律性与一致性。有时，在经济法、民法、商法还没有规定责任时，刑法就已经开始规定刑事责任了。这不仅是我国立法水平低下的问题，也是法律实践随意性和灵活性问题的根源。"凭着感觉走"，而不是"用法律良心"说话，法际关系不顺，立法、司法与执法都缺乏良好的运行逻辑和程序规制轨迹。更进一步地追问，在经济违法犯罪的法际关系治理过程中，一次法和二次法之间在功能上如何区分？它们的效力层次和位阶关系是怎样分布的？两个法之间的关系，是否已经被人为地割裂？这些问题，需要通过

---

〔1〕　Jed Handelsman Shugerman, "Economic Crisis and the Rise of Judicial Elections and Judicial Review", *Harvard Law Review*, Vol. 123, No. 5, March 2010, p. 1063.

〔2〕　季卫东：《法律程序的意义——对中国法制建设的另一种思考》，中国法制出版社 2004 年版，第 17 页。

法际关系的研究予以回答。而在其中，基于程序的治理逻辑成为法际关系问题的核心逻辑和发展轨迹所在。

第一节 经济犯罪规制与法际关系

对于经济犯罪的治理与规制，曾经是经济学家和社会学家研究管制问题的重要内容之一，现在成为法律实施机制的典型表现。英国法学家安东尼·奥乌什认为，经济领域的违法与管制体现的是由一般性常规程序到特别执法机制的发展脉络。一般认为，普通经济案件由行政主管机关进行处置，如发布中止命令或者进行罚款。而当违法者不遵守上述执法命令与措施时，案件会进入司法程序，其中包括涉及私人利益的民事诉讼程序、涉及公益的行政诉讼程序或者进行刑事诉讼程序（如表 5.1）。"刑法只在严重违法的场合才会使用：在一些司法区域中，这个过程是在行政体制中进行，因为管制机关在其他执行措施失败时，可以选择对违法者提起刑事起诉。在其他一些司法体制下，案件则会被某个公诉机关接手。"〔1〕而且，在经济违法犯罪的治理过程中，中国文化所特有的"情理法"顺序中，情感排名第一，法律最后，意味着犯罪行为发生后，受害最大的是被害人、社区、大众的情感。因此，当施以刑罚时，必须先考量被害人、民众的感受。如果加害人能够某种程度平复被害人、民众受伤、害怕的情绪，司法程序中的法官自然会认为已经达成某种程序的正义，尤其是透过公开的悔意、实质的赔偿或和解。因为"犯后态度"是抽象的，但公开的悔意、实质的赔偿或和解却是具体可见的，这些均有助于

---

〔1〕［英］安东尼·奥乌什："实施管制：我们需要刑法吗？"，载［瑞典］汉斯·舍格伦、约兰·斯科格编：《经济犯罪的新视角》，陈晓芳、廖志敏译，北京大学出版社 2006 年版，第 49 页。

法官、被害人、民众作为判断的基础。[1]

表 5.1　对经济违法犯罪的制裁体系

法律部门		实体法			程序法（司法）	
		行政法	民事法	刑事法	民事诉讼法	行政诉讼法	刑事诉讼法
主体	行为人	违法者	侵害人	犯罪者	被害人	相对人	公诉机关
	决策者	行政机构	权利人	立法者	法　院		
制裁措施		义务追究		刑罚责任	损害赔偿等	行政制裁等	刑罚

刑事司法被认为是对严重违法犯罪行为最为严厉的管制机制。刑法的适用一般针对的是严重违法行为的处罚。而且，在具体决策实施刑罚时，应当严格遵循法律平等原则、比例原则和正当程序原则，给予被告人应得的程序性保障与救济，最后实施的刑罚也应当与其违法犯罪的严重程度相适应。因此，从经济违法犯罪的治理程度与威慑条件来看，私力救济（民事非诉救济）、行政处罚、司法等各种管制机制形成一个典型的治理金字塔（如图5.1）。对于经济领域的违法和犯罪行为，需要一套严密的管制体系和治理金字塔，刑法和刑罚中的定罪量刑处于最高的地位，非刑事手段的民事和行政司法途径次之，而经济违法行为的行政处罚和民事私力救济处于最低位置，从而在一般意义上构建了一个四级三类涉及对经济违法犯罪行为进行预防和治理的体系结构。

---

〔1〕　周愫娴、〔英〕Bill Hebenton："刑罚是知识结构与文化的镜子：台湾与英国严刑重罚趋势之比较研究"，载《台大法学论丛》2010 年第 2 期。

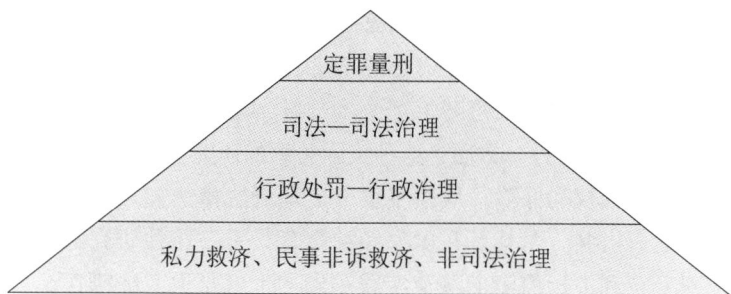

图 5.1 经济违法犯罪治理金字塔

"对抗经济犯罪，刑法可以发挥什么功能？依我看，目前为止，发生的许多微小经济犯罪，都不是因为刑法体系出了问题，而且越是大宗的经济犯罪，越是与刑法无关。"[1]而真正的问题在于经济犯罪的法律综合体系难以达成，刑法的规定与行政法的要求在一些案件中出现了不一致的情形。也就是说，我国关于经济犯罪的法际关系出现了裂痕与失序状态。这直接导致司法适用的难以统一，从而使得司法权威及公信力下降，进而不利于国家法治秩序的维护与法律权威的树立。

经济犯罪治理中的法际关系研究对于更新一次法与二次法之间的关系维度、扩大法律治理的范围和影响具有重大意义。一方面，这种法际关系的研究是国家综合治理的功能体现，有利于促进我国法律体系之间的协调与法治运行机制的完善。例如，就经济违法犯罪而言，民法和刑法有个共同的基础，那就是社会和个人所注重的法律所保护的各种利益。而各种利益之间存在分配的逻辑、轨迹和程序问题。民法一般对应较为轻微的违法行为，通过个人之间的调整与逻辑进行处置，而刑法则注重对于严重违法

---

〔1〕 林东茂：《一个知识论上的刑法学思考》，中国人民大学出版社 2009 年版，第 180—181 页。

的经济行为进行刑事制裁，是国家与社会对于各种利益关系的调整和整合。虽然两者都是对于经济违法行为的"管"，但是在个人与国家和社会的关系范畴上产生了分歧，后者明显体现为社会意义上的"管"。另一方面，这种法际关系的研究，也有利于促进个体意义上的权利保障，从程序意义上理清法律法规之间的逻辑关系与运行机制。尤其是在国家和社会背景下，这种研究解决了如何对私权利进行保障的法律实践难题。也就是说，法律在社会中的运行和意义是对违法犯罪行为进行分类管制、程序沟通和综合治理的。而这种治理机制的完善，需要效力性的法律规范，更需要管理性的强制规定，也许更加需要明确法律法规之间的逻辑与轨迹、规范法律法规之间的衔接与协调。

第二节　经济犯罪的法际关系及其程序治理逻辑

正如上文所言，刑法与其他法之间的关系问题，可以用一个程序逻辑统帅起来，那就是经济犯罪法际关系之程序意义（如图5.2）。作为后盾法、二次法的刑法，讲究刑法的谦抑性和补充性，体现为一种加强责任，即刑法的责任是对于责任的加重，而不是不加以管制，这主要是从国家责任的角度进行思考的。而经济犯罪的治理和经济刑法的研究，都是从一次法中寻找根据。这就构成了经济犯罪法际关系治理的运行逻辑与实践轨迹而这种运行逻辑和轨迹是遵循着法际的程序运作规律，伴随着相关证据的移送而进行的法际衔接和整合，最终目的是对经济违法犯罪行为的综合治理。

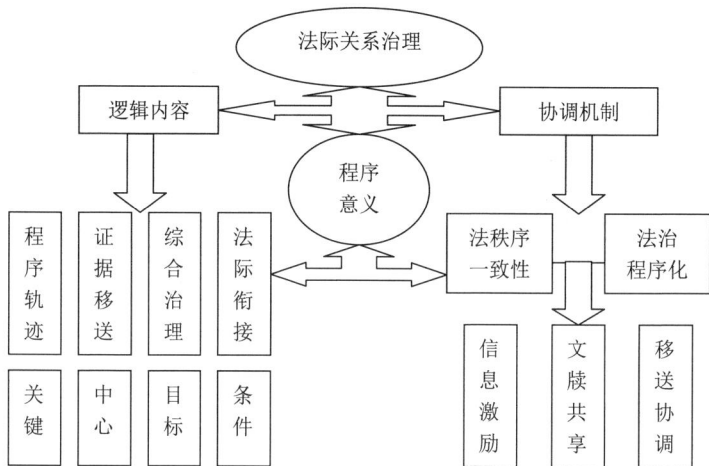

图5.2　经济犯罪法际关系的程序治理逻辑

一、法际关系治理的关键是程序轨迹

正如赫伯特·哈特所言，法律是第一性规则和第二性规则的结合体。法律与道德等其他规范一样，包含着运行或者行使某种权利和行为的"第一性规则"。但是，与道德、礼仪等其他规范不同的是，法律还包含着不与人们的行为直接关联的不同规则体系，即上述哈特所述的"第二性规则"。这种第二性规则调整和制约着第一性规则，并使得其制度化和规范化。"法律也决定着无论何种给定情形下违反第一性规则或者第二性规则时，谁有权力对该问题作出权威性的决定，以及如何作出该决定，即为了获得法律系统内的这一权威性的决定，必须采取何种程序。"〔1〕这种抽象获得的关键在于公民对法律规制和程序制度的接受态度。哈特认

――――――――――

〔1〕　［比］马克·范·胡克：《法律的沟通之维》，孙国东译，法律出版社2008年版，第31页。

为，这是一种抱持内在观点与形成内在陈述的规范性态度，其中包括：①一般公民以默默遵守的方式，展现他们对于法体系官员运用法律的官方行动（立法行为、裁判行为、执法行为等）的接受；②法体系官员对承认规则作为法效力判准规则的接受。[1]例如，在美国，当正当法律程序被采纳作为一项宪法标准的时候，与之相随的是普通法从案件到案件的判决方法。相似的案件应当获得相同的判决，但是，由于没有两个案件是完全相同的，普通法的先例在规范意义上形成了一条环环相扣的推理链条。[2]而这正需要法律的专业化与职业化，需要立法部门、行政机关与司法机关的协调发展，通过程序性的制度构建使得法律具有明显的制度化和规范化特征。

二、法际关系治理的中心是证据移送

"在法律实践中，最重要和最困难的任务之一是事实调查。事实调查设计在稍后证明过程中必要成分的生成和发现，这期间当事人提出其关于在某些争端中'事实'的竞争性观点。这些成分包括：待证明的假设或命题、证据以及连接假设和证据的论证。"[3]而且，这种事实调查是整个法律体系的核心内容所在。法律中的事实和证据问题是程序法治中的基本范畴。正如祖克曼所言："证据与事实的区分回答和揭示了两者的不同侧重点，即问题是怎样发生的以及它发生的法律结果是怎样的。"[4]要想对经济犯罪行为进行司法规制，必须对作为证据基础的事实进行探寻和发现。

---

〔1〕 莊世同："法律的图像：一种人文主义的分析与诠释"，载《台大法学论丛》2011 年第 4 期。

〔2〕 ［美］约翰·V. 奥尔特：《正当法律程序简史》，杨明成、陈霜玲译，商务印书馆 2006 年版，第 74 页。

〔3〕 ［美］特伦斯·安德森、戴维·舒姆、［英］威廉·特文宁：《证据分析》，张保生等译，中国人民大学出版社 2012 年版，第 73 页。

〔4〕 Ian Dennis, *The Law of Evidence*, SWEET & MAXWELL, 2010, p. 111.

而在司法规制的前阶段，经济犯罪行为的事实发现与证据收集是一个动态的、进行的过程，需要行政机关等事实调查者进行证据与事实的假设，并提出问题、解决问题，然后发现建设性的问题。随着案情的发掘与进行，也许需要改变片段性的假设，而代之以整体性的思考与考量，已作的证据分析和判读需要在法际进行动态移送，从而构成了法际关系治理的中心议题。

三、法际关系的运行逻辑目标是综合治理

经济犯罪一般是破坏市场经济秩序的犯罪。它不同于弗里德里希·奥古斯特·冯·哈耶克意义上的"自发秩序"，也不是仅仅由刑法系统进行维护的秩序，而是由刑法作为必要手段，辅之以其他法律法规进行综合治理。"没有一个策略可以通盘使用于所有经济犯罪的抗制。当经济不景气，人们钱多了，就会有一些与资金游戏有关的经济犯罪发生。这些经济犯罪的疏减，不只是国家的责任。有些专门职业的工作者，如果愿意善尽职业的责任，对于各个部门资金上的安全，也会有很大的防卫作用。"[1]因此，对于经济犯罪的综合治理，需要相关法际的协调与整合，既要有刑法上的重点打击，又要有行政执法上的全面监控；既要有国家权力的存在感，又要有经济工作者的使命感；既要有法律法规的规范适用，也要有民间习俗的调整与协商。而且，在经济犯罪的综合治理尤其是刑事司法制裁的过程中，要注意"刑法市场"的现象和问题，避免刑法产生新的危险和新的犯罪机会。例如，对毒品犯罪进行制裁，可能会产生销售毒品的新的机会。因此，当法律尤其是刑事措施对威胁人类生存的危机进行制裁时，对于非法行为的其他救济和规制需要在更大的范围内实施和进行。其中，

---

〔1〕 林东茂：《一个知识论上的刑法学思考》，中国人民大学出版社 2009 年版，第 179—180 页。

关键的措施是相关刑事政策的完善与治理体制的构建。[1]

四、法际关系治理的条件是法际衔接

"一般情况下，行政罚金足以激励人们服从管制，尤其是当违法的社会成本较低之时。如果违法成本较高，刑事处罚的威胁就比较必要，但是，应当考虑以下几点：对违反管制的被告人要减少刑事程序保护；要加强对剥夺营利活动权利的处罚手段的运用；要增强违法行为被害人的力量，将私人赔偿之诉加入到公众执法程序中来。"[2]而金融刑法立罪的基本逻辑规则应当是"立罪至后"。这是上述刑法谦抑性的典型体现和逻辑结论。因此，"未来金融刑法修正'无先而后'现象的克服，有赖于观念的真正弃旧立新，但更重要的是有赖于技术的补缺除弊，即'立罪至后'逻辑规则的确立、'刑法超前立法'误区的消解和'立罪至后'逻辑规则在立法中的切实持守。"[3]经济犯罪的司法规制不但要求遵循立罪的基本逻辑规则，而且要求法际关系的有序衔接、良好沟通和融会贯通。而通过解释来解决法际矛盾和冲突使得法际关系呈现内外的聚合性，符合立法目的以及治理经济犯罪的实践需要。这种内在聚合性要求对于经济违法犯罪行为进行处罚时，法律规范之间必须相互支撑与兼容。而外在聚合性强调"法律应当弥合于社会，符合其潜在文化和共享价值。不必以一种完美的方式弥合于社会，但至少要在一定程度上，甚至相对很大的程度上

---

[1] David Michael Jaros, "Perfecting Criminal Market", *Columbia Law Review*, No. 8, 2012, p. 1947.

[2] [英] 安东尼·奥乌什："实施管制：我们需要刑法吗？"，载 [瑞典] 汉斯·舍格伦、约兰·斯科格编：《经济犯罪的新视角》，陈晓芳、廖志敏译，北京大学出版社 2006 年版，第 60 页。

[3] 胡启忠："金融刑法立罪逻辑论——以金融刑法修正为例"，载《中国法学》2009 年第 6 期。

如此，因为这是作为法律适用对象的人们接受该法律系统的最低限度要求。"[1]

第三节　经济犯罪法际关系的程序协调机制

"行政执法与刑事司法的衔接问题一直是困扰我国法律实践的难题。要从根本上解决这一问题，必须着眼于两者相衔接的程序机制。"[2]因此，经济犯罪的法际关系综合治理必须要建立相关的程序协同机制，从经济犯罪的特殊规律出发，注重法制程序化的理论框架，在信息激励机制、文牍共享机制以及案件移送协调机制等方面进行改革和完善。

一、法际关系程序协调的理论基础

对于经济犯罪的程序规制，一些其他国家通过规定专门性的程序和方法，来实现治理目的与秩序要求。这些对应措施和各项制度适应了打击经济犯罪的需要，值得我国借鉴和吸收。在德国，对于严重的经济犯罪行为，有的地方专门成立了特别检察院进行直接侦查。"在税收犯罪的调查过程中，德国财经机关可以随时将案件转交检察机关；德国检察机关也可以随时将案件收由自己调查。在任何一种情况下，德国检察机关都可以与财政机关协商，将案件重新交回给财政机关。"[3]在英国，由专门成立的"反重大欺诈局"，负责侦查和调查经济犯罪案件。在日本，针对经济犯

〔1〕〔比〕马克·范·胡克：《法律的沟通之维》，孙国东译，法律出版社2008年版，第161页。

〔2〕周佑勇、刘艳红："行政执法与刑事司法相衔接的程序机制研究"，载《东南大学学报（哲学社会科学版）》2008年第1期。

〔3〕顾肖荣等：《经济刑法总论比较研究》，上海社会科学院出版社2008年版，第226页。

罪专门设立和完善了"犯则调查"制度，由国税厅调查部门和证券交易监督部门进行专门调查。同时规定上述行政机关可以与刑事司法程序直接衔接。

在中国，面对日益加剧的国际洗钱经济犯罪时，必须增强打击洗钱犯罪和反腐败等方面的法律体系与机制，在法秩序一致性的法际关系中做出综合反应与应对措施。而由于刑法本身有其独特的功能与特质存在，而且又是最严厉的法律手段，刑法违法性的判断是否要毫无例外地遵循不同法领域间所谓"法秩序一致性"观点，并非没有疑问。[1]因此，在各种打击洗钱犯罪的法律体系与法律法规中，要始终围绕以下三个着力点构建一种法际关系意义上的完整体系：其一，通过预防法律规范来了解顾客的需求。其二，通过行政证据调查规范来对洗钱等经济交易行为进行确认，并向行政机关进行申报。其三，通过程序和司法的协作来惩罚违法犯罪者，在法秩序一致性的理论背景下，克服"司法侵入立法"的现象。而"建立这种打击洗钱法律体系的宗旨就是要在金融工作者和警察和司法机构之间建立一些'对话'机制。二者之间的接触点便是那些负责接受审核和处理可疑申报单的金融情报分支机构。"[2]

经济犯罪的法际关系程序运行逻辑与协调需要法制的程序化

---

〔1〕 例如，日本自一次战前明治年间所发生的"一厘事件"起，就有关可罚的违法性相关之论述。不过，有系统的理论建构，则是要在该国学者宫本英佑先生，于大正十五年（公元1926年），在其刑法学纲要一书中提倡"可罚的违法性"概念之后才开始。其后，自昭和四十三年（公元1968年），可罚的违法性概念受到重视法秩序一致性且采取"严格的违法一元论"的木村龟二先生之挑战，可罚的违法性概念保卫战正式展开，并进而产生了所谓的"违法的相对性"与"柔软的违法一元论"。具体请参见王荣溥："法秩序一致性与可罚的违法性"，载《东吴法律学报》2008年第2期。

〔2〕 ［法］玛丽-克里斯蒂娜·迪皮伊-达侬：《金融犯罪——有组织犯罪怎样洗钱》，陈莉译，中国大百科全书出版社2006年版，第10—11页。

作为另一个理论支撑，而法律中的正当程序主义要求政府只有在对社会公益进行追求的过程中适当地剥夺个人权利。也就是说，综合治理的目的是通过正当程序条款来实现行政机构和司法机关在法律约束下的执行与调整，以达到法秩序一致性的努力与进步。[1]正如著名学者季卫东所言："法制程序化在本质上是如何在互相抵触的各种规范之中进行最佳选择，并使这种选择的决定具有正当性和约束力的制度的问题。从现象上看，它将表现为程序法规的增加、保证选择的自由与合理性的程序要件的完备、通过程序进行正统化、法律精神以程序为媒介向社会中渗透等具体方式或形态。其结果，法律可以理解为一方面是经历了民主主义正当化过程的结构性选择的结果，同时另一方面又向当事人、律师、法院以及行政机关提供了再进行过程性选择的工具、方式和步骤。"[2]

二、法际关系程序协调机制的构建

（一）信息激励机制

对于经济犯罪的程序协调，有必要从信息的角度进行切入。这是因为，经济犯罪的司法规制与综合治理需要法际的协调与整合，其中核心的制度要素就是要解决信息不对称的问题。而信息激励正是每个社会制度所要解决的核心问题之一，经济犯罪的法际关系程序协调也不例外。"作为社会控制工具的法律，本身就是人类历史中长期博弈的结果。法律所提供的规则，以及这些规则所确立的不同的治理结构，一般是有效率的。"[3]但是，在现代

---

[1] Nathan S. Chapman, Michael W. Mcconnell, "Due Process as Separation of Powers", *The Yale Law Journal*, Vol. 121, No. 7, 2012, p. 1672.

[2] 季卫东：《法律程序的意义——对中国法制建设的另一种思考》，中国法制出版社 2004 年版，第 140 页。

[3] 张维迎：《信息、信任与法律》，生活·读书·新知三联书店 2003 年版，第 178 页。

经济犯罪的治理需求下，不同法际的信息产生了严重的不对称，这导致了激励原理适用的低效率困境。因此，对于法际的信息整合，通过程序性、制度性的移送与借鉴，可以在很大程度上解决信息成本的问题，从而为法际关系的程序协调提供有效工具和分散信息的充分利用，这样有利于规制和治理日益严重的经济犯罪。

（二）文牍共享机制

在我国，判例作为一种典型的文牍主义的代表，虽然不像英美法系那样有着"遵循先例"的法律传统，但是在经济犯罪程序治理过程中却有着典型示范意义。"例如，最高人民法院以公报或其他形式公布的案例，如曹娅莎金融凭证诈骗案、高远非法吸收公众存款案、郭建升被控贷款诈骗案，牟其中信用证诈骗案等等，都是金融刑法适用中较为典型的金融犯罪案例，事实上已作为下级法院的裁判依据而起了判例作用。"[1]因此，作为文牍主义的司法判例成为我国判例指导的渊源，在经济犯罪的程序治理中可以同成文法兼顾适用，这也适应了当今世界法律体系兼容并蓄的发展潮流和历史规律。

（三）案件移送协调机制

20世纪80年代以来，我国司法机关十分重视经济案件的"民转刑"的移送衔接机制。[2]在经济纠纷案件的行政执法过

---

[1] 卢勤忠：《中国金融刑法国际化研究》，中国人民公安大学出版社2004年版，第374—375页。

[2] 例如，1985年最高人民法院、最高人民检察院、公安部联合发布的《关于及时查处在经济纠纷案件中发现的经济犯罪的通知》、1987年最高人民法院、最高人民检察院、公安部发布的《关于在审理经济纠纷案件中发现经济犯罪必须及时移送的通知》、1998年最高人民法院发布的《关于在审理经济纠纷案件中涉及经济犯罪嫌疑若干问题的规定》等，都有关于法院向公安部门、检察机关移送经济犯罪案件的程序规定和具体要求。

程中，行政机关也可以将案件移送给公安部门和检察机关。[1]
经济违法乃至犯罪的案件治理需要耗费巨大的时间和金钱，使
得在行政执法与刑事司法之间加强对话和沟通成为必需。这种
对话的特征使得行政机构与司法机关之间角色分工应当被重视，
需要在评价标准、救济途径和治理行为之间平衡和整合。[2]例
如，建立健全由各个部门参加的联席会议机制，加强各部门之间
的研究、沟通与协调，"共同研究行政执法和刑事司法中遇到的新
问题、新情况，并形成集体合力，协调解决疑难问题，这不但有利
于行政执法机关与刑事司法机关针对抽象的问题作出相关的规定，
而且也可以更加便利于两者对具体行为的恰当解决。"[3]

　　总之，经济违法犯罪与司法规制需要公益与私利之间的沟通与
协商，更需要在个体理性行为模式下的法律实施与刑事政策的最优
实现。而在这一过程中，基于程序的全面治理框架需要达成。一方
面，对经济违法犯罪的规制需要兼顾"情理法"和法际关系之间的
制裁体系，构建一种四级三类的预防和治理体系。另一方面，这种
规制需要以程序为基础和前提的各个部门法之间的衔接、协调、沟
通和完善，以形成良好的法际关系的治理局面，避免我国法律体系
之间以及立法、执法与司法之间的混乱。而这种法际关系的程序治

────────────

　　〔1〕 大致的规范性法律文件如下：2001年国务院发布的《关于整顿和规范市
场经济秩序的决定》和《行政执法机关移送涉嫌犯罪案件的规定》、2001年最高人
民检察院发布的《人民检察院办理行政执法机关移送涉嫌犯罪案件的规定》、2004
年最高人民检察院、全国整顿和规范市场经济秩序领导小组办公室、公安部发布的
《关于加强行政执法机关与公安机关、人民检察院工作联系的意见》、2006年最高人
民检察院全国整顿和规范市场经济秩序领导小组办公室、公安部、监察部发布的
《关于在行政执法中及时移送涉嫌犯罪案件的意见》等。
　　〔2〕 Emily Hammond Meazell，"Deference and Dialogue in Administrative Law"，*Columbia Law Review*，Vol. 111，No. 8，2011，p. 1722.
　　〔3〕 周佑勇、刘艳红："行政执法与刑事司法相衔接的程序机制研究"，载
《东南大学学报（哲学社会科学版）》2008年第1期。

理逻辑的呈现，是以程序轨迹为核心、以证据移送为中心、以综合治理为目标和以法际衔接为条件的。经济犯罪法际关系的程序协调机制是以法制程序化为理论基础，实现法秩序的一致性和社会公益与个人权利的良好互动。信息激励机制、文牍共享机制以及案件移送协调机制构建了经济违法犯罪程序治理逻辑的基本制度，有利于从不同层次和层面达到犯罪规制以及协同治理的目的和要求。

第四节　法际关系中行刑衔接程序运行机制研究

充分发挥市场经济的作用、体现市场在社会主义社会的生命力、保障社会主义市场经济健康有序发展，离不开法律的规范，更离不开法律的实施。市场经济在资源配置过程中有其优越性，但亦有无法克服和避免的弊端。例如，经营者为获取利益，可能会采取某些不端行为，仅通过行政处罚有时难以达到规范市场经济秩序的效用。鉴于此，在当前全面推行依法治国的大背景下，建立、健全法际关系协调机制，构建起"行刑衔接"的法际关系和沟通桥梁，根据经济行为的违法犯罪程度处理和解决经济案件，成为当前法治实践的重要课题。行政执法部门与司法机关及相关人员应逐步将法制理论更多地应用于法律实践，将国家作为法治实践的后盾，运用不同法律位阶的法律法规，实现不同法域之间法际关系的协调和法律实践的融合，以期更科学、更合理地处理经济违法与犯罪问题，为国家的经济发展和社会的进步创造良好的法治环境和法治秩序。

一、"行刑衔接"程序运行机制的提出与意义

目前，我国还处于经济体制改革、转型发展的关键时期，市场经济的自我调节能力还有待提高，而经济违法犯罪行为则呈现出逐年递增的趋势。一些破坏经济秩序的违法活动即使构成了犯

罪，但由于实践中的执法和司法衔接不畅，导致构成犯罪的案件未能及时移送司法机关追究涉案人员刑事责任，最终使得经济违法犯罪活动日益猖獗。从食品安全到垄断行业强制交易，从互联网领域到实体交易领域，不同类型经济违法犯罪行为无处不在。然而，在具体案件处理过程中，"四多四少"的现象较为突出，严重影响了国家法治的实施与干扰了经济领域的秩序。这表现在违法案件远大于查处案件、行政处理远多于司法处理、查处一般违法人员远超于主要犯罪人员，而且适用刑罚较轻。工商行政管理部门、质监部门等移送司法部门处理的经济案件较之于发生的违法犯罪案件则是凤毛麟角。究其原因，一方面，执法不严，违法者未受到处罚或者处罚较轻。仅通过批评教育和罚款等"以罚代刑""降格处理"措施无法达到惩处和警示的效果。另一方面，对行政执法人员渎职犯罪追究责任的则更少，"权力寻租"情况难以避免。这在某种程度上也导致了经济违法犯罪行为的屡禁不止。

因此，对于经济违法犯罪行为的法律综合治理，需要在制度建设和法治实践等方面完善相关程序，充分发挥行政执法和刑事司法的职能和功效，加强不同部门之间的沟通协商和程序联系，形成良好的"行刑衔接"程序运行机制，以尽最大努力防止"以罚代刑"等弊端的发生，从而对经济违法犯罪行为进行有效惩处。关于"行刑衔接"程序机制和制度构建，有的地方已经开始了有益探索。例如，北京市顺义区进行了"行刑衔接"的试点工作，人民检察院与公安局、烟草专卖局等建立了涉烟草专卖案件的"行刑衔接"工作机制，从联席会议制度、案件信息共享平台以及强化检察监督等方面进行了机制完善。[1]因此，只有构建和完

---

〔1〕 张守良："'行刑衔接'：北京顺义的试点与提升"，载《检察日报》2012年4月24日，第3版；宋伟："北京：推进行政执法与刑事司法衔接"，载《人民日报》2011年3月23日，第19版。

善"行刑衔接"的程序运行机制，使得它们之间的法际关系得以协调和顺畅，才能从根本意义上保障最广大人民的权利，推动经济领域的法治建设和完善相关国家治理。[1]

二、"行刑衔接"的程序运行模型

构建"行刑衔接"程序运行模型是落实"行刑衔接"的重要保证。它能促进立法、行政和司法部门相互沟通与协调，促使长效机制的建立，使"行刑衔接"逐步走向规范化的轨道。根据前述的相关理论与实践，"行刑衔接"的程序主要分为以下几个阶段（如图5.3）：

其一，"行刑衔接"的立法完善。为经济违法犯罪行为进行处罚提供法律依据。这需要在法治实践过程中不断完善。其二，对经济违法犯罪行为进行判断与评估。根据情节的严重程度和相关证据材料，确定予以行政处罚还是移送司法机关以及追究刑事责任，这是经济行为处理正确与否的关键步骤。其三，注重"行刑衔接"中的行政-司法平行论。有学者认为，"行政先理"原则的认可是造成"两法衔接"机制运行存在问题的原因。也有学者认为，以"行政优先"为原则、"刑事先理"为例外进行行刑衔接的机制构建和程序安排不仅是对行政犯罪本质的坚守和刑事司法使命的科学定位，而且是对行政机关首次裁决权和司法裁决终极性的尊重，更是对行政权与司法权的国家权力配置及其分权制衡机制的捍卫。[2]我们认为，"平行论"与"刑事先理"有相似

---

〔1〕　甄贞："行刑衔接的理论支撑"，载《人民日报》2011年3月23日，第19版。

〔2〕　李卫刚、姜雨奇："行政执法与刑事司法衔接机制实证分析——以新疆为例"，载《新疆师范大学学报（哲学社会科学版）》2012年第5期；田宏杰："行政犯罪的归责程序及其证据转化——兼及行刑衔接的程序设计"，载《北京大学学报（哲学社会科学版）》2014年第2期。

之处，只是操作步骤与程序运作方面存在一定的区别。即行政、司法部门独立开展工作，通过信息共享平台等技术手段和工具，初步确定哪些案件达到刑罚标准，避免法律实施的混乱，同时检察院还可以监督行政机关的办案工作，确保经济案件正确处理。行政执法部门和刑事司法机构分别对经济违法犯罪行为进行分析，情节未达到刑事处罚条件，司法程序不再继续进行。反之，检察机关建议行政部门及时向司法部门移送案件。"在移交方式上，规定行政执法机关既可以主动移交，也可商请检察机关提前介入，对于是否涉嫌犯罪存在争议的案件，在作出行政处罚决定后，也要向检察机关移送相关案件材料，以供核查、监督。"〔1〕其四，"行刑衔接"的监督和救济。行政机关内部、检察机关及其他相关部门共同监督经济违法犯罪行为的处理是否得当。这一方面可以通过监督对经济违法犯罪行为进行有力打击，另一方面可以对处理失当的行为进行救济，确保法律实施的合法和合理。

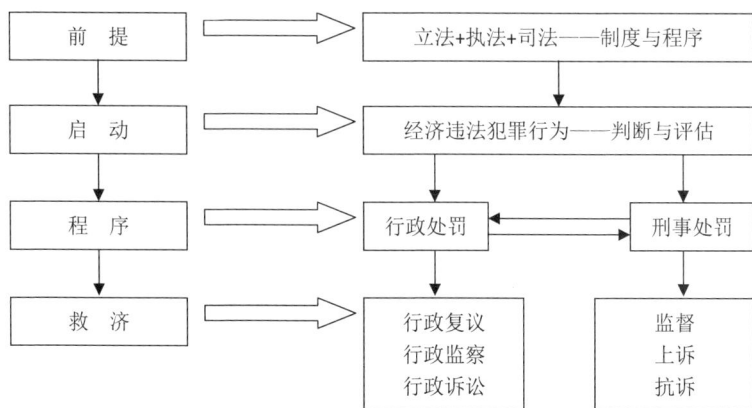

图 5.3 "行刑衔接"的程序运行模型

---

〔1〕 李斌："行刑无缝化衔接的三点建议"，载《检察日报》2011 年 5 月 31 日，第 3 版。

三、"行刑衔接"程序运行的前提与要求

对经济违法犯罪等失范行为的责任追究，有赖于一套完善和常态化的体制和机制，至少需要以下几个方面的立法制度和程序保障：

第一，从粗到细：完善相关立法制度。现阶段，我国在"行刑衔接"方面的立法存在位阶较低、标准和程序规定较为概括和抽象等问题。若要实现不同部门之间良好的沟通协调，首要是解决执法和司法的依据问题。各地在遵循法治精神的前提下，可尝试制订细化实施方案。例如，根据本地的实际情况，对《中华人民共和国刑事诉讼法》《行政执法机关移送涉嫌犯罪案件的规定》《人民检察院办理行政执法机关移送涉嫌犯罪案件的规定》《关于加强行政执法机关与公安机关、人民检察院工作联系的意见》《关于在行政执法中及时移送涉嫌犯罪案件的意见》等法律和法规进行细化规定，制定"行刑衔接"中涉及的程序、"罪与非罪"的界限、案件移送标准、证据转换规定、信息共享机制等实施细则，根据本地实际需要试行后，在条件成熟时可以上升为立法。而立法是执法和司法的前提，只有明确的法律依据和操作实施方案，才能有效指导行政执法和司法实践活动，以对经济违法犯罪行为进行法律综合治理。可以考虑逐步完善刑法中"空白规范"的规范模式，在行政执法法律法规中明确经济违法犯罪行为的判断标准，以及移送和衔接的法律法规依据，从而有利于行政执法人员和刑事司法工作人员在"行刑衔接"时遵守执行。[1]

第二，从知到行：严格执法制度。如前所述，基于多方面的原因，行政机关在实践中可能对应当移送司法机关的案件采取罚

---

〔1〕 孙春雨："行刑衔接机制：三大类问题待破解"，载《检察日报》2010 年10 月 15 日，第 3 版。

款等措施代替司法规制和制裁。更有甚者，各个部门之间在移送前共同协商消解了涉及经济违法犯罪的案件。为确保经济案件的正确处理，在执法层面应注重以下几个方面的问题，真正做到有法必依并严格执法行为。一是，建立科学的考核机制。若要从源头上减少或避免行政执法人员进行"权力寻租"，就要对其进行综合考核，而不能仅仅看中其行政处罚的力度。否则，部分工作人员可能会误解行政执法的意义，或为了个人和部门的利益片面地处理经济违法犯罪案件，从而不移送或不及时移送刑事案件。二是，对执法人员进行业务培训，提高其法律素养和水平。执法人员的能力是执法正确和严格的前提。只有执法人员知晓相关法律常识并熟练运用"行刑衔接"的机制和程序，才能清楚地判断罪与非罪的要件，将涉嫌刑事犯罪的案件及时移送有关司法部门，严格执法才可能落到实处。三是，加强对执法行为的监督，保证执法效果。绝对的权力导致绝对的腐败。行政机关执法若没有强有力的监督，很可能出现执法不公的情况。因此，需要构建检察机关、新闻媒体、群众等多方监督机制，并理顺它们之间的相互关系，确保经济执法的效果。

第三，从制度到程序：程序的意义和保障。解决程序衔接问题，尤其是移送、受理和处理等问题，是"行刑衔接"机制良好运行的关键所在。不仅需要衔接制度的支持，也需要程序的保障。一方面，"行刑衔接"需要制度支持。主要包括信息共享制度和联席会议制度。在经济违法犯罪的治理过程中，可以利用计算机科学技术发展的成果，充分发挥互联网技术的作用，提高信息沟通的效率。一是，完善信息共享平台。行政机关、司法机关等可通过网络平台了解经济违法犯罪案件的基本情况及处理情况，以便于对行政执法部门及其人员的监督和制约。这些平台的实效发挥，需要完善的技术支持和技术能力，不同部门应及时、全面和真实地录入数据，使数据平台具有完整性和真实性。行政机关可以通过平台将经济案件办理信息通报至司法机关，司法机关可同时判断案件处理的归属。当然，网络是"双刃剑"，信息录入需要有专人操作，不但要保证平台运行状态顺畅，而且要对所接触的信息保密。二是，健全网络联席会议。为提高办事效率，各部门可通过网络技术进行案情通报和协商，保证不同性质的案件得到妥善处理。

另一方面，"行刑衔接"需要程序保障。衔接程序应至少包括主体、条件、期间、材料、手续、管辖、法律后果、法律责任等方面的内容。[1]我国现有衔接程序的不完善主要存在缺乏指导思想和基本原则，没有统一案件办理及移送格式规范、没有制定相关人员的回避制度，以及缺乏操作层面的法律解释等问题。由于不同部门处理案件标准和方式的不同，在完善衔接程序和相关制度时，除了根据现有法律规定的要求办理案件，还需要重点关注以下几个问题：一是移送衔接操作问题。这包括执法主体如何移送案件、司法机关如何受理案件以及以后如何处理等。而且，对实践操作中所涉及的模糊概念，需要进行详细规定。例如，对于逾期不移送案件，"逾期"的起算方式及具体期限需要细化规定。二是行政证据向刑事证据转化规则的规制问题。不同诉讼程序对证据收集及证明有不同的规定，如何减少取证的工作量、提高证据使用效率是"行刑衔接"应重点考虑的问题之一。行政执法部门在取证时，必须树立严格按法律程序取证、保存证据的意识，综合不同诉讼法对取证的要求，尽可能做到取证规范，形成完整和科学的证据链。司法部门亦需要完善证据转移机制，经质证、认证和核实无误后，对行政执法部门符合法律规定取证的证据，应当直接转换为诉讼证据，以降低证据的成本和风险。

---

[1] 周章金："行政执法与刑事司法衔接机制"，载《武汉科技大学学报（社会科学版）》2006年第6期。

四、"行刑衔接"程序运行的启动与评估

经济违法行为达到刑事处罚的条件并构成了犯罪，是"行刑衔接"程序机制启动的开端。"违法"与"犯罪"是含义不同的两个概念，只有经济违法行为达到一定严重程度、在《中华人民共和国刑法》规定中属于犯罪应受处罚才能移送司法机关。这时，"行刑衔接"的衔接点才存在。由此可见，当经济违法行为因量变引起质变时，根据定性及定量的原则，违法行为上升为犯罪行为，行政处罚不足以达到惩罚犯罪的目的，需要将案件移送相关司法部门进行刑事处罚。而根据情节和相关证据判断经济违法行为的严重程度以及是否构成犯罪，就显得极为重要。若判断失误，应追究刑事责任的经济违法行为未被追究或不应追究责任的行为受到刑法惩处，都会带来消极影响。在决定哪些案件纳入刑事管辖范围时，行政部门和相关司法机关应当格外谨慎，办事人员对相关法律规定应当熟悉掌握，以减少判断和评估失误带来的风险。对经济违法行为的判断与评估还需要至少做到以下几点：一是，判断和评估的依据应当切实充分，符合法律规范的规定以及相关法理。行政部门和司法机关对经济违法行为的定性要有章可循，以不违反法律规定或法理精神为标准。二是，判断和评估应当及时，存档符合法律规范。有关机关要严格按照法律规定的期限对案件做出判断和评估，或进行行政处罚或移送司法机关，并做好存档备案及信息录入工作，以便在监督和救济时有原始资料可供查询。

五、"行刑衔接"程序运行的监督和救济

一般认为，权力运行的有效机制要求"结构合理，配置科学，程序严密，制约有效"。行政机关及其工作人员较早介入经济违法行为的处理程序，若仅依靠行政机关对经济行为进行定性，可能

会因为各种原因产生不公。因此，要从内部、外部两个层面对行政行为进行程序规制，确保经济违法行为处理恰当。

从内部层面讲，行政系统内部要对行政行为进行程序监督。行政机关内部监督包括层级监督和专门监督两种方式。层级监督包括上级机关对下级机关监督和行政复议监督，专门监督主要有监察监督、审计监督。[1] 具体来说，一是，上级机关有权力监督下级机关的执法工作，可以较为快捷地对下级机关的失当行为进行纠正。但此种监督形式也具有局限性，基于利益关系，上级对下级的监督可能流于形式，起不到应有的监督作用。二是，监察和审计等专门机构可以对行政机关的行为进行检查、控告、检举和调查，促使行政机关依法办事。内部监督目前存在的问题是监督权力的弱化。在具体实践中，可规范相关制度，更好地发挥内部监督的作用。从外部层面讲，检察机关、新闻媒介、人民群众等外部力量应加强对行政行为的监督。任何人不能担任自己案件的法官，从某种意义上讲，外部监督才能尽可能避免"自己当球员，自己亦是裁判"的窘境。因此，应构建完善的外部监督体系，加大对经济违法犯罪的打击力度。一是，在权力范围内充分发挥检察机关的作用，赋予检察机关监督和诉讼等相关权力，确保市场经济有序发展。二是，充分利用互联网技术，强化新闻媒介监督，将权力运用晒在阳光下，将"权力关在笼子里"。三是，行政相对人及其他群众的监督。调动一切可以调动的力量加入监督队伍，从外部规范行政权力的运行。

救济是对行政执法及刑事司法的处罚不当而进行的权利保护活动和相关制度运作过程。"行刑衔接"机制在我国尚未形成完整的体系，各地的实践也存在一定程度的差别，法律工作人员在适用法律时也难免出错。因此，通过多种方式对处罚不当的行为

---

〔1〕 姜明安主编：《行政程序研究》，北京大学出版社 2006 年版，第 89 页。

进行救济成为"行刑衔接"程序机制实践操作的基本内容之一。一方面，是对行政处罚不当行为的救济。可以运用行政问责制度，通过复议、监察、诉讼等途径，对行政机关及其工作人员的不当行为进行责任追究。例如，行政相对人认为行政机关的处理不当，可提出复议进行纠正，监察部门通过受理控告和检举，调查行政机关及其工作人员执法情况，对其进行处理，或通过行政诉讼，纠正这种不当行为。同时，检察机关可对行政行为进行合法性审查，对渎职犯罪等行为提起刑事诉讼等。另一方面，对刑事不当处罚行为的救济，即通过诉讼方式对不当刑事处罚行为进行纠正。当事人或者检察机关在法定期限内，通过上诉、抗诉等方式可对法院的裁决进行救济。当法院对经济犯罪的裁判存在适用法律错误、证据不足、程序不合法或其他错误时，应当赋予不同的监督主体能够通过多种方式进行权利救济的权力，确保经济犯罪的惩罚得当。

　　总之，在全面推进依法治国的目标和背景下，合法和合理地治理经济违法犯罪案件是维护市场经济秩序的重要措施。建立和健全"行刑衔接"程序机制，使立法、行政和司法等部门达到法际关系的协调和顺畅，既有利于保证各部门工作的独立性，加强各部门之间的联系和沟通，又有利于最大限度地维护当事人权益和保证经济违法犯罪案件的正确处理，从而可以为经济的稳步发展和社会的良好秩序提供有力保障。

第六章

理念分析：通过道德的程序正义

<h1 style="text-align:center">第一节　引　言</h1>

被西方学界普遍认为可以挑战罗尔斯理论的桑德尔，是哈佛大学政府系的著名学者，与罗伯特·诺齐克、阿拉斯戴尔·麦金太尔齐名。[1]桑德尔出生于 1953 年，是当代美国最有影响的公众知识分子之一。[2]他的道德反思理论区别于罗尔斯的程序正义理论，也不同于功利主义的程序观。这种道德法则被认为是对"善"的一种表达机制，适用于人类的心智情感与选择活动。[3]而道德反思的意义在于，找到情理判断与普世原则之间的契合点，从而在判断与寻求正义与公正时遵循道德与善的路径与事实。在需求正义的过程和程序中，能够把道德理性与规范原则结合在一起的关

---

〔1〕　罗伯特·诺齐克的《无政府、国家与乌托邦》、阿拉斯戴尔·麦金太尔的《追寻美德》，以及迈克尔·桑德尔的《自由主义与正义的局限》，被西方学术界视为少数几部有影响的挑战罗尔斯理论的力作。

〔2〕　迈克尔·桑德尔的主要著作，均已翻译成中文，如《自由主义与正义的局限》(1982 年版)、《自由主义及其批判者》(1984 年版)、《民主的不满：美国在寻求一种公共哲学》(1996 年版)、《公正：该如何做是好?》(2009 年版) 等。尤其是随着哈佛大学公开课的推广与成功运作，使得桑德尔成为"世界上最受欢迎的大学老师之一"。最近，桑德尔在日本推出了"迈克尔·桑德尔的白热教室"国际课程，与亚洲国家的青年学者和学生举行研讨和交流。

〔3〕　[英] 亚当·弗格森：《道德哲学原理》，孙飞宇、田耕译，上海人民出版社 2005 年版，第 3 页。

键所在，即避免程序中的偏见和个人主义。对于"程序的道德性"的价值分析，有助于人们理解法学理论家所强调的程序内容和程序意义，从而真正体现出"正义""公正"和"法治"的内涵和精神。[1]正如桑德尔在评判山上士兵和脱轨电车目击者时所言，"道德反思并不是一种一成不变的追求，而是一种公共的努力。它需要一个对话者——一个朋友、一个邻居、一个同志或一个公民同胞。当我们与自己争论时，这个对话者可以是想象的而非真的。然而，我们不能仅仅通过内省而得出公正的意义以及最佳的生活方式。"[2]

　　在一些道德与法律互相交错的具有重大影响的疑案中，这种道德反思体现更为明显。"洞穴奇案"问题在国内引起了广泛关注。风靡一时的哈佛大学教授桑德尔主讲的通识课程《公正》，就在第一讲"谋杀的道德侧面"中援引了"女王诉杜德利与斯蒂芬案"，提出了"什么是正确的事情"问题，试图由此走进政治哲学的思想殿堂。[3]在该案中，现实的思想原型是女王诉杜德利案，其又在一定程度上形成了富勒所构建的"洞穴探险者案"。主审法官需要在不同的价值背景下衡量不同的利益以及后果，在没有司法先例可以遵循的情况下，只能作出对于程序最为稳定和对于社会公共善能够产生正确激励的判决。而对于程序正义实现过程中的道德和善的价值，只能通过司法判决论证与说理过程中的道德话语体系来进行修辞与表述，从而在一定程度上使得本案成为通过道德和善实现程序正义的典型案例。通过这些典型案例，我们需要思考的是个人思维、共同体思维以及国家思维的不同点是什么，如何才能实现它们之间的融合？在制度构建意义上，我

---

[1]　陈瑞华：《程序正义理论》，中国法制出版社2010年版，第225页。

[2]　[美] 迈克尔·桑德尔：《公正：该如何做是好？》，朱慧玲译，中信出版社2011年版，第30页。

[3]　吕康宁："司法表述与司法分析的不同逻辑——以'杜德利案'为中心"，载《暨南学报（哲学社会科学版）》2014年第4期。

们需要思考理解刑事法治的法律起点和核心关键点是什么？在案件处理过程中，寻找的逻辑规律和限度是什么？以及在程序意义上的制度背景下，个体与共同体是怎样建立两者之间的联系的？

桑德尔的程序正义理论也许为我们提供了一种新的研究路径和研究视角，这对于当前我国程序法理的学术研究和知识更新具有重要的借鉴意义。正是他对于道德和善的理论扩展，使得原本枯燥乏味的政治哲学出现了新的生机。而他对于罗尔斯正义理论和功利主义法学观的批判，使得他的正义理论出现了现代性转向，即从单纯的自由主义意义上的功利主义或者共同体意义上的道德论，逐步发展到更加注重个体和整体之间的"共同善"正义与公正。而在这一研究思路与进路的调整过程中，程序的制度意义被凸显出来，形成了一种通过道德的程序正义理论。

第二节　自由主义与纯粹程序正义的局限

一、自由主义的正义理想

自由主义一般被认为是一种关于正义的理论学说。它是以正义作为道德理想与政治图景的首要性价值，并从社会与个人的目的和善观念来预设、分配和安排正义。如果单独从道德意义来进行考量，正义的结构很难区别于自由的各种形态。[1]自由主义的"正义"理念形成了现代社会人们遵循的道德基本原则，人们遵循的这些道德原则，并不是思想家们人为构造的，而是其本身有着经济力量和社会条件的支持。[2]如果能够促进权利的合理性与

---

〔1〕　Michael J. Sandel, *Liberalism and the Limits of Justice*, Cambridge University Press , 1982, p. 2.

〔2〕　李泽厚："构建正义基础上的和谐——从桑德尔的《公正》说起"，载《社会科学报》2013 年 12 月 26 日，第 5 版。

正当性，社会的福利就会最大化，促进善的形成与发展。而当康德自由主义意义上的权利被挑战时，符合权利就具有一种排除善的价值判断的道德意义。[1]"无论正义的原则多么高尚，它永远都不能充分付诸实践，相反，我是指这些局限存在于正义理想本身。对于一个为自由主义允诺所激励的社会来说，问题绝不单单是正义总难完全实现，而是这一洞察存在缺陷，这一渴望并不完善。"[2]而且，这种基于理性和自由的正义价值，"根植于长期形成的以尊重人的尊严和自由为基本特征的道德和政治哲学传统；只有将程序正义与深厚的自由主义思想连结起来，才能为法律程序的内在价值提供一种坚实的理论基础。"[3]

二、道德的契约困境

上述讨论的案例及相关问题认为个体自由主义具有权利基础和道德支持，并在某种集体选择程序中被赋予。但是，这些理论是由建构主义的方法所产生的，并没有把这些权利作为主体必然发现与行使的事实结构，因而可以称之为一种"人工产品"。当然，这里的论述也许并非这么容易理解。法律权利是由一系列复杂的程序过程和社会实践体系所创造与维系的。"契约论并不认为道德权利仅仅是世俗权利，因为道德权利必须具有道德力量，而

---

〔1〕 例如，约翰·罗尔斯认为："父母在看待孩子时必须遵循某些正义（或公平）总念，必须具有适当的尊重，但在某种限度之内，它并非政治原则要规定的东西。显然，禁止虐待或丢弃孩子之类，作为约束，是家庭法律至关重要的组成部分。但另一方面，社会又要有赖于成熟家庭成员的自然情感与善良愿望。而桑德尔假设作为公平的正义的二原则一般性地用于各种联合体，也包括家庭。"具体请参见〔美〕约翰·罗尔斯：《万民法——公共理性观念新论》，张晓辉等译，吉林人民出版社2011年版，第130页。

〔2〕 〔美〕迈克尔·桑德尔：《自由主义与正义的局限》，万俊人等译，译林出版社2011年版，第13页。

〔3〕 陈瑞华：《程序正义理论》，中国法制出版社2010年版，第269页。

世俗的法律权利可能缺少这种力量。契约论把道德权利基于某种协议，并不意味着道德权利衍生自社会实践。相反，契约论认作道德基础的权利是某种特定的集体选择程序的结果。这并不取决于这种程序是否在事实上产生权利，而是说明基本权利不是任何实际协议的产物，是某种可能的或假设的协议的产物。"[1]因此，契约论一般认为道德权利并不是世俗的，而是主观的，这也就形成了道德的契约困境。

反之，世俗权利支持论者也相信，自由主义理论存在道德与哲学的困境。他们坚信现代法律结构与社会道德原则是一种个人自由与社会价值整合的产物，并在立法和司法中呈现出差别。例如，法律结构的主导力量不同、自由主义的表现差别以及个人责任的观念不同等困境。同时，作为伦理道德观念和政治哲学体系的自由主义，会与法律解释的自由与权利产生分歧，并最终影响法律的实施与权利的行使。[2]"由德行出发，一般以道德主体本身作为评量依据，而非以行为作为衡量的基准。行为人的个别行为，要放在个人长久因为习惯、教化等孕育因素所形成的人格特质中解读；所欲提出的对象，也不是行为人个别行为符合某种道德或法律上的要求，而是行为人个人整体德行的稳定状态。"[3]

但是，如果契约实现了道德的自律理想，那么它就可能接近于罗尔斯所谓的纯程序正义。对于像罗尔斯一样的契约程序遵守者而言，先前的契约并没有在历史中实际履行，它只是具有当时时期的效力。[4]并且在这种程序中，契约的结果被认为是公正

---

〔1〕 ［加］L. W. 萨姆纳：《权利的道德基础》，李茂森译，中国人民大学出版社 2011 年版，第 118 页。

〔2〕 Ronald Dworkin, *Law's Empire*, Harvard University Press, 1986, p. 274.

〔3〕 陈起行："由柏拉图政治家篇论德行法理学"，载《政大法学评论》第 120 期。

〔4〕 Michael J. Sandel, *Liberalism and the Limits of Justice*, Cambridge University Press , 1982, p. 105.

的，而不论是否真实存在这种结果。"依据相互性理想，契约属于不完善的程序正义，它试图接近一个独立存在的正义标准。"〔1〕这也符合罗尔斯所认为的纯程序正义的标准，即程序正义的结果必须被实际履行，否则没有其他的判断标准来衡量结果的公正性。也就是说，只有公平的程序得到人们的切实遵守并被真正实行时，纯程序正义的理想才能实现。

三、纯程序正义的局限

法国著名哲学家保罗·利科在《正义的纯程序理论可行吗?》一文中认为："《正义论》所宣称的目标是对公正问题给出了一个程序性的解决方案，即，以制度的公平安排为视角的公平程序——而这正是其第一章的标题所表明的内容：'作为公平的正义'。"〔2〕这种商谈程序正义的公平，是一种人造主义的产物和趋势，具有先天的局限性。一方面，它不是被发现的，而是将善直接依附于正义之中，它是被构建出来的，与纯程序的方式同时产生。作为公平的正义，它的作用和角色限制于存在的方式中。因为这一问题是这样的复杂，所以对这个问题的全部意义进行评论，结果将是不确定的。〔3〕另一方面，作为例外的非正式程序也具有公平性。关于涉及案件的当事人，不论数量还是质量，正式程序也许并不比非正式程序重要，尤其是在案件公平性的判断与衡量上。因此，"我们可以重新认识与思考一下这种假设，即只能在通过审判式听证提供给当事人全套程序性权利和根本没有任何程序性保障

〔1〕［美］迈克尔·桑德尔：《自由主义与正义的局限》，万俊人等译，译林出版社2011年版，第127页。

〔2〕［法］保罗·利科：《论公正》，程春明译，法律出版社2007年版，第44—45页。

〔3〕 John Rawls, *A Theory of Justice*, Revised Edition, The Belknap Press of Harvard University Press, 2003, p. 37.

之间进行选择。承认选择并非介乎全有与全无之间，就可以为几乎一直都缺乏富有想象力的程序性思维开启一幅完整的景象。"[1]

第三节　个体、共同体与道德程序主义

一、从个体到共同体

整全之所值得追求，与平等保护有关。法律面前人人平等，或称'形式平等'是整全的价值所在。整全也可以由友爱或社群作为辩护的基础。自我立法的理想必须有整全的支撑。我们接受由我们自身形成的社群法律，社群法律因为我们自主的订定，对于我们产生了约束力，或正当性。但是前提必须是，我们自身所制订的这些法律，不可以在原则上不一致。由于每项法律的概念都必须提出这项法律的正当性所在，整全的法律因此有其值得追求的特殊因素。[2]在传统道德领域，我们必须面对道德地位、道德信念和道德行为的争议和批评。这在一定程度上涉及作为整体意义上的部分群体对于人类行为、数量和目标的不同认识和态度。这也许是存在偏见的，或者是非理性的。但是，作为个体意义上的我们必须使用这些词汇去进行比较与行动。而这些个体道德与整体价值的最大区别最终归结于两者差别的限制和法律的正确实施。这也反映了被道德围绕的权利行使与法律实施是不确定和存在争议的。[3]因此，这些共同体意义上的社会性法则，保证了个

---

〔1〕　[美]肯尼斯·卡尔普·戴维斯：《裁量正义》，毕洪海译，商务印书馆2009年版，第259—260页。

〔2〕　陈起行："由柏拉图政治家篇论德行法理学"，载《政大法学评论》第120期。

〔3〕　Ronald Dworkin, *Taking Rights Seriously*, Harvard University Press, 1977, p. 248.

体的社会成员标识，并促使他能够成为共同体意义上的"善"的一部分，从而使得他享有这种一般和整体意义上的"善"。

二、共同体与道德程序主义

很多人认为，功利主义在进行抉择时，可能不会尊重个人权利而践踏个体意义上的人民。[1]而从人类历史的发展来看，人们的行为和活动总是成群或者结伴的。人们已经逐步理解并掌握了个体的善和共同体的善，并体现为制度意义上的道德程序主义和指导精神。这两种善指导着他们的行为与技艺，并维持着个体和共同体意义上的利益。他们之间的权利与义务是如此相关，以至于他们所追求的事物就存在于他们之间的相关关系之中，这种关系以他们的共同体表现出来。[2]例如，刑事程序中的严刑逼供会使得犯罪嫌疑人遭受痛苦，从个体意义上是减少他的权利与幸福，但是，如果遇到炸弹的突然爆炸，那就会导致成千上万的生命丧失或者导致更大的痛苦。因此，从社会整体意义上的功利共同体角度而言，"如果使一个人遭受剧痛能阻止大范围的死亡和苦难，那么这样做在道德上就是正当的。"[3]因此，在个体与共同体之间，选择原谅和道德主张是一种和解——原谅与否的关键措施。它的主要目的是为了解决不同角度利益的缠斗，体现了主体的道德善与"大度"。而在具体案件处理过程中，也许更多地体现为道德程序主义的进路。在刑事诉讼程序中的保护人权主要体现为

---

〔1〕 "桑德尔反对'权利优先于善'：针对权利优先性的义务论证明，他提出了权利优先性的批判，并阐述了自己的社群主义观点；针对权利优先性的政治自由主义证明，他又对权利优先性进行了再批判，并且修正了自己的社群主义观点。"具体请参见姚大志："桑德尔：权利与善"，载《理论探讨》2012年第6期。

〔2〕 [英]亚当·弗格森：《道德哲学原理》，孙飞宇、田耕译，上海人民出版社2005年版，第131页。

〔3〕 [美]迈克尔·桑德尔：《公正：该如何做是好?》，朱慧玲译，中信出版社2011年版，第42页。

保护犯罪嫌疑人和被告人，而作为共同体意义上的人权，在更高层面统摄着个人意义上的侧面。侧面则因为前述自由主义的追求而呈现价值观的不同。而这种层面与侧面的差异，需要作为制度意义上的国家程序出面，来解决明显的价值层次的问题。具体而又细化的个人与社会的关系问题，需要作为共同善的程序正义来处置，即通过道德程序主义来分配正义。

三、通过道德程序主义分配正义

桑德尔在论述自由至上主义时，以迈克尔·乔丹的钱举例，并认为诺齐克的分配公正模式存在违背个体意愿的情形，在分配中可能会出现不平等以及对于自由权利的干涉，需要制度论和价值论相融合的道德程序来进行分配。这是因为，"其一，自由推翻了模式。任何一个认为经济不平等是不公平的人，都将不得不干涉自由市场，反复不断地撤销人们所做出的选择。其二，以这种方式干涉——向乔丹征税以资助那些需要帮助穷人的项目——不仅推翻了自由交易的结果，它还由于拿走乔丹的收入而侵犯了他的权利。"[1]而正义一般又可以分为个人与群体间的适当关系以及个人与个人之间的适当关系。具备正义的德行，也就必须同时具备人际互动过程给予他人适度之评价与回馈，称之'互惠评价'，以及适当地将个人，或人们，放在社群整体下视之，或评价，称之'整体评价'。若采取道德主体的德行观，则一位具备正义德行的道德主体，前述两种正义在他身上，融为一体。[2]

桑德尔进一步认为，"通过将才能和特质的分配看成是公共所有物而不是个人的拥有，罗尔斯就避免为了修正社会和自然偶然

---

〔1〕 [美]迈克尔·桑德尔：《公正：该如何做是好?》，朱慧玲译，中信出版社2011年版，第72页。

〔2〕 陈起行："由柏拉图政治家篇论德行法理学"，载《政大法学评论》第120期。

性的任意性而需要'均衡'天赋。当'人们同意分担他人的命运'，其重要性至少是他们单个的命运可能发生变化。这就是为什么尽管差异原则倾向于'在平等方面修正偶然性的倾斜'，但'它却没有要求社会尝试去清除障碍，正如所有人都希望在同一竞争中有公平的基础。'"〔1〕例如，由于分配的利益被不同安排，刑法等实体法所规定的法律条文与惩罚与体现为程序价值与理性的分配正义明显不同。"刑法并不简单是一个设计用来通过鼓励一些行为阻止一些行为的激励或延缓的非道德系统。"〔2〕"正义的探讨，涉及个人与城邦以及个人与个人之间两种基本关系，虽名为分配与交换正义，但是这项传统的理解，似乎过于局限于功绩与应得的适当比例，应当以社会承认的观点，建立正义的理论。人的成长过程，是一个持续在社会对其行为期待之下，不断内化而形成个人身份，对于社会上存在着限制个性得以健全发展的认可模式与承认标准本身的规制，因此是实现承认正义社会所不可忽视者。"〔3〕

第四节　程序正义的美好图景

一、共同善的正义

以公民德行和共同善为主要理论内容的公民责任和义务，一方面不能放在自由主义的市场上去出售，这就正如不能用钱来雇

---

〔1〕　[美]迈克尔·桑德尔：《自由主义与正义的局限》，万俊人等译，译林出版社2011年版，第88页。

〔2〕　[美]迈克尔·桑德尔：《自由主义与正义的局限》，万俊人等译，译林出版社2011年版，第109页。

〔3〕　陈起行："由柏拉图政治家篇论德行法理学"，载《政大法学评论》第120期。

佣其他人代替陪审员一样。[1]从市场的角度论证，这么做是有着功利主义的充分理由的。"我认为，这种趋势正在逐步产生麻烦：给每一个人的行为定价，会损害特定的善与商品所真正内涵的价值。"[2]但是，离开了作为公民德行的共同善，这种义务或者责任就会被逃避，而法律意义上的陪审员是执行类似法官的审判行为的，是以社会最高标准来被要求的。在程序运作的正义价值追求上，"审判员并不只是投票，他们还与其他人就相关证据和法律进行商讨。而这种商讨吸收了陪审员们从多种多样的生活道路中，所带来的各种不同的生活经历。陪审员义务不仅是一种解决问题的方式，它还是一种公民教育形式，是一种民主公民身份的体现。尽管陪审员义务并不总是有教育意义的，可是，所有公民都有义务履行它的这一观念，使法庭和人民之间保持着一种联系。"[3]

另一方面，程序正义最高标准的实现，即通过促进多样性而实现共同善。桑德尔从反歧视行为中的共同善出发，认为必须通过程序来避免偏见，从而将共同善扩展到更大更广阔的范围。公正与正义有着令人满怀敬意的一面。"只有当社会制度确立了自己的使命时，优点才会产生。""正义是公正和普遍的善，使任一部分服从于整体之善，并使得整体有利于部分的维持，但排除任何

---

〔1〕 "一般而言，经济交易尤其是自愿的经济交易可以促进公共资源效用的实现。有些东西是金钱买不到的，但是现如今，这些东西却不多了。今天，几乎每样东西都在待价而沽。在美国加利福尼亚的一些城市，非暴力罪犯可以用钱买到一间与不出钱的罪犯的牢房分割开来、干净而安静的监狱牢房。"具体请参见［美］迈克尔·桑德尔："金钱不能买什么——重新思考市场的道德局限"，梁昕照、顾芸莲编译，载《社会科学报》2013 年 1 月 31 日，第 3 版。

〔2〕 Michael J. Sandel, "Market Reasoning as Moral Reasoning: Why Economists Should Re-engage with Political Philosophy", *Journal of Economic Perspectives*, Vol. 27, No. 4, Fall 2013.

〔3〕 ［美］迈克尔·桑德尔：《公正：该如何做是好?》，朱慧玲译，中信出版社 2011 年版，第 96 页。

有害于整体的部分的享乐。"〔1〕特定的机构、特定的时间以及特定的人们在行使自己的使命时，是由他们所推崇的特定的善所决定的，而这种特定的善，即程序的价值和要求。正如桑德尔所述，"特定的善与特定的社会制度相适应，忽略这些善在分配中的作用可能就是一种腐败。"〔2〕

二、实现途径与进路

桑德尔认为，在前述契约的实例中，"程序的优先性取决于辨别纯程序正义的特殊实例，它是一种纯粹化了的预先置于普通程序中的程序，在这种普通程序中，不可能获得独立的公平标准。只有纯粹的自我才能保证是一个拥有主权的行为主体，只有纯程序正义才能保证产生出公平的结果。这就是罗尔斯在原初状态中所求助的程序概念。"〔3〕而要想实现所谓的共同善的正义图景，在原初状态正义〔4〕的基础上，需要反思正义的环境与背景，需要主体进行道德选择以及形成对于程序正义的道德认识论。

---

〔1〕 ［英］亚当·弗格森：《道德哲学原理》，孙飞宇、田耕译，上海人民出版社 2005 年版，第 62 页。

〔2〕 ［美］迈克尔·桑德尔：《公正：该如何做才好?》，朱慧玲译，中信出版社 2011 年版，第 204 页。

〔3〕 ［美］迈克尔·桑德尔：《自由主义与正义的局限》，万俊人等译，译林出版社 2011 年版，第 140 页。

〔4〕 这种正义被罗尔斯概括为 "原初状态的公平正义理论"，它具有五大基本特征。具体内容为："①原初状态将各方设定为公平代表的公民；②原初状态将其设定为理性的各方；③它将其设定为自可行的正义原则中选出，这些正义原则要运用于适当的对象，在此一情形中便是基本结构。我们再加上④各方被设定为因适当的理由而做出选择，以及⑤因关涉到作为合理且理性的公民之根本利益的理由而选择。我们检核到，通过指出由于公民在原初状态当中代表状况的均称分布（或其平等分布）而得到公平（合理）的代表，就满足了以上五个条件。"具体请参见 ［美］约翰·罗尔斯：《万民法——公共理性观念新论》，张晓辉等译，吉林人民出版社 2011 年版，第 24 页。

（一）正义环境反思

罗尔斯推崇的正义论，有着环境和背景的制约。一方面受着正义的资源稀缺等客观环境制约，另一方面是由合作主体的不同利益与价值的主观方面所局限。每一个人认为的正义观念与善，是值得其本身所追求的。在考虑基本善作为一种公平的正义之过程中，每个人的自由在一定程度上内含着实质性的正义内容与原则，这种正义的理念是一种程序正义的拓展，涵盖了比程序正义更多的内容。[1]这是一种原初状态的正义理念。例如，个人主义者的保守观点认为，只要没有伤害其他人，他就可以自由地去做快乐的事情。[2]而桑德尔认为，原初状态是一种推出正义的方法和目的，是偶然的，与道德的社会无关。这种联结不再是纯粹先验的，不再缺少与人类行为的种种明显联系，因为原初状态的程序性观念允许我们造就这些联结。[3]

（二）主体的道德选择要素

作为主体的自我，对于上述程序优先性的思考是一种目的论上的考量。这不仅是一种由经验引出的道德目标、道德属性和道德目的的"被动容器"，还是由环境产生的能动的和有选择能力的行动者。主体对于道德观念的判断与选择为他们形成个体和共同体意义上的责任感、认同感和义务感提供了基础。他们不能被认为是被动的，他们是作为共同体的一部分而进行选择与行为的。在这一过程中，每个主体都会具有程序的优先性，都会得到关爱

---

〔1〕 ［美］约翰·罗尔斯：《万民法——公共理性观念新论》，张晓辉等译，吉林人民出版社 2011 年版，第 11 页。

〔2〕 Michael J. Sandel, *Public Philosophy*：*Essays on Morality in Politics*, Harvard University Press, 2005, p. 28.

〔3〕 ［美］迈克尔·桑德尔：《自由主义与正义的局限》，万俊人等译，译林出版社 2011 年版，第 53 页。

和归属感。[1]正如桑德尔所言,"把任何特征赋予我的目标、志向、欲望等等,这总是暗含着一个站立于其后的主体的'我',而且这个'我'的形象必须优先于我所具有的任何目的与属性。"[2]

(三) 对程序正义的道德认识

不论是个体还是共同体意义上的人,都具有人性的基本认识,这是基于人类的生物性和社会性所必然发生的。而人们对于正义的理解和道德认识,并不因基本认识而呈现一致性。[3]对于道德伦理学上的善与恶、正义的衡量与判断,中西方的认识起点与思维方向是明显不同的。中国自古以来注重"礼法结合",而西方尤其是近代以来,强调的是体现理性思维的程序观念与制度性的正义理念。虽然中西方的道德认识存在明显的不同,但是从法律的"适者生存"理论出发,基本的原则与原理可能存在两者的公约数。"法律要讲水土",但是基本的价值即维护、保障和促进最基本的社会秩序,这在中外都无例外。

第五节 启示:德性程序正义理论及其限度

桑德尔的正义理论是以道德和善来解释正义,这明显不同于

---

〔1〕 [英] 乔治·弗兰克尔:《道德的基础》,王雪梅译,国际文化出版公司 2007 年版,第 165 页。

〔2〕 [美] 迈克尔·桑德尔:《自由主义与正义的局限》,万俊人等译,译林出版社 2011 年版,第 33 页。

〔3〕 正是因为人们缺乏道德信仰,或者甚至可以说正是他们有意地否定道德信仰,才导致柏拉图以一种理性思维的方式去思考道德概念的重要性和意义。对他而言,真和善的概念相互联系在一起,形成一个不可分割的整体,是理性的两个代表。而柏拉图哲学的焦点就是善的思想、合乎道德的行为以及对真理本质的探求。具体请参见 [英] 乔治·弗兰克尔:《道德的基础》,王雪梅译,国际文化出版公司 2007 年版,第 158 页。

上述的罗尔斯用公平来解释正义。[1]而且在构建他的正义理论时，重点突出的是程序的意义和价值。因此，基于共同善的理想图景和个体与共同体的价值选择，通过道德实现程序正义成为可能与必须。也许一种新的程序正义理论呼之欲出，即所谓的德性程序正义理论。它是由前述的道德程序主义为理论基础，由裁量的程序正义、道德与程序的结合、正义的程序显示以及司法德行几个部分组成的。

德性程序正义理论的研究不仅需要实证意义上的经验支持，而且更加需要哲学以及法理上的反思与重构。现实的情况是，关于司法程序的成文法和制定法的法理学较为全面，而涉及警察正义、检察官正义以及法官正义的裁量正义基础理论却较为欠缺。美国著名行政法学家肯尼斯·卡尔普·戴维斯认为，"我们需要一种新的包容所有正义而非只是其中相对简单的那部分法理学。尽管这一任务极其艰巨，但我认为我们可以而且应当为个案当事人提供好得多的裁量正义。"[2]而且，德性程序正义需要裁判的正当性。"德沃金发展出的原则论证，应该融入富勒以人际互动为基础的法律理论。若以裁判理论为讨论核心，德沃金的原则论证提供了值得参考的公共议题及其争议的解决思维。他指出，最好的论证是否可以作为解决问题的理据，无论从正当性或者知识性两方面来看，都是最重要的考虑依据，并且这项论证必然涉及原则之间取舍上的价值衡量。取舍之道，应先考察社群作为一个整全

---

〔1〕 "实际上，罗尔斯的公平正义是在坚持自由价值的基础上，强调了平等和公平价值，是将自由、平等和公平三种价值结合起来分析正义问题。"具体请参见胡启忠：《契约正义论》，法律出版社 2007 年版，第 49 页。其实，不论是以公平来解释正义，还是以自由、平等和公平来分析正义，都是以罗尔斯为代表的西方思想家心目中的正义理念类型，是一种西方正义理论发展脉络的阶段呈现，是对正义标准的价值判断和具体化过程。

〔2〕 ［美］肯尼斯·卡尔普·戴维斯：《裁量正义》，毕洪海译，商务印书馆 2009 年版，第 266 页。

个人而言，不断面临困难的价值抉择时，会如何在维持前后融贯的要求下做出原则上的选择，基本上只有在社群尚未回应的范围，个人有建构的空间。"[1]

　　有一个显著的例子是，在美国，如果宪法的制定者深受启蒙运动思想的影响，并要求司法实践中的法官根据对启蒙道德思想与理论的演化发展来理解宪法文本之含义，那么，当法官对创制者的目的没有原则性拒绝意见时，宪法文本的适用最好与上述道德理论产生一致的判断与裁量。否则，就会因法官的错误，或者由于资源优先性以及社会舆论等实践因素而发生变异。[2]这是德性程序正义理论的价值要求。这是因为，"当代法律的文本没有说正义是什么。像法律哲学一样，它们没有确定公正的行为是什么。社会科学一般回避作正义的评判。法律人类学绝少主张它对法律日常行为的描述是关乎正义的。历史法学通过跟随遗失的正义标记和碎片追溯法律中的变化。怀疑论者注意到，当确定的正义标记或规则不存在时，可能根本就没有正义这回事。他们又启发了现实主义者对法律的认识：忽略正义，根据社会权力来把握法律和正义，或把它们理解为观念形态。"[3]由此，语言文本和正义标记登上了权力舞台，背后的道德观念形态则成为社会权力与司法权力的共同表征。

　　而一般认为，法律是由正义产生和演化而来，现在则是法律的构建成为评价标准而非正义。在人类法律文本中以及司法实践中所表达出来的评判标准，通常没有首先提及正义，而代之以社

---

　　[1]　陈起行："由柏拉图政治家篇论德行法理学"，载《政大法学评论》第120期。

　　[2]　〔美〕理查德·A.波斯纳：《道德和法律理论的疑问》，苏力译，元照出版公司2002年版，第124页。

　　[3]　〔美〕玛丽安·康斯特布尔：《正义的沉默——现代法律的局限和可能性》，曲广娣译，北京大学出版社2011年版，第8页。

会权力构造、经济补偿显示以及当事人的遵从。也就是说，正义正在逐步消失在那些主体的话语与法律中的概念、公式、条文以及结构中。对于正义的体现与实现，需要作为制度意义上的程序机制和司法德行。正义不仅要实现，而且要以人们看得见的方式来实现，这就是程序的重要价值和显示意义，这构成了德性程序正义理论的重要保障。"因此，在不妨碍人民的处分和选择的自由的前提下，设置一套严格的程序来保证社会过程的合理性和正义，显然是有益无害的。"〔1〕

德性程序正义理论的法理基础是德行法理学。在德行法理学的发展过程中，德行判决理论是其重要的内容之一。以德行为核心的判决理论，构成了德性程序正义理论的核心内容和以道德评判和公共善为基础的司法伦理。这也应和了桑德尔的通过道德的程序正义理论。具体来说，司法德行理论是由以下五项部分所构成的：一是，司法德行包括但不限于下述六项：节制、勇气、气质、才智、智慧与正义，是可能的自然意向，使得做出公正的判决成为可能。二是，具有德行的法官，是具备上述司法德行的法官。三是，具备德行的判决是指具备德行的法官依据司法德行，考量与判决相关的情境所做出的判决。四是，合法判决是由具德行的法官，考量与判决相关的情境下作出的判决，在此意义下，法律上正确与合法同义。五是，合于正义的判决等同于具备德行的判决。〔2〕

德性程序正义理论也存在一定的限度。"事实上，无论西方还是东方，都将德性境界提升的责任落实到日常生活中的个体。差别仅仅是，西方借重的是宗教，中国借重的是道德。一旦人们将

〔1〕 季卫东：《法律程序的意义——对中国法制建设的另一种思考》，中国法制出版社2004年版，第138页。
〔2〕 陈起行："由柏拉图政治家篇论德行法理学"，载《政大法学评论》第120期。

个人的道德责任推向世间英雄，道德的冷漠和政治的强制就会相携出场，造成高尚道德辞藻掩饰下的德性专制悲剧。"[1]而通过道德的程序正义，如同大众伦理和精英伦理一样，为司法官设定了基本的道德义务和榜样的圣洁精神，划分出司法的道德底线和道德上限，使得这种司法正义精神存在着"两线伦理"[2]的限制与制约。例如，在我国，"从某种意义上讲，目前执法、司法中最突出的问题，就是执法、司法人员的'道德滑坡'与'伦理缺失'——上不惧天理，下不恤民情，既缺乏对法治的信仰，又缺乏对社会公正的信念，从而导致执法、司法不公，乃至产生冤假错案。"[3]因此，德性程序正义的理论主张、功利主义的财富最大化并不是幸福的唯一目标，也不是我国司法官的效用底线。道德哲学家所认为的善和幸福也不是桑德尔程序正义美好图景的最终归宿。不论是个人榜样意义上的"上线伦理"，还是基于共同善和道德的"底线伦理"，完全不管社会中人们的幸福或者效用，看起来也同样不对，同样让人们无法接受。[4]正确的路径和方式是把功利主义和道德传统在程序中结合起来，在两线伦理的范围

---

〔1〕 任剑涛："我们该如何做是好：论桑德尔的《公正》"，载《天府新论》2013 年第 5 期。

〔2〕 龙宗智教授认为，"在一个多元的社会，对于多数人，不能要求他们成圣成贤，只能要求他们遵守最基本的伦理准则，即遵行'底线伦理'。不过，我们可以要求少数人达到道德上限，像雷锋、像孔繁森。"具体请参见龙宗智："重建司法伦理"，载《国家检察官学院学报》2011 年第 3 期。而在最近的一篇文章中，他进一步提出了"两线伦理"，并认为"底线伦理"应对现代社会因其多元性导致的道德滑坡、伦理缺失现象，不失为一剂良药。而"上线伦理"在伦理教育方面，肯定榜样的示范引导作用。具体请参见龙宗智："既肯定榜样的示范引导作用，又要优化榜样的树立路径——我为何主张'两线伦理'"，载《北京日报》2015 年 8 月 24 日，第 17 版。

〔3〕 龙宗智："影响司法公正及司法公信力的现实因素及其对策"，载《当代法学》2015 年第 3 期。

〔4〕 ［美］理查德·A. 波斯纳：《正义/司法的经济学》，苏力译，中国政法大学出版社 2002 年版，第 65 页。

内构建德性程序正义理论的限度。设定司法官的司法伦理和道德底线义务，完善司法官的榜样上线伦理，充分发扬司法程序中上限榜样的节制、勇气、气质、才智、智慧和正义精神，并在法律底线基础之上，形成正确、合法和具备德行的裁决。

第七章

原则解释：通过司法的罪刑法定

第一节 问题的提出

　　罪刑法定原则是法治国刑法的核心精神所在，也是法治国家"法律宇宙"的最坚实的堡垒。在全球化的法律多元与法律政策多变的形势下，罪刑法定原则、刑法法益保护原则以及法治国家对于刑事司法程序的原则要求共同构成了所谓的刑事法法治的三大支柱。在中国的司法实践中，罪刑法定原则的贯彻实施主要依赖于我国刑事整体法律中的实体与程序之法律交流机制，即我国刑事法的解释与适用能否像德国刑事法一样，既注重实体法与程序法的有效交流，又体现法院与学界的批判和论证之反思互动。如果我国法院的审判案例能够完全出版并受到理解界的评论与批判，而法院又愿意使自己的判决成为评论与批判的对象，并适时完美地论证与发展其判决，那么刑法、刑事司法乃至中国刑事法的法治性将大大加强，刑事整体法律的构建与完善也将为期不远。然而，现实的情况是，刑事实体法与程序法的越来越偏离，刑法学者和刑事诉讼法学者都存在不同程度的自说自话现象，导致刑事一体化和整体化的研究难以达成，刑事实体与刑事程序缺乏必要和基本的沟通与互动。在以法律精细著称的德国，也出现了刑事实体法与程序法的分离趋势。传统意义上的刑法教授既要教授刑事实体法的内容又要从事刑事程序法的研究，其注重的是作为刑事法治国基本要求的刑事司法的统一。但是，从德国最近的刑法学界发展来看，刑事实体法与程序法已经被严格地分离开，这在法学教育中的体现尤为明显。难怪德国著名刑法学者贝恩德·许乃曼所言，"如何将这两个学科更好地融合在一起，也是我们应该探讨的问题。"[1]

而罪刑法定原则的历史发展与演变历程体现了从绝对到相对、从禁止法官解释刑法到刑法文本内的自由解释的发展变化。在早期欧洲启蒙思想的影响下，罪刑法定原则严格禁止法官对于刑法进行解释。法国著名学者查理·路易·孟德斯鸠就这一问题论述道："如果允许法官对法律进行解释，法官在有关一个公民的财产、荣誉或生命的案件中，就有可能对法律做出有害于公民的解释。"[2]而切萨雷·贝卡利亚也认为，由法官等司法人员对于刑法进行解释，其造成的混乱会比严格适用刑法所遭遇的麻烦更大，这有可能会产生刑事司法擅断与刑事司法专横。这种对于刑法解释的怀疑与否定是难以成立的。因为在目前日益强调刑法明确性的前提下，解释必须在罪刑法定的范围内予以运作与规制，而不论是实质解释论还是形式解释论。而且，刑事立法的混乱不堪使得法律人士越来越求助于代表司法公正的法院，这在英美法系的国家表现得尤为明显。

因此，法律需要被解释，罪刑法定原则也不例外。这在某种程度意味着，要求法官仅仅依据法律规则来进行裁判、处理案件，也许是一种自欺欺人的表现与面上伪装的方式。对于罪刑法定原则的解释应当从刑事一体化的视角进行二分，即区分罪刑法定的

---

〔1〕 具体请参见德国贝恩德·许乃曼教授在"2011年中德刑法解释语境下的罪刑法定原则"研讨会的主题发言，题目为"中德刑法解释语境下的罪刑法定原则"，载梁根林等主编：《中德刑法学者的对话：罪刑法定与刑法解释》，北京大学出版社2013年版，第5页。

〔2〕 〔法〕孟德斯鸠：《论法的精神》（上册），张雁深译，商务印书馆1961年版，第12页。

刑法解释与程序性解释。本文将在分析罪刑法定刑法解释面临的困境的基础上，提出罪刑法定原则的程序性解释及其意义、路径和方式，以求更新刑事法治的解释范畴和扩大罪刑法定的研究领域（如图7.1）。

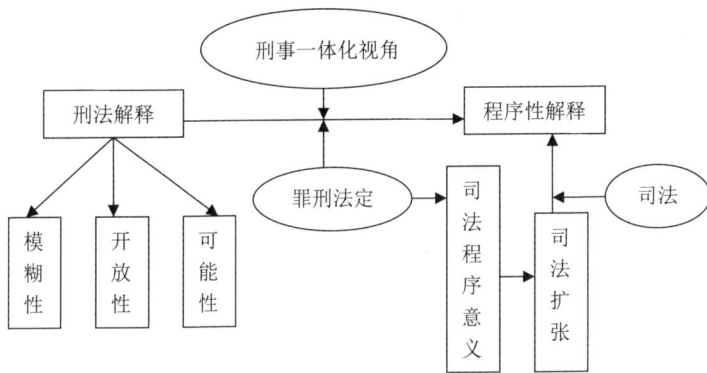

图7.1 罪刑法定的司法轨迹：从刑法解释到程序性解释

第二节 罪刑法定刑法解释的困境

一般认为，语言应当是明确和具体的。但是，在某些情形下，语言也呈现一定的模糊性，这导致了法律适用中的不确定性。在刑事法领域，由这种语言不确定所导致的刑法不确定性，对于刑事司法适用以及法官的审判产生了严重的挑战。有国外学者认为，模糊性不仅是语言的一个显著特征，而且也是法律的一个显著特征。这种不确定性的论断，有必要去解释它，为它进行辩护，并检验它在理解和适用法律乃至司法过程中的意义和意蕴。[1]

---

〔1〕 具体请参见［英］蒂莫西·A.O. 恩迪科特：《法律中的模糊性》，程朝阳译，北京大学出版社2010年版，第1—2页。

一、法律语言与刑事立法的模糊性

法律规范是由法律语言组成并表达的，如果没有语言，也将没有法。通过语言的前理解、沟通、表达、论述、解释和理解，才能真正实现和发展法。而所谓的语言前理解，也离不开对于法律的认识和感觉。因此，法律与语言是密不可分的。正如德国学者伯恩·魏德士所言，法的优劣和高低，取决于法律语言的表达与理解是否成熟，语言的成熟对于法律理解、法律适用以及掌握法律真谛具有重要作用。[1]而一切所谓的"文本学"，包括法学、儒学、历史学、文学和美学等都会出现文本的解释与理解问题。在文本与读者之间、在文本与创作者之间以及在信息与接收者之间都存在历史性和可能性的对话与失衡关系。在刑事法领域，也同样存在刑事立法者与法律实施者、法律文本信息与接收者之间的对话与失衡关系。这些表现为刑事法律文本解释的语言学困境。这是因为，只要有抽象思维，就不可能不进行价值判断，这基于法律规范归根结底是一种价值规范，而对于价值判断的适用与理解，又会有不同的对于法律文本的实质判断，最终会对法律理解与适用的合理性产生影响。例如，基于不同的语境，在刑法文本中的同一用语可能会有不同的语言学解释或者不同的用语可能会有相同的解释。在我国刑法中的"招摇撞骗罪"中的"假冒"，与"抢劫罪"中的"冒充军警人员抢劫"可能会有相同的解释意义。[2]

在司法实践中，基于法律语言的不确定性导致的刑事立法的模糊性使得人们不得不重视与考量刑法这一制定法文本的观点和

---

〔1〕 〔德〕伯恩·魏德士：《法理学》，丁晓春、吴越译，法律出版社 2013 年版，第 71 页。

〔2〕 具体请参见陈兴良："形式解释论的再宣示"，载《中国法学》2010 年第 4 期；张明楷：《刑法学》（第 3 版），法律出版社 2007 年版，第 717 页；刘艳红：《走向实质的刑法解释》，北京大学出版社 2009 年版，第 222 页。

意义。对于法律使用者来说，最好的指南也许就是作为集体性的立法者们的理由与动机。而立法作为一个个体的缔造者做出的，他的知识和专业为尊重他的意图和尊重他缔造的文本提供了同样的理由。更明确些，法理学能更为清醒地认识到，与多元性有关的种种情况正是政治的本质和环境。[1]当然，在自由的立法面前，如果不能确认法律的明确性，那保障个人的权利与自由就是一种空谈，法治国的理想也就不能维系。例如，在意大利，一位检察官发出了一份收监令，其中的内容是关押一位开车碾死了人的司机，辩护律师提出了抗辩。而根据意大利的法律规定，意外致死罪确实可以被判处监禁。检察官有权力在法庭裁决之前发出收监令，但仅限于他们认为的特殊情况，即刑事法律中规定的必须先行收监的特殊案件，而本案中并不存在这种特殊的情形。检察官的回答是，由于交通意外伤害案件的不断出现，为了防止肇事者的非法行为而采取收监措施是合法的和正当的。这位检察官的行为明显是为了"改进"法律，甚至扮演了"立法者"的角色，仅仅因为法律当中并没有明确规定这种情形。这也充分体现了，在适用法律的过程中，司法人员的权力意识与官员心态。即使有法律的明确规定，他们可能也会肆意歪曲成文法规的词句，自行用他们自己的规则取代法律，他们的口号是，在某些特定环境中，如果严格遵守法律规定，就不足以实现某种目的。[2]

二、刑事政策的开放性与刑法解释的无力

一般认为，刑事政策是反映一国某一时期刑法适用的指导思

---

〔1〕〔美〕杰里米·沃尔德伦："立法者的意图和无意图的立法"，载〔美〕安德雷·马默主编：《法律与解释》，张卓明、徐宗立等译，法律出版社 2006 年版，第 446 页。

〔2〕〔意〕布鲁诺·莱奥尼：《自由与法律》，秋风译，吉林人民出版社 2011 年版，第 95 页。

想和策略方针。由于社会发展以及刑法知识的更新，实现刑法规制的要求也就出现不同的特征。例如，近些年来我国刑法学者所强调的"宽严相济刑事政策"[1]，体现了社会转型的发展需要和纠纷解决的和谐处理要求，是近些年来刑法适用的指导思想与根本要求。而从刑事立法的角度来看，刑事政策具有一定的开放性，能够在遵循罪刑法定原则的前提下，从教义学的视角进行阶层划分，把社会纠纷的处理方式纳入犯罪构成要件中。一般而言，这些构成要件是由立法者的比较与思索，经过价值衡量后而制定和完善的，代表着哪些行为举止将会受到刑法的规制与干预，这是一种刑法成文化之前的刑事政策影响和决定。而在所谓的刑法教义学的解释与加工之前，犯罪构成与刑法规制的内容一般就已经预先确定了。因此，刑事政策影响刑法实施的关键就是刑法体系化形成之后的解释问题了。正是刑事政策的开放性，在某种程度上影响了刑法的解释机能。同时，刑事政策的影响在各个构成要件中，主要考虑的就是是否具有刑事可罚性问题了。这里需要注意的一点是，在贯彻罪刑法定原则的前提下，超越字词的可能含义的类推是禁止的，即便在立法论上存在支持这种类推并科以刑罚的理由。[2]

----

〔1〕 关于刑事政策与刑法解释方面的研究，集大成的研究为我国著名刑法学者马克昌所著的《宽严相济刑事政策研究》，清华大学出版社 2012 年版。还有李希慧、焦阳："刑事政策与刑法解释的关系简论"，载《中南民族大学学报（人文社会科学版）》2014 年第 3 期；劳东燕："刑事政策与刑法解释中的价值判断——兼论解释论上的'以刑制罪'现象"，载《政法论坛》2012 年第 4 期。当然，也有刑事诉讼法学者从刑事程序的视角对于这一刑事政策问题进行了深入的研究，提出"合理解释并认真研究这一政策思想的适用，是我国刑事法学者的责任。在中国刑事司法'重刑主义'以及'重实体、轻程序'的传统影响之下，对'宽严相济'政策及其程序保障的研究，有重要的意义与极大的空间。"具体请参见龙宗智编：《宽严相济刑事政策的程序保障机制研究》，法律出版社 2011 年版。
〔2〕 ［德］克劳斯·罗克辛：《刑事政策与刑法体系》（第 2 版），蔡桂生译，中国人民大学出版社 2011 年版，第 21 页。

　　而从犯罪的本质来看，刑事政策的开放性使得行为规范从私的事由变为公的事由。在这一转化过程中，国家是联结个人和集体的交流性与政策性制度。而是否适用制裁规范或曰刑罚，是恢复加害人、受害人与国家（社会）之间的法和平状态的最终手段，其焦点不仅是要满足社会效果，而且是要体现刑法规范的妥当性。这种"法和平"状态的恢复，是一种刑事政策要求的本质状态，可以理解为是将被害人的修复、加害人的修复、社会的修复在规范性的层面上加以把握的东西，与此相对的，修复性的司法就是将各自修复在事实层面上加以把握的东西。[1]通过修复性司法以及刑罚适用，刑事政策的潜在制裁机能得以恢复并应用，使得刑事政策的抽象性得以具体化。一般的刑法法律要求包括行为规范与制裁规范双重含义，通过刑法解释来贯彻，而刑法解释又存在一定的抽象性与价值判断，并且这种解释必须在罪刑法定的文义辐射范围内进行。虽然罪刑法定原则可能限定了文本的抽象范围与解释者的价值边界，但是这又可能引起新的认识混乱。例如，经济犯罪中的空白罪状，虽然有的明确指明了参照的法律法规，但是在"法"的解释范围内还是存在一定的争议。例如，刑法立罪的评判，是先适用行政法规及其解释这种"其他法律"，还是适用谦抑性的刑法立罪至后逻辑。[2]这种行政解释对刑法的适用是否有效力，还是存在一定的争议。因此，有必要从犯罪行为规范的主体方面（包括社会公众等潜在主体）来进行规制，回归解释或者被解释的主体因素和常义理解，尽管这在一定程度上

---

　　[1]　[日]高桥则夫：《规范论和刑法解释论》，戴波、李世阳译，中国人民大学出版社2011年版，第11页。
　　[2]　在金融犯罪领域，"现实生活中的金融违法行为可谓形形色色，对于形形色色的金融违法行为，并不意味着都要立罪并动用刑罚。金融刑法立罪需要控制是毋庸置疑的，而如何控制却是有待解决的问题，用什么技术规则控制则是更具实质意义的问题。"具体请参见胡启忠："金融刑法立罪逻辑论——以金融刑法修正为例"，载《中国法学》2009年第6期。

体现了制裁规范的作用与刑法解释的无力。

三、一般普通人的理解与预测是否可能

上述的两个方面问题，是对于刑法解释宏观问题的简单分析与判断，揭示的是罪刑法定原则的外部困境，而下面从罪刑法定原则的内部困境入手，对扩张解释与类推解释的根本差异，即"一般普通人的理解与预测"标准进行分析与批判。在刑法学界，一般认为扩张解释与类推解释在刑法解释的内部构造上存在差异。一方面，基于扩张解释而得出的司法结论，是符合一般普通人的理解和预测可能性的，也就是说普通公民通过自己的逻辑判断与理性思考后能够得出相应的结论。另一方面，基于类推解释而得出的司法结论，违反了这种一般的逻辑判断与理性思考预测能力，也就是说即使普通公民通过逻辑判断和理性思考之后仍然无法得出这一结论。例如，我国《刑法》第 236 条的"强奸罪"规定，"以暴力、胁迫或者其他手段强奸妇女的，处三年以上十年以下有期徒刑。"然而，现实法律生活中，有的被以上的暴力、胁迫等手段强奸的是男性，如果还要根据上述法律规定进行处罚，这就属于一种类推解释，因为一般普通人的理解与预测很难将"男性"包括在"妇女"当中。

但是，在有些情况下，一般普通人的理解与预测是很难判断的。例如，我国《刑法》第 252 条的规定，"隐匿、毁弃或者非法开拆他人信件，侵犯公民通信自由权利，情节严重的，处一年以下有期徒刑或者拘役。"在目前网络社会，如果有人非法删除他人的电子邮件，是否能够适用前述的刑法规定？有学者认为这种删除电子邮件的行为，符合一般普通人的理解与预测，是一种在罪刑法定原则下的扩张解释，应当认定为"毁弃他人

信件"。[1]但是，笔者认为，这种解释明显具有类推适用的情形。电子邮件与一般的信件完全属于不同的事物与法律事项，不仅事物属性不同，而且运作与表现的方式也不尽相同，这就如同证据法中将书证与电子数据分开规定一样。而且，一般普通人的理解与预测也将很难将电子邮件作为信件来看待。因此，对于一般普通人的理解与预测，"我们是提出了一个问题，而不是回答了一个问题。这种解释给予我们的充其量只是一个循环论证，而在一些情况下则是解释得比原来需要解释的东西更难懂。"[2]

因此，关于罪刑法定原则的刑法解释，不仅存在基于法律语言的刑事立法的模糊性和刑法解释对于刑事政策的无力等外部困境，还存在着一般普通人理解与预测的难以判断的内部困境。也许这一问题的出路就在于超越刑法的基本面，从程序性的解释方式和刑事司法程序适用的立体面来更新解释范围与消解分歧。

第三节　罪刑法定的司法意义与程序性解释

一、罪刑法定的司法程序意义

正如前述所言，作为刑事法治三大支柱之一的法治国刑事司法原则，在罪刑法定原则的解释与适用中起着十分重要的作用。这种刑事司法的程序性解释与应用也许能够将罪刑法定的研究范围予以拓展，形成一种不仅是基本面的刑法解释论，而且是刑事一体化视域下的立体解释面，从而实现许乃曼教授所提出的刑事两大学科更好地融合。

---

〔1〕　冯军："扩张解释与类推解释的界限"，载梁根林等主编：《中德刑法学者的对话：罪刑法定与刑法解释》，北京大学出版社 2013 年版，第 163—164 页。

〔2〕　[德]恩斯特·卡西尔：《人论：人类文化哲学导引》，甘阳译，上海译文出版社 1985 年版，第 85 页。

一方面，司法程序是罪刑法定解释制度化的基石。从我国法治发展的历程来看，在法治建设的初期，多数法学家更多探讨的是令行则止与正名定分的实体法律方面，而对于法律体系中占据重要位置的程序问题却研究较少。直到现在，作为刑事法治基础的罪刑法定原则，也主要是由刑事实体法的学者进行探讨和推动，而刑事程序意义上的相关研究却少得可怜。正如有学者所言，缺乏程序保障的实体法制是难以有效运作的。如果强加推行，那便和中国古代的严刑峻法无异。因此，程序的构建将成为中国今后一段时期法律体系完善与建设的核心和焦点。[1]对于刑法中的罪刑法定原则及其解释，在一定的条件限制下，把解释论的价值评判问题转化为刑事司法程序问题来进行规制也未尝不可。

这是因为，刑事司法程序具有一定的闭合性、明确性、选择性与权威性。一是，通过司法程序的闭合性，可以维持罪刑法定解释的相对一致性，避免立法者乃至其他行政主体的干扰与限制。二是，通过司法程序的明确性，可以使得罪刑法定的解释与适用具有最低限度的公平性，从而有利于刑事案件的自我完结与刑事纠纷的最终处理。三是，通过司法程序的选择性，可以促使罪刑法定原则具有更大的解释能力，使得案件当事人的选择等权利得到尊重。四是，通过司法程序的权威性，可以规制罪刑法定原则解释的结构与过程，实现解释的公信力与制度化。因此，如果要实现罪刑法定的相对一致性、最低限度的公开性、更大的解释能力以及解释的公信力，那么，司法程序可以作为罪刑法定原则解释制度化的基石。

另一方面，罪刑法定天然地存在程序性要素。一般认为，罪刑法定原则的功能和价值，是限制国家权力和保护公民的自由与

---

〔1〕 季卫东：《法律程序的意义——对中国法制建设的另一种思考》，中国法制出版社 2004 年版，第 14 页。

权利。这种罪刑法定的天然属性，要求其通过科学的立法过程和严格的司法程序来进行保障。这种罪刑法定的程序保障及其意义在于通过程序的严格适用可以使得国家难以肆意行使刑罚权，从而规制国家权力的滥用，因此保障公民的自由与权利。而从罪刑法定原则的发展历程来看，不管是英国的《自由大宪章》规定，还是约翰·洛克、路德维希·安德列斯·费尔巴哈等哲学家、法学家的解读，都天然地存在程序性的要素或者特征。直到近现代，1810年的法国刑法典将罪刑法定原则纳入实体法的范畴，形成了大陆法系至今仍然影响深远的明确性原则[1]。而在英美法系国家，罪刑法定原则并没有多大的改变，依然遵守程序法上的法定原则与原理。正如有的英美法系刑法学者所言，当有人问你犯罪或者刑法的意义是什么？或者更精确一些，我们应当把什么理解为一种刑法的方法或者方式？精确的回答就是刑法可能被描绘为一种程序，而这种程序本身即意味着刑法的一种应用。[2]

二、刑法解释的司法扩张与程序性解释

在英美法系刑法适用的发展过程中，盗窃罪的提法与适用鲜明地体现了普通法的司法扩张，这在一定程度上形成了不同于德国等大陆法系国家的盗窃罪范畴。尽管修订盗窃罪的建议可以上溯至19世纪30年代，但是议会在19世纪的参与，主要限于将侵

---

〔1〕　一般来说，在德国等大陆法系国家，罪刑法定原则被称之为"法律明确性原则"，并在德国宪法以及刑法中予以具体规定。而在我国，有学者认为中国刑法中规定的罪刑法定原则，是"法律明文原则"，而非"明确性原则"。因为中国刑法中的明确性是相对的，甚至还存在着大量的盖然性的规定，这在一定程度上与罪刑法定原则的明确性要求相抵触。具体请参见陈兴良："中国刑法中的明确性问题——以《刑法》第225条第4项为例的分析"，载梁根林等主编：《中德刑法学者的对话：罪刑法定与刑法解释》，北京大学出版社2013年版，第11页。

〔2〕　Joshua Dressler, *Cases and Materials on Criminal Law* (*Fourth Edition*), by West, a Thomson business, 2007, p. 1.

占罪扩展为一种犯罪。普通法盗窃罪的合理化与扩张化的责任落
到了法院头上。[1]立法者的要求使得当时社会产生一种舆论氛
围，包括法律人士在内的公众将普通法的混乱看成是法律修订与
改革的合适理由。而后来的法院与议会的法律修订，体现的只是
法律效率要求。在这些扩张运动中，法院的作用凸显，并从司法
判决的角度惩处了拾遗者和错误交付两种取得行为，最终导致了
在外部性方面对无辜者的行为使用刑事处罚予以规制。

这一司法适用的扩张体现了罪刑法定原则的程序性解释的巨
大功能与作用。尽管一般意义上的盗窃罪变形可能产生大陆法系
国家扩张解释与类推解释的界限问题，但是在美国通过司法程序
的制度运作而进行了规避与合法化。当然，这种英美法系国家的
刑法适用，在成文化的遵循罪刑法定原则的国家看来，可能有着
法官造法的危险与类推解释的问题。当然美国对于这一问题并未
无所作为，和英语世界的诸多刑法典所体现出来的盎格鲁-撒克逊
法律传统一样，《模范刑法典》中虽然没有使用总的一般性授
权规范，但却采用了一种同样使类推禁止丧失意义的立法方式：
通过扩张刑罚范围和创设诸多相互重叠的构成要件来预先避免出
现刑罚漏洞。[2]这说明，即使在强调刑法适用程序性解释的英美
法系国家，仍然可以通过立法方式与授权规范来限制类推解释的
适用，从而更加体现了罪刑法定原则程序性解释的广泛适用空间
与理论前景。

---

〔1〕 ［美］乔治·弗莱彻：《反思刑法》，邓子滨译，华夏出版社 2008 年版，
第 76 页。

〔2〕 ［德］瓦尔特·佩龙："德国视角下对解释与类推的区分"，王钢译，载梁
根林等主编的《中德刑法学者的对话：罪刑法定与刑法解释》，北京大学出版社
2013 年版，第 174 页。

第四节　罪刑法定程序性解释的路径与方式

一、程序性解释的路径

纯粹的法律主义者认为，通过制定的精确的法律规范可以实现法律的绝对清晰性与确定性，从而保证所有法官明确法律规范和司法行为的明确性。正如博克尔曼的名言，法官适用法律应当像自动售货机一样进行司法运作。这也就是强调法官是成文法的"奴隶"。但是，在今天，刑事成文法或曰制定法强调的是这样的内容，即面对刑事案件，法官不仅要通过刑法的明确性概念进行解释与阐述，而且要通过法律推理去发现或者证立法律规范的意义。这种司法独立的评价与要求，如同立法者一样去决定并作出命令。在未来还将如此，这将总是仅仅涉及或多或少受制定法约束的问题。[1]因此，引入司法程序思维的形成过程与方式和路径对于刑法的解释与适用具有重要的借鉴意义（如图7.2）。

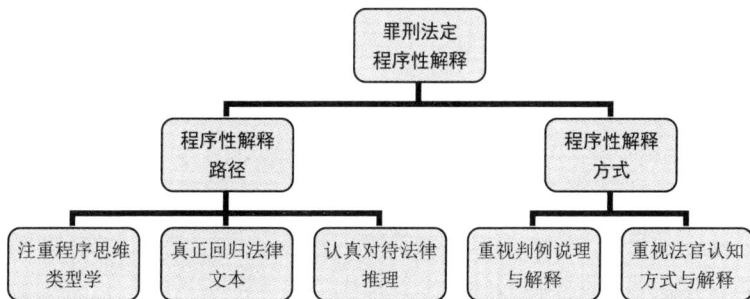

图7.2　罪刑法定程序性解释的理论架构

---

〔1〕〔德〕卡尔·恩吉施：《法律思维导论》（修订版），郑永流译，法律出版社2014年版，第131页。

一是，注重程序思维类型学。对于罪刑法定原则的程序性解释，其一，要树立刑事整体的思维逻辑。不管是德国的刑法解释语境，还是美国的程序性法定原则，都是强调维护刑事法治国的堡垒，而在这一过程中，刑法与刑事诉讼法正在陷入刑事整体化的法律预防思维中，当然中国刑事法的未来发展也不能幸免。通过刑法与行政法、刑法与刑事诉讼法等的"共同解读"，才能构成完整的要件要素与法律应用逻辑。其二，罪刑法定原则的明确性要求，可以通过法官司法适用的"准确性"思维要求体现出来。其三，借鉴德国司法中有效交流思维，包括前述的出版判例与接收知识界的评判与监控，是使得罪刑法定原则走向成熟的关键。其四，限制法官的话语权与主导思维和依赖思维。前一种思维强调的是在没有法律和司法解释明确规定的情况下，法官不能基于自己的司法话语权而进行案件的主导性和创造性审判，从而形成所谓的刑法明确性解决之道。后一种思维强调的是面对法官不敢解释的问题，应当限制下级司法人员对于上级司法人员的依赖，真正做到主体思维的要求，直面罪刑法定并独立地定罪与量刑。其五，在我国特殊的司法解释体制与背景下，对于司法解释必须要有一定底线要求和习惯思维，即不能超越底线价值意义上的一般普通人的理解与预测能力。

二是，真正回归法律文本。对于法官适用刑法进行程序性解释，一个前提性基本的要求是不能脱离刑法的正文，而应当真正回归刑法的法律文本。法官适用刑法条文进行裁判，不但应当注重法律的语言文字，而且应当注意刑法体系化的文字含义，即既重视刑法普通文字语言的意思，又注重在"刑法正文"语言可能的扩张与发现。而超出刑法正文辐射范围的文字含义，则可以被认定为是类推解释。当然，在这一回归刑法法律文本的过程中，要特别注意罪名对于解释的制约、刑法分则之间的逻辑关系以及刑法规范中行为规范、制裁规范与裁判规范的关系问题。

　　三是，认真对待法律推理。在法官解释刑法以及适用刑法的过程中，法律推理发挥着重要作用，必须予以认真对待。尤其是在法律分析与裁判过程中，对于刑法规则的合理与恰当的解释是一个关键的环节。在这个程序性解释路径过程中，不仅有着法官的司法权威性解释，还有着双方当事人的解释法律活动。因此，对审判实践中法律推理发生和发展轨迹所作的研究，则试图再现审判实践真实环境下法律推理展开的完整过程。因为，一个案件的审判过程是一个浓缩的、完整的司法推理过程。[1]

二、程序性解释的方式

　　上述的程序性解释的思维与路径，是从宏观的角度对于这种罪刑法定的新解释理论进行了初步的分析与论证。而本部分则主要从程序性解释的具体操作与方式来进行探讨。借鉴我国刑事实体法以及程序法中的有益经验与制度资源，试图从判例的角度与法官认知的角度来具体分析程序性解释的基本问题。

　　对于罪刑法定的程序性解释，应当重视判例方式的说理与解释。一般来说，对于判例的研究，可以挖掘刑事判例中的法律智慧和司法经验，从而克服刑事实体法的抽象缺陷。即使是从"反面"的判例，也可以找到可资借鉴的经验与警示。判例在理解中的作用实际上是要增强理解者的经验成分，使生硬的规定变成活生生的经验，使法典理性与司法经验在法律人的头脑中融为一体。[2]而在罪刑法定的程序性解释方面，对于一个人阅读刑法条文的理解与解释，也许并不能真正领会与完全理解法律。但是，司法程序中形成的判例，作为一种法官司法经验与法律适用的总结，可以

　　〔1〕　张保生：《法律推理的理论与方法》，中国政法大学出版社 2000 年版，第365 页。
　　〔2〕　陈金钊：《法律解释学——权利（权力）的张扬与方法的制约》，中国人民大学出版社 2011 年版，第 17 页。

使得刑法的内涵被更多人所了解与接受，体现了罪刑法定原则的具体化与经验化。[1]因此，正如有学者认为的，判例的说理与公开不仅涉及罪刑法定等刑事实体法的正确理解与适用，而且关系到中国法学的转型与发展，是一种开放司法的体现。[2]

对于罪刑法定的程序性解释，应当重视法官的认知方式与解释。罪刑法定原则所体现的明确性要求不仅针对刑事实体法的立法机关，而且同样适用于刑事司法活动。一般公民通过阅读法官的判决，可以知晓法官对于这种行为的认知与解释方式，而且也能够判断出刑法对于这类行为的价值判断。因此，这种程序性的解释方式，除了上述所强调的判例的说理完善外，还要求法官对于刑法适用的明确性进行过程阐述，即对相关主体行为进行刑事法判断的认知方式进行解释。例如，对于法官认知推定的目的解释，一方面是为了弥补法律信息的漏洞，另一方面则是为了对于指导法官裁判的法律推理过程进行判断，从而为普通人了解什么行为是犯罪行为，什么行为不是犯罪行为而提供答案。[3]

综上，罪刑法定原则是刑事法治的三大基础之一，同时也是法治国家的基本要求。对于罪刑法定的解释、理解与适用，是刑事实体法与刑事司法的核心议题之一。因为罪刑法定的刑法解释基本面存在宏观外部和微观内部方面的问题，所以必须扩展罪刑法定原则的研究范围。而罪刑法定原则的程序性解释提供了可能

---

〔1〕　例如，在昭和六十年代以后的日本，在具有深远意义的案例中进行因果关系判断的判例迭出不穷。在上述判例中，虽未采用在明示了一定的理论之后、根据理论立场来做出对案件的判决这样的裁判路径，但在各个判例中，都做出了重要的判示。具体请参见［日］山口厚：《从新判例看刑法》，付立庆、刘隽译，中国人民大学出版社2009年版，第2页。

〔2〕　具体请参见张卫平："无源之水——对中国民事诉讼法学贫困化的思考之一"，载徐昕主编：《司法》（第3辑），厦门大学出版社2008年版，第180页。

〔3〕　具体请参见［美］尼古拉·雷舍尔：《推定和临时性认知实践》，王进喜译，中国法制出版社2013年版，第25页。

的理论与实践出路。通过罪刑法定的程序意义与刑法解释的扩张，达到了程序性解释的领域和范围。而程序性解释的思维路径、回归刑法文本以及认真对待法律推理使得程序性解释不再空洞化与理论化；程序性的判例与法官认知实践与解释使得程序性解释得以具体化与操作化。最终，在刑事一体化的背景下，罪刑法定原则不仅巩固了刑法解释的基本面，而且还增加了程序性解释的立体面。只有两者的相互协调与统一，才能从根本上完善我国罪刑法定的明确性要求和解释适用需要，实现通过司法的罪刑法定。

第八章

交错适用：刑事诉讼如何应对追诉时效缩短问题

2015 年 11 月 1 日起正式实施的《中华人民共和国刑法修正案（九）》（以下简称"《刑九》"），对贪污罪的法定刑进行了修改，明确了通过贪污数额和贪污情节来进行司法认定的标准和结构。于 2016 年 4 月 18 日起正式施行的最高人民法院、最高人民检察院《关于办理贪污贿赂刑事案件适用法律若干问题的解释》（法释〔2016〕9 号）（以下简称"《解释》"），对贪污或者受贿的数额进行了调整。根据上述立法及司法解释的调整变动，结合我国现行刑法关于追诉期限的规定，在检察机关审查公诉的过程中，尤其是在 2015 年 11 月 1 日至 2016 年 4 月 18 日之间立案审查的贪污案件，可能会因适用新司法解释而导致追诉时效期限的缩短，进而引发一系列的实体和程序问题。

这种立法或者司法解释的变动，不仅引发了理论界和实务界的关注和探讨，而且也对检察官的审查起诉技术和应对智慧是一种考验。[1]在司法实践中，典型案例刘某涉嫌贪污案突出地体现了这一复杂情况。刘某，系 A 省某市开发区管委会规划处副处长，其在 2008 年利用职务之便采取虚列安置房分配资料等手段，骗取

---

[1] 类似的案件，在全国范围内不在少数，有的案件甚至已经提起公诉，法院现在正在审理过程中，这可能也正在考量着法官们的司法智慧与应对策略。本文基于论题的集中性和论点的完整性，将所探讨的这类案件限定在检察机关的审查起诉期间，特此说明。

了拆迁安置房一套，价值 14 万元。2015 年 11 月 27 日，检察机关对其进行了立案审查。2016 年 1 月 13 日，检察院对其决定取保候审。也就是说，该案现在处于检察院"审查起诉"阶段。依据上述相关法律规定和最新相关司法解释，刘某涉嫌贪污人民币 14 万元，按照《中华人民共和国刑法》第 383 条以及两高最新《解释》的规定，其应当在 3 年以下有期徒刑或者拘役幅度内量刑，追诉期为 5 年。刘某的贪污行为发生于 2008 年 12 月，距立案时间已经近 7 年，超过追诉时效，应当退回侦查部门并撤销案件。

但是，问题在于，如果按照检察机关立案时所适用的法律，即 2015 年 11 月 1 日起实施的《刑九》规定，对刘某的追诉期应为 15 年。因此，本案不应当退回侦查部门，而应当继续提起公诉，请求法院进行审理。[1]也就是说，新司法解释对原来刑法中规定的贪污罪之追诉时效期限进行了"缩短"。而这种意外之果性质的"立法缩短"，对 2015 年 11 月 1 日至 2016 年 4 月 18 日之间审查公诉环节的贪污案件，将产生罪与非罪的实质性影响，而且这种案件在全国并不是少数。因此，本文将在探讨这一问题及其应对的基础上，从理论和实践层面进行挖掘，比较和借鉴国外先进法制的有益经验，对当前贪污犯罪追诉时效缩短存在的问题和危害进行深入分析，并指出追诉时效缩短不仅仅具有实体法上的意义和价值，它还具有刑事诉讼程序上的审查逻辑和标准内容，从而在我国刑事诉讼程序中完善追诉时效制度。

---

〔1〕 参见王登辉："追诉时效延长抑或终止——《刑法》第 88 条之教义学解释及其展开"，载《当代法学》2016 年第 2 期。

第一节　追诉时效缩短导致的实践分歧与主要问题

一、司法实践中的不同处理意见与根据

在我国刑事立法以及相关司法解释中，对于在审查起诉期间犯罪嫌疑人的量刑发生变化时，追诉时效期限是否有溯及力存在不明确的情况。例如，上述刘某案所体现出的"时效缩短"问题。在司法实践中，办案人员往往重视的是追诉时效的实体法意蕴，这是因为追诉时效的计算在很大程度上依附的是量刑的程度和溯及力。他们往往忽视追诉时效期限制度的另一面——程序保障和审查。笔者将以上述刘某案为例，探讨追诉时效变动尤其是缩短时，司法实践中所坚持的两种不同意见及其根据。

第一种观点，坚守追诉时效缩短的实体性判断倾向。针对上述刘某案，检察机关中的承办检察官认为，应当按照《中华人民共和国刑事诉讼法》第16条的规定"依法不追诉"。其理由如下：一是，关于本案审查追诉时效期限的时间点。目前本案处于审查起诉阶段，审查的时间临界点是2016年4月18日以后是否处于"审查起诉阶段"，如果是，就依据新的司法解释来进行判断，刘某案符合这一时间条件。二是，适用《中华人民共和国刑法》第87条及两高最新的司法解释，刘某涉嫌贪污罪的追诉时效期限为5年，现在已经超过追诉时效期限，依据《中华人民共和国刑事诉讼法》第15条之"犯罪已过追诉时效期限的"，依法不起诉。三是，从刑法的角度进行实体性审查，从有利于犯罪嫌疑人的角度出发，适用法律变更时的溯及力原则"从旧兼从轻"，

也应当适用 2016 年 4 月 18 日生效后的最新司法解释。[1]

　　第二种观点，提出追诉时效缩短的程序保障逻辑。有的检察官对本案也提出了不同的意见，认为依据立案时的追诉时效时间计算点来看，法律依据是 2015 年 11 月 1 日起实施的《刑九》规定，对刘某的追诉期应为 15 年。刘某案因此没有超过追诉期限，应当继续提起公诉并请求法院进行审理。其理由如下：一方面，《中华人民共和国刑事诉讼法》第 16 条"依法不追诉"适用的情形中，第二项"犯罪已过追诉时效期限的"，是以案件侦查立案时作为期限临界点的，也就是判断犯罪是否已过追诉时效期限，是以侦查立案时的法律来进行判定的，而不是以新法中已经变动的规定来判断。另一方面，追诉时效期限具有实体和程序两种属性，单从实体上判断，可能有以偏概全之嫌。而且，从程序性审查视角来看，追诉时效缩短的时间审查中，一个重要的问题即时效终期的判断问题，究竟是以立案为终期，还是以公诉为终期，或者是以审结为终期，将决定我国追诉制度的质量和价值追求。在立案后，国家追诉犯罪嫌疑人刑事责任的程序正式开始，国家

---

〔1〕　在审判机关尤其是最高人民法院内部，大多数法官也持这种观点。例如，在 2016 年 5 月 13 日，最高人民法院刑二庭苗有水副庭长在江苏省法院进行讲座，明确认为，贪污贿赂犯罪定罪量刑标准调整后，有的案件按当时的量刑标准是在追诉时效期限内的，但按解释规定的标准则过了追诉期限。多数法官观点认为，已经超过追诉时效实质理由，在于从旧兼从轻原则的适用。这里其实涉及一个对从旧兼从轻原则理解的问题，因为在计算追诉时效期限的时候需要讲究从旧兼从轻，即适用对被告人有利的量刑规则来计算追诉时效期限。那么有利于被告人的量刑规则是什么呢？是新的规则，就是今天有效的法律和司法解释。如果在对该案定罪量刑的时候适用新的司法解释，而在计算追诉时效期限是援引以前的量刑标准，就会形成一种适用法律和司法解释不统一的局面，是不妥当的。因此，按照从旧兼从轻的原则，适用《刑九》生效后的刑法，则贪污 15 万元属于数额较大，法定最高刑为 3 年，经过 5 年就超过追诉时效。而在苗庭长所举的案例中，行为终了之日在 2006 年，已经超过追诉时效。具体请参见苗有水："解析《贪贿解释》二十个疑点"，访问地址：http://toutiao.com/i6285832430754464257/，访问日期：2016 年 5 月 26 日。

将通过各种程序收集证据、发现事实，对犯罪嫌疑人定罪和量刑。因此，此时追诉时效期限停止计算最为合适。[1]并且，追诉时效与溯及力应适用这样的程序性审查，即先适用溯及力原理来对犯罪分子定性，然后再适用追诉制度，最后再适用溯及力原则来具体量刑。[2]

二、追诉时效缩短导致的实践困境和主要问题

在刘某案中，追诉时效在立案之后并没有届满，而是在审查起诉期间由于立法的变动形成"追诉时效缩短"，从而导致时效到期届满。此时，最终的问题也就是"在这种情况下，追诉是否可以继续下去"。[3]不论是"追诉时效的停止点在进入立案"的观点，还是"只有在审判之日没有超过追诉时效的，才可以追诉"的意见，都忽视了刑法与刑事诉讼法的沟通和协调问题，忽略了追诉时效的程序性审查逻辑和思维。具体地从刘某案来看，如果单纯地依据新司法解释的规定，即诉讼时效期限缩短为5年的情形，就涉及《中华人民共和国刑事诉讼法》第16条的"依法不追诉"之第二种情形，依照新法应当退侦并撤销案件。如前所述，如果将追诉理解为开始，即适用立案当时的法律（《刑九》），则刘某案并没有超过追诉时效期限（15年）。因此，刘某案的争议困境就在于，是适用《刑九》的规定，还是适用两高最新的《解释》。也就是说，按照立案当时的立法及司法解释的规定，提起公诉是有法律根据和正当的。而现在的刑法及司法解释发生了变动（时效缩短），如果依据新法，刘某案就将直接退侦

---

〔1〕 参见王桢："量刑幅度变更后追诉时效溯及力问题研究"，载《江苏警官学院学报》2015年第2期。

〔2〕 参见王新："未逃避侦查再次被追诉的期限计算"，载《中国检察官》2015年第4期。

〔3〕 曲新久："追诉时效制度若干问题研究"，载《人民检察》2014年第17期。

并撤诉。同时，应当注意的是，立法和司法解释的不同规定导致的这种时效缩短，将会对刑事司法实务产生严重的影响。如果在司法实践中都统一应用新法，以超过追诉期限而将案件撤回，那么就可以等待未来修法或司法解释明确时予以明确。而问题的关键在于，我国各地的司法机关对于这一问题的理解并不一致，适用的法律也存在分歧，究竟是进行实体性判断还是基于程序性审查逻辑，或者两者相结合，可能都将会对司法的公信力产生冲击。

从理论上来看，追诉时效缩短所导致的主要问题至少体现在以下几个方面：

第一，司法解释扩大解释的内容和范围，导致与刑法具体规定相矛盾，引发了法律适用和效力层次的严重冲突。具体表现在三个方面：一是，两高《解释》对贪污罪的定罪量刑做出了与现行刑法截然不同的规定。[1] 二是，由于我国刑事追诉时效是以刑期为主要计算依据，这种不同规定导致了贪污罪追诉时效期限的明显缩短。三是，这种新司法解释与现行刑法的法律规定冲突，加剧了司法实践中的适用混乱。例如，在刘某案中，主张适用司法解释的实务人员，主要依据的就是适用 2016 年 4 月 18 日实施的新《解释》，即遵循"从旧兼从新原则"，其应当不追诉。而反对意见的理由主要是单纯依据"从旧兼从新原则"，将难以实现惩罚犯罪的目的，而且立法法上司法解释的效力是低于刑法等基本法律的，应当优先适用作为基本法律的刑法和刑事诉讼法，即应当追诉。简而言之，这两种观点的分歧和差异主要在于对司法

---

〔1〕　依据 1981 年 6 月 10 日通过的《全国人民代表大会常务委员会关于加强法律解释工作的决议》之规定，"一、凡关于法律、法令条文本身需要进一步明确界限或作补充规定的，由全国人民代表大会常务委员会进行解释或用法令加以规定。二、凡属于法院审判工作中具体应用法律、法令的问题，由最高人民法院进行解释。凡属于检察院检察工作中具体应用法律、法令的问题，由最高人民检察院进行解释。"因此，新贪污贿赂案件司法解释存在扩张性解释的问题。

解释效力层次的不同理解和适用，本质上的问题是两高扩张性司法解释效力与我国法律条文的具体规定是否具有相同的效力。

第二，从价值追求来看，追诉时效缩短的应对路径难以同时兼顾惩罚犯罪与保障人权。刑事惩罚的正当性考量是刑法及其司法使用中存在持续争议的一个话题。尤其是表现在刑事惩罚的确切概念是什么，以及这种惩罚对特定主体权利的影响程度和大小上。[1]而刑事实体法中的惩罚犯罪与程序法上的保障人权等价值和政策目标，在这一追诉时效缩短的判断和审查中将难以达到平衡状态。如果严格对新法（《解释》）进行适用和解释，将可能放纵罪犯以至于难以达到惩罚犯罪的目的。而如果严格适用《刑九》的条文规范，依法进行追诉，并提交法院进行审判，那么对于犯罪嫌疑人的自由权利尤其是诉讼权利可能造成忽视和损害。

第三，实践中强调的是追诉时效制度的实体意蕴，忽视了它的程序价值和意义。从追诉时效制度的原理和机理来看，其主要是为了限制国家追诉权的滥用，体现为刑法的谦抑原则和刑事诉讼法的比例原则，而后者经常被予以忽略。追诉时效制度的设立和内容兼具实体法和程序法的属性，本质上仍然是一种限制国家刑罚权的实体法制度，案件的具体适用原则和精神则体现的是程序价值，而且特指的是侦查阶段的"追诉"。前述关于追诉时效缩短导致的适用问题，有学者和实务界人士认为主要是从实体上"有利于被告人原则"出发来进行审视和判断，而忽视了在我国刑事诉讼法中，主要是将这一原则的适用限定在案件的事实认定问题上。也就是说如果事实认定存在争议，应当有利于被告，而

---

[1] Sanford H. Kadish, Stephen J. Schulhofer, Rachel E. Barkow, *Criminal Law and Its Processes*：*Cases and Materials*，*Little*，*Brown and Company*，1995, *p.* 97.

追诉时效制度不应当适用这一原则。[1]

第四，追诉时效期限缩短计算的终止时间节点存在争议。追诉时效制度的设立就在于在国家刑罚权和公民自由权之间达成平衡。如果国家长时间不对犯罪嫌疑人进行追诉，那么刑罚的意义和价值必将大打折扣，难以达到维护社会秩序的效果。而如果追诉时效期限届满，国家将没有权力进行追诉犯罪，公民的自由权利将难以得到切实维护。[2]也就是说，追诉时效制度的关键就在于时间节点的理解和把握。关于追诉时效的起算时间存在"犯罪行为实施之日说""犯罪行为发生之日说""犯罪成立之日说"以及"犯罪行为停止之日说"等。而具体到贪污犯罪追诉时效缩短所导致的认定问题上，它的停止节点也许更有意义。是否以侦查机关"立案"时作为其追诉时效期限的起止节点，是存在疑问的，这也间接导致了司法机关处理刘某等案的分歧和混乱。[3]

第二节　这一问题导致的危害性

2016 年最新颁布实施的两高贪污贿赂案件司法解释，对我国的职务犯罪进行了严厉而严密的惩治，有利于达到目前打击腐败的政策需求。但是，这种突破现行刑法明文规定的司法解释技术，

[1]　"存疑有利于被告人"，只是对定罪量刑有重要意义的事实的合理疑问。参见吴学斌："论'存疑时有利于被告人'的原则与例外"，载《法学杂志》2006年第6期。有学者进一步认为，存疑时有利于被告人原则只能适用于对事实存疑情况的处理而不应将其扩张适用于对刑法的解释。参见段启俊、郑洋："论存疑时有利于被告人原则不应适用于刑法解释"，载《刑法论丛》2015年第1期。

[2]　参见陈洪兵："追诉时效的正当性根据及其适用"，载《法治研究》2016年第1期。

[3]　例如，在司法实务界和理论界，关于追诉时效的停止点，主要有立案说和审判说。前者认为追诉时效的停止点为立案，后者认为追诉时效的停止点为审判完成之日。参见曲新久："追诉时效制度若干问题研究"，载《人民检察》2014年第17期。

甚至在贪污罪等罪名的定罪量刑标准和处罚力度上进行的扩张解释，造成了与现行的法律体系和规定的矛盾和不一致，在司法实践中引发了关于贪污罪追诉时效缩短的理论与适用问题。由于我国追诉时效制度的不完善以及司法解释的随意性，对司法公平、公正、公信，乃至法律体系的统一适用都造成了危害。

一、侵犯公民信赖，损害司法公正

追诉时效制度的建立，体现的是国家与犯罪之间的关系转变，国家与犯罪人的紧张关系得以缓和，国家的刑事法律制度同时也注重对犯罪人利益的保护。而新出台的司法解释，将贪污罪的定罪量刑标准进行了调整和变动，导致追诉时效期限明显缩短，这对犯罪人的实体权益和程序利益将产生影响，在一定程度上是对公民权益的侵犯。从理论上说，保障犯罪者人权的必要性原本就及于犯罪和刑罚的存否与程度，因此既然公诉时效的停止制度已经被法定化，关于公诉时效的计算和届满的犯罪者的信赖利益之保护，原本上也只不过是相对性的保护而已。[1]虽然新司法解释相比于原来刑法的规定是减轻了刑罚，缩短了追诉时效，但是这种相对性的保护也不能脱离公众对刑法的信赖和对司法权威的尊重。在新司法解释适用以前，具有相同定罪量刑和追诉情节的犯罪嫌疑人，依据旧法的规定被追诉而得到惩罚，因此会产生对司法公平和公正的信赖危机。最终的结果将会对司法的公平和公正产生严重的冲击。

二、损害诉讼效率，浪费司法资源

新司法解释的颁布实施导致前述司法实践中对贪污贿赂犯罪

---

[1] ［韩］金日秀、徐辅鹤：《韩国刑法总论》（第11版），郑军男译，武汉大学出版社2008年版，第59页。

案件的司法处置停止不前〔1〕，直接影响了诉讼效益目标的实现，严重浪费了稀缺的司法资源。虽然司法机关在贪污犯罪追诉时效期限缩短的应对上，注重的是实体公正，在一定程度上忽视了诉讼效率，但是，我们也要看到它们在相通性上的区别，注重它们不同的学理附加值，在具体程序运作中实现惩罚贪污犯罪的实体公正，在程序公正的背景下推动刑事实体法和刑事司法的完善与精细化。正如有学者认为诉讼效率是第二性原则一样，在实现诉讼公正的基础上，应当坚持与诉讼效率的平衡。而且，公正优先不是绝对的，有时为了效率，难免需要在程序公正上作出必要的让步。〔2〕

三、有违罪刑法定，导致法律适用体系紊乱

正如贝卡利亚论述罪刑法定原则时所强调的，实体法宣称的预示功能和保障功能并没有现实化，因为新的规则并不左右刑法的适用，相反刑法是规则的混合体。规则实在太多，难以事先列举穷尽。新规则与实体法本身的自相矛盾，说明明确性只存在于价值共享完全可能的场合——这种场合本身否定了公正裁决的必要——使得进一步相信罪刑法定原则的可能性差不多化为乌有。〔3〕先贤的论断，对我们应对追诉时效缩短问题具有启发意义。这种司法解释扩张立法而导致的法律规范变动，使得刑法所强调的罪刑法定

---

〔1〕 据笔者了解，在 A 市检察院系统，至少有上百件贪污案件的审查起诉运行，处于停滞的状态。而与此相对应的，在当地的法院系统，由于法律与司法解释的不同规定，贪污犯罪案件的审理也处于这种状态，并且案件的数量并不少于检察院。

〔2〕 陈光中：“公正与真相：现代刑事诉讼的核心价值观”，访问地址：http://www.lawinnovation.com/index.php/Home/Xuejie/artIndex/id/13597/tid/1.html，访问日期：2016 年 6 月 1 日。

〔3〕 参见［斯］卜思天·M.儒攀基奇：《刑法——刑罚理念批判》，何慧新等译，中国政法大学出版社 2002 年版，第 139 页。

之"法"，究竟是刑法还是司法解释，难以理解、解释和把握。按照法治原则的要求，执法和司法机关必须按照法律的明确规定去执法和司法，对于具有执行效力的司法解释，也应当遵循。不允许随心所欲地解释法律、自行其是地适用法律，否则法治的统一和严肃性就会受到破坏。[1]而且，我国立法条文以及司法解释职权规定的不严谨，势必会导致学界对刑法解释权力的配置和效力理解的混乱和分歧[2]，同样也会导致司法机关在解释和适用刑法规定时的不明确，最终导致法律适用体系的紊乱。

第三节　问题产生的体制性缘由及制度完善的必要性

从上述追诉时效缩短所带来的问题和危害来看，两高新司法解释在论证和考量时，对一些涉及刑法解释内容和规范的重要问题考虑不周、解释不当，也欠缺与刑事诉讼理论与实践的互动，司法解释的科学性和整体性不足。这些问题产生的体制性缘由可能与解释的社会敏感性而听取有关方面包括专家意见不足有关，也可能与数额大幅降低担心社会反响，而在定罪要件要求与刑罚适用的其他考量因素方面严厉化有关，也可能是基于政治的考量损害了解释的技术性，从而导致司法的不公正与不协调，以下的一些问题应当被重点关注。

一、司法解释的效力不明确

从我国的相关立法上来看，立法机关明确赋予了最高人民法院和最高人民检察院的司法解释权力，但是并没有明确地规定这

---

[1] 龙宗智：《上帝怎样审判》（增补本），法律出版社 2006 年版，第 39 页。
[2] 刘树德：《政治视域的刑法思考》，北京大学出版社 2007 年版，第 98 页。

种司法解释在司法实践中适用的效力。例如，本文所集中讨论的两高贪污贿赂案件司法解释，就存在效力不明确的问题。正如前文所述，这种效力的不明确导致了司法实践中的分歧和混乱。而更加令人担心的是，两高的司法解释并不局限在现有法律体系之中，而是突破了相关法律规范的内容和原意，直接引发了法律规范与司法解释适用之间的严重冲突。[1]两高司法解释对贪污犯罪的规定突破了现有刑法规定的原则和原意，属于一种扩张性的解释规定，是否具有法律效力存在疑问。依据我国《立法法》第104 条的规定[2]，这种司法解释不是审判、检察工作中具体应用法律的解释，而是对现行刑事立法条文和内容的改变和调整，超出了立法法的授权范围和自身解释的权限范围，依法应当不具有法律效力。

二、欠缺刑法与刑事诉讼法的整体考量思维

如前所述，追诉时效制度是促使国家刑罚权正确和有效行使的基本制度。一般认为，追诉时效制度的内涵和构建主要涉及的是刑事实体法的具体适用问题，体现为对犯罪者的具体刑罚适用中的刑法时间效力。但是，不能因此而认为，追诉时效制度与刑事诉讼程序设置和运行无关或者关系不太大。从本文前述所分析和讨论的追诉时效缩短所带来的实践问题和危害来看，追诉时效制度的完善必须要在刑法和刑事诉讼法整体考量的背景下来进行，否则就会出现两高新司法解释注重刑罚的严厉性而忽视刑事诉讼

---

[1] 参见王成："最高法院司法解释效力研究"，载《中外法学》2016 年第 1 期；杨建军："现行法律解释机制的完善"，载《政法论丛》2016 年第 2 期。

[2] 2015 年修正的《中华人民共和国立法法》第 104 条第 1 款明确规定："最高人民法院、最高人民检察院作出的属于审判、检察工作中具体应用法律的解释，应当主要针对具体的法律条文，并符合立法的目的、原则和原意。遇有本法第 45 条第 2 款规定情况的，应当向全国人民代表大会常务委员会提出法律解释的要求或者提出制定、修改有关法律的议案。"

程序具体运行中的沟通和协调问题。总结为一点，就是两高司法解释对刑事整体考量较为欠缺，"重实体、轻程序"观念较为严重[1]，缺乏整体意识和科学思维。

三、司法解释侵蚀刑事立法及其司法，形成政策指导型刑事司法

从两高司法解释的颁布与实施状况来看，它并未考虑到追诉时效缩短所产生的司法实践问题。政策的敏感性以及政治维度的考量，使得这一司法解释忽视了专家意见和司法解释的技术性要求，导致了司法解释侵蚀刑事立法及其司法的现象。从理论上说，由于在转型期普遍的违法化，使我们无法进行全面的司法惩治，即全面而充分地实施所谓"严格司法"。在法的资源有限，同时要考虑经济和社会发展的前提下，我们不可避免地选择实行选择性司法，即有重点、有政策指导的实施刑事法。这就使得目前刑事司法的特点是政策指导型刑事司法，而非法规中心型刑事司法。[2]政策指导型刑事司法的最突出表现，就是政策性的司法解释侵蚀立法，并试图取而代之，损害法律的权威性和诉讼的安定性。

因此，应对的进路就在于重新树立和完善法规中心型的刑事司法，通过刑事司法技术，对新司法解释进行准确理解和应用，促使其与现行法律规定相一致，避免新解释与刑事立法规定的自

---

[1] 例如，从刑事程序与刑事政策的关系来看，刑事程序的适当设置与运行是刑事政策贯彻的基础和保障。刑事程序的工具价值，即保障刑事政策实施的价值，是刑事程序对于刑事政策的主要价值，主要包括路径指引、实施保障和监督校正。参见龙宗智："宽严相济政策相关问题新探"，载《中国刑事法杂志》2011 年第 8 期。

[2] 龙宗智编：《宽严相济刑事政策的程序保障机制研究》，法律出版社 2011 年版，第 16 页。

身矛盾。刑事司法公正的维护在本质上是对于主流法律精神和政策的系统体现，需要合理调整国家政策对于刑事司法的有效或者足够的影响因素。[1]同时，还需要两高在充分调研和听取专家意见的基础上，进一步出台规范性的解释性指导文件。当然，在司法实践中，也需要公检法等司法实务人员和其他法律工作者，在理解和贯彻法律原则和原意的前提下，逐步达成相近或一致的理解，使两高的司法解释和贪污犯罪司法实务能够严格遵循罪刑法定和罪刑相适应等基本原则。

第四节 追诉期限缩短应对的比较考察与理论反思

一、国外相关制度的比较考察

（一）追诉期限缩短的实体从轻考量原则

在法国，当遇到追诉期限的缩短等立法变化时，法律也规定要按照从轻的原则进行处理。也就是说，当法律条文的规定对某一犯罪的原来定性有变化时，例如，将原来法律规定的某一重罪改为轻罪，或者将原来规定的轻罪改为违警罪时，新的时效期限仅自该法生效之日起适用，并且这一期限不能超过原来的期限。[2]在日本，关于公诉的提起条件中，有积极要件和消极要件之分。积极要件主要包括犯罪的事实、起诉的违法性以及国家的义务要求等。而消极要件包括被疑者的特性和能力、被疑事实的性质和关系，以及手续上的事由和起因等。其中，被疑事实的性

---

[1] Daniel P. Mears, *American Criminal Justice Policy: An Evaluation Approach to Increasing Accountability and Effectiveness*, Cambridge University Press, 2010, p. 238.
[2] 参见［法］卡斯东·斯特法尼、乔治·勒瓦索、贝尔纳·布洛克：《法国刑事诉讼法精义》（上），罗结珍译，中国政法大学出版社1999年版，第157—158页。

质和关系中就涉及诉讼追诉时效期限的起算和停止等。[1]在日本刑事相关法律中，公诉的取消是基于起诉便宜主义的立场和原理的。特别是在犯罪审查后，起诉的情形发生了变动，例如在判决前最早公诉的情形被取消了。取消的情形主要包括关于犯罪事实的重要证据被发现、同一事件变更了公诉的提起条件以及对于刑事政策立法论和被告人法的安定性考量等。[2]《日本刑事诉讼法》第二章"公诉"之第 252 条明确规定了"公诉之时效期限"，即"依据刑法应当加重或减轻刑罚时，应按照未加重或减轻之刑罚，适用第 250 条之规定。"[3]《日本刑法》第 2 条规定，"因犯罪后的法律致刑罚的变更时，适用处罚较轻的法律。"在认为从禁止溯及处罚原则的角度上是不允许事后的刑罚之加重的场合，作为这里所说的"刑罚的变更"来说重要的是，刑罚的减轻的场合。[4]也就是说，当刑法等刑事法律发生变动时，应当按照未加重或者减轻的刑罚来进行法律适用。

在这里需要说明的是，针对追诉期限变动，尤其是立法上的时效缩短规定，日本理论界的观点并不一致。渥美东洋认为，犯罪后法令中刑罚规定已经废止，起诉的犯罪案件尽管已经进入诉

---

〔1〕 参见［日］松尾浩也：《刑事诉讼法》（补正第 3 版），弘文堂 1989 年版，第 133 页。

〔2〕 参见［日］高田卓爾：《刑事诉讼法》，青林书院 1958 年版，第 387—388 页。

〔3〕 如《日本刑事诉讼法》第 250 条明确规定，"时效因经过下列期间而完成：①适用死刑之罪者，十五年；②适用无期惩役或无期监禁之罪者，十年；③适用最高刑期为十年以上之惩役或监禁之罪者，七年；④适用最高刑期为未满十年之惩役或监禁之罪者，五年；⑤适用最高刑期为未满五年之惩役或监禁或罚金之罪者，三年；⑥适用拘留或罚款之罪者，一年。"参见蔡墩铭译：《日本刑事诉讼法》，五南图书出版有限公司 1993 年版，第 63 页。

〔4〕［日］山口厚：《刑法总论》（第 2 版），付立庆译，中国人民大学出版社 2011 年版，第 391 页；林山田：《刑法通论》（上册），北京大学出版社 2012 年版，第 66 页。

讼程序，立法上行为刑罚的判断也应当停止。审理本案的裁判所以及检察官将是徒劳的，而且损害诉讼经济和效益，被告人的犯罪行为以及其审理过程也就应当自行停止。[1]而松尾浩也则持相反的观点，他认为，追诉期限的立法变动并不影响已经立案追诉的效力，法律规定的变化与废止并不影响先前诉讼行为的合法性和合理性。刑法法令上犯罪时效的变动和改正，将导致时间计算的难题。具体的例子是，昭和二年刑法一部分改正的不敬罪，导致了特别法废止的场合、废止前的行为定性虽然已经过了诉讼时效，但是刑法废止前的公诉行为仍然具有合法性和正当性。[2]

（二）追诉时效缩短的刑事整体法治考量原则

在韩国的社会政策和舆论影响下，尤其是刑事整体法治意义上惩罚犯罪的背景下，立法上逐步废除了犯罪25年的公诉时效限制，而追诉时效缩短并没有影响刑事整体法治的价值和效果。[3]追诉时效缩短等立法变动体现的是一个国家司法资源的充分利用水平，虽然在一定程度上牺牲了刑罚的确定性，但是在刑事整体法治和社会政策需求背景下却得到了更多的刑罚效益和社会价值。[4]在德国《刑事诉讼法》第二编"第一审程序"中的第一章"公诉"，第154条非重要之附带刑罚规定了，检察官于下列情形不得追诉其犯罪，即"如对其犯罪而为之判决无法在相当之期间予以期待，且对于被告已有科刑或宣告保安处分之确定判决存在，抑或另一行为之实施而对于被告之影响，或对于法律秩序之保护，足认为

---

〔1〕 ［日］渥美东洋：《刑事诉讼法》（新版），有斐阁1996年版，第278页。
〔2〕 参见［日］松尾浩也：《刑事诉讼法》（补正第3版），弘文堂1989年版，第138页。
〔3〕 单士磊："韩国废除杀人犯罪25年公诉时效限制——2000年后杀人案件将被永久追诉"，载《法制日报》2015年7月28日，第10版。
〔4〕 参见程恩富、管文杰："律师保密义务和追诉时效制度的经济分析——挑战中外法学界主流理论"，载《海派经济学》2004年第1期。

充分之情形。"[1]2002 年修订的《德国刑法典》第 78 条 c 第（5）项，明确规定"行为终了时仍有效之法律在判决前被变更，且时效期限因此而被缩短的，即使时效中断时依新法规定追诉时效已经届满的，新法生效前的时效中断的行为仍然有效。"[2]在美国，关于诉讼期限缩短所导致的是否签署指控的过程中，检察官需要考量道德约束准则和其他司法因素，从而进行整体法治意义上的判断和审查。作为公民的代表，起诉律师须考虑罪行的严重性和公众对此的感想；作为注意合理运用资源的公众雇员，检察官也须考虑宣告有罪的可能性，宣告有罪要求证据超出合理怀疑，检察官同时也考虑获得能达到一些有效目的的案件处置的可能性，比如监禁或其他一些结果。最后，检察官还需要考虑影响普遍认为的该受谴责的人道因素。[3]在英国，通过创设皇家检控署的立法时，议会基于公共政策、国家安全等考虑，选择了不去干涉现存的调整关于同意的制定法条款，假设认为在某些敏感的领域，除非已经由有权机关同意，甚至不被允许开始程序。例如，1889 年《公共机关腐败行为法》第 4 条和 1906 年《防止腐败法》第 2 条调整下的受贿罪，必须经过检察总长同意，才能起诉。[4]

有一点不得不提的是，上述日本关于诉讼时效缩短所主张的从轻处理原则，也在 2010 年基于刑事整体法治原则和社会政策的变化发生了改变。同年 3 月 12 日，日本修改了重大犯罪的公诉时效期限，并通过了刑事诉讼法修正案，明确规定了杀人罪等最高

---

〔1〕 参见蔡墩铭译：《德国刑事诉讼法》，五南图书出版有限公司 1993 年版，第 72 页。

〔2〕 徐久生、庄敬华译：《德国刑法典》，中国方正出版社 2004 年版，第 49 页。

〔3〕 ［美］爱伦·豪切斯泰勒·斯黛丽、南希·弗兰克：《美国刑事法院诉讼程序》，陈卫东、徐美君译，何家弘校，中国人民大学出版社 2002 年版，第 201 页。

〔4〕 ［英］约翰·斯普莱克：《英国刑事诉讼程序》，徐美君、杨立涛译，中国人民大学出版社 2006 年版，第 101 页。

刑期为死刑的罪行不再设立诉讼时效，而其他致人死命但最高刑期为非死刑的罪行诉讼时效也将延长 1 倍，而法律实施时未过时效的案件均适用新法。[1]

二、反思与启示

比较和反思各主要法治发达国家的应对原则和方法倾向，有助于我国对这一问题的深入探讨和吸收借鉴，为当前司法实践的问题应对提供有益的分析框架和审查逻辑（如表 8.1）。这种类别的划分，并不具有绝对意义上的类型归属性质，而是在综合判断和典型特征之间的一种相对类型，其侧重于我国理论界和司法实务部门的理解和分析。

表 8.1　典型国家追诉期限缩短的应对原则与方法倾向

序号	国家	应对原则	方法倾向	备注
1	法国	实体从轻考量原则	强调权利保护倾向	转向趋势
2	日本			
3	韩国	刑事整体法治考量原则	注重程序效益倾向	侧重点不同
4	德国			
5	美国			
6	英国			

第一，追诉期限缩短的应对原则需要考察各国国情和司法资

---

[1]　张超："日拟对杀人等重罪取消诉讼时效"，载《法制日报》2010 年 3 月 23 日，第 9 版。

源。不论各主要法治发达国家的应对原则是实体从轻原则，还是刑事整体法治考量原则，采用的方法倾向是强调权利保护倾向还是注重程序效益倾向，都需要着重分析和判断本国对于追诉时效以及刑罚适用的国情和社会背景。这是由于，时效期限的确定一般主要是根据法定刑标准来确定的。追诉时效开始计算的起点是犯罪行为终结之时。[1]而各个国家的国情和社会公共政策的不同，导致追究犯罪嫌疑人刑事责任的方法和资源存在差别，一般化的理论支撑可以避免法律适用中的异化风险，而特殊的国情和有限的司法资源将决定着这一追诉时效缩短问题的应对方法，以及其被公众需要和理解的科学性和合理性。

第二，追诉期限缩短的应对方法需要考量各国不同时期的刑罚价值追求，进而平衡实体权利倾向和程序效益倾向。以法国、日本为代表的实体从轻考量原则，适应了国家立法变动中对于追诉时效的调整现实，体现了追诉时效制度的实体权利保护倾向，而韩、德、美、英等国家，为了适应本国社会政策需要和司法功能充分发挥的现实，追诉时效缩短问题的应对多从刑事整体法治的视角和原则进行考量，注重的是司法/程序效能的系统性和有效性。因此，具有实体正义传统显著特点的我国，在应对这一实务问题时，应当更加注重和倾向于程序效能的发挥，在刑事整体法治健全意义上来整合应对的程序、技术和方法。

第三，追诉时效缩短的司法应对需要强调刑法与刑事诉讼法的协调和互动，在我国需要更加重视程序保障逻辑。从上述各主要法治发达国家的应对原则和方法倾向来看，他们都非常重视刑事实体法与程序法的互动和整合。而我国的法学理论界一般认为追诉时效是一个刑事实体法的命题和概念，忽视了它的程序作

──────────

〔1〕 ［日］田口守一：《刑事诉讼法》，张凌、于秀峰译，中国政法大学出版社2010年版，第148页。

用以及对刑事诉讼程序所产生的影响和制约关系。[1]因此，我国在应对追诉时效期限缩短问题上，应当从完善追诉时效相关制度的视角出发，着重构建一种追诉时效制度的程序性保障逻辑和构造，从而更新现阶段该制度所呈现出来的"重实体、轻程序"的办案理念，规范和整合追诉时效制度的实体和程序内容。

第五节　当前如何完善追诉时效缩短的应对程序

基于以上的比较和分析，笔者认为贪污犯罪追诉时效缩短的司法应对应当明确以下几点要求：一是，依据我国刑法的罪刑法定原则，犯罪嫌疑人的行为认定和科处刑罚，应当以"立案"作为追诉时效时间审查的节点，并以当时的法律规定作为法律标准和依据。二是，立案后，司法解释对于法律规定的调整和变动，并不影响立案时刑事法律的应用，立案后的法律效果应当继续有效。[2]三是，由于立案时有明确的法律规定和依据，故亦无"有悖于法律禁止溯及既往之疑虑"的问题。同时，追诉时效制度是追究刑事责任和惩罚犯罪的基础，在司法体制中对其进行完善具有重要意义和必要性。最好能在刑事诉讼程序运作和司法技术中，完善相关追诉时效制度，并由刑事程序性制度保驾护航，是目前相对较为合理和可行的改革方案。

---

〔1〕　塔娜、贺毓："论追诉时效的程序法作用"，载《内蒙古社会科学（汉文版）》2014年第1期；苏承涛、李俭彬："追诉时效与刑事诉讼程序之关系的反思——浅析创设追诉时效中止制度的必要性"，载《重庆文理学院学报（社会科学版）》2011年第6期。

〔2〕　1982年8月19日颁布的《最高人民检察院关于贪污罪追诉时效问题的复函》中明确规定："检察机关决定立案时未过追诉期限的贪污犯罪，在立案以后的侦查、起诉或者判处时超过追诉期限的，不得认为是超过追诉时效的犯罪，应当继续依法追究。"

一、明确追诉时效缩短应对的程序价值和意义

产生于雅典的追诉时效制度，以社会良好治理和刑事政策实施为目的。它是对犯罪嫌疑人自由权利的尊重和激励，能够产生刑罚消灭的效果，是刑事实体法意义上的社会舆论、刑事政策对犯罪行为的评价、报应和惩罚。追诉时效期限的刑法规定是以罪犯行为的社会危害性作为评判和分析根据的，这种规定用以确定时间的长短和社会公众对犯罪行为评价程度的大小。[1]这种刑法治理的时间调整模式，贯穿于人们的刑事司法活动过程中。这种调整模式主张的是法院在实质刑法观和刑事程序惩罚价值的平衡，甄别合适的犯罪嫌疑人进行惩罚而达到适当的要求。[2]因此，正如我国著名学者徐国栋所言，"追诉时效制度本从属于诉讼法"。[3]

针对在上述刘某案审查起诉过程中所体现出的追诉时效期限缩短导致的理论和实践问题，有必要将追诉时效判定为只要公检法机关在法律规定的追诉期限内发动刑事追诉活动即可，以刑事追诉活动如立案，作为审查追诉时效期限的时间节点，同时通过构建和完善追诉时效的程序制度来予以应对和解决。尽管"追诉"活动必须在追诉期限内开始（发动）还是完成，我国刑法和刑事诉讼法均没有直接而明确的文字规定，但是只要我们保持刑法与刑事诉讼法的协调一致，结论只能是，"追诉"应当理

---

〔1〕 参见于志刚：《追诉时效制度研究》，中国方正出版社 1999 年版，第 222 页。

〔2〕 Issa Kohler-Hausmann, "Managerial Justice and Mass Misdemeanors", *Stanford Law Review*, No. 3, 2014, p. 611.

〔3〕 在法国，刑事诉讼法典明确规定了"追诉时效制度"。在日本、巴西、比利时、土耳其等国家的刑事程序法中都有显著体现，这代表了追诉时效制度的程序法说，它是一项诉讼制度。参见徐国栋："论《惩治通奸的优流斯法》秉承的追诉时效制度及其近现代流变"，载《法学家》2013 年第 2 期。

解为"开始"而不是"完成"，追诉不以整个"追究"刑事责任诉讼过程的完成——有罪判决宣告甚至于判决裁定生效为必要。[1]

二、明确应对追诉时效缩短的刑事整体法治原则

我国刑事法的"重实体、轻程序"的传统思维和运行定式，导致司法实务部门对追诉时效期限缩短问题的应对和解决呈现的是片面化和部分性的思考，没有能够在刑事整体法治意义上，尤其是在刑事程序司法意义上来进行考量，最终做出的结论也有可能出现问题。因此，引入司法意义上的程序性思维，及其形成过程、方式与路径逻辑，对于刑法的解释以及追诉时效缩短的制度完善和司法适用具有重要的借鉴意义。从刑事整体法治的视角来看，在追诉时效缩短等变动的判断上，就是要引入和重视法制程序化的理论进行审查。程序开始于申请，终止于决定。整个进行过程有一定的条件、方法、步骤和仪式。程序参加者的活动相对隔离于生活世界的因果链。对于程序来说，不存在预定的判断，漫无边际的价值之争也被暂时束之高阁。复杂的社会状况在这里被简化了，所考虑的是要件事实。[2]对追诉要件事实的法律解释和程序性审视有利于合理确定追诉时效的开始和终止时间，既考察刑法上的追诉时效的程序过程期限，又注重刑事诉讼程序法上的中止与终止方法，从而避免司法外的社会和价值争议因素对程序性审视和应对的干扰，从而最终保证对追诉时效缩短等变动问题处理意见的合法性和合理性。

从前述刘某案的司法处理意见及其根据来看，根本问题是出

---

〔1〕　曲新久："追诉时效制度若干问题研究"，载《人民检察》2014 年第 17 期。

〔2〕　季卫东：《法律程序的意义——对中国法制建设的另一种思考》，中国法制出版社 2004 年版，第 35—36 页。

在了我国刑事立法与司法解释的不协调和不一致。例如，该案中追诉时效之时间节点的理解和把握分歧。刑事整体法治的核心理念就在于不仅要有规范的法律条文语义立法，还要有整体意义上的法律与法律之间、法律与司法解释之间以及法律条文相互之间的协调性和一致性。因此，追诉时效缩短的程序性审查逻辑和制度化构建前提，就需要我国相关刑事立法和司法解释走向科学化道路。在颁布和适用最新立法以及司法解释的规定时，在充分考察和分析国外先进法治国家的有益经验和教训的同时，应当有一定时间的试用期，充分征求专家学者的意见以进行纠错和完善。

三、明确关于追诉时效缩短的具体处理程序

正当程序理念作为一种标准，既可以适用于犯罪嫌疑人在程序过程中的自由保障，又可以应用于其财产的保护。这种新的标准在一定程度上认可和扩大了犯罪嫌疑人的自由能力及其利益保护。[1]而对于追诉时效缩短的具体审查判断，有必要注重和强化作为应用技术标准和操作流程的正当程序理念，从而为追诉时效缩短应对的具体处理程序之制度构建和完善提供技术支持。[2]具体来说，主要有以下几个方面的内容：

第一，追诉时效缩短的具体处理程序不仅不能脱离开刑事实体法的具体规定，而且还要在具体程序运作上注重检察官客观义

---

〔1〕 Kaitlin Cassel, "Due Process in Prison: Protecting Inmates' Property After SANDIN V. CONNER", *Columbia Law Review*, Vol. 112, No. 8, 2012, p. 2110.

〔2〕 从技术到制度，讲的是立法和司法的技术，强调的是具体制度程序及其操作的技术性，即所谓的"工具理性"。可以说，"从技术到制度"，在中国既有必要性，也有一定的现实可能性。参见龙宗智：《上帝怎样审判》（增补本），法律出版社 2006 年版，第 34—36 页。

务的贯彻，平衡惩罚犯罪与保障人权之间的价值协调。[1]

第二，对于司法解释中追诉时效期限缩短的适用问题，需要通过正当的、程序性的运作和技术，向上级业务指导部门请示相关意见和建议，在切实遵守法律和司法解释相关规定的条件下，待法律或者司法解释明确完善后，再予以妥当处置。

第三，如果追诉时效期限缩短，导致不得不进行裁决时，也应当在刑事整体法治的视角和检察官客观义务的要求下，明确适用的法律及司法解释，并予以充分地说理，必要时可以要求犯罪嫌疑人及其辩护人参加时效审查事项和程序，考虑其接受公正追诉和审判的权利，以充分维护正当程序理念的要求进而提高司法公信力。

第四，需要明确的是，基于我国刑事司法实践的形式理性标准，检察官在审查追诉时效缩短问题时，应当适用的是侦查阶段"立案时间"这一明确时间节点，而不能对这一问题进行实质理性考察。也就是说侦查机关的立案侦查具有明确法律依据，针对的是"立案侦查的事实"，而非"犯罪事实"，不能适用于后者意义上的溯及力原则"从旧兼从轻"。[2]

---

〔1〕 检察官负有的客观义务主要有三个方面的含义：检察官应当尽力追求实质真实，在追诉犯罪的同时要兼顾维护被追诉人的诉讼权利；通过客观公正的评价案件事实追求法律公正地实施；客观义务的归宿在于强调"法律守护人"的定位。参见龙宗智：《检察官客观义务论》，法律出版社 2014 年版，第 3 页。在审查追诉时效期限缩短等变动问题上，只要检察官认真贯彻和履行了客观义务要求，追求的是司法程序的公正判决，通过合理地解释追诉时效的时间节点，同时注重诉讼关照义务，就能够正确履行自己的法律职责和程序维护使命。

〔2〕 我国现行刑法所规定的法律文件溯及力，是指该法律文件对发生在其生效前但在其生效时正在处理或者尚未处理的案件是否适用而言的，能适用就是有溯及力，不能适用就是没有溯及力，即"没有溯及力"不是针对法律文件生效前已经处理的案件而言，法律文件对已经处理的案件没有效力不能纳入溯及力概念范围。参见陈志军：《刑法司法解释研究》，中国人民公安大学出版社 2006 年版，第 290 页。同时，著名刑法学家赵秉志也认为，对于刑法典生效之后有效刑法解释试行之前实施的行为，不是刑法的溯及力问题，而是因其依附性自然而然得出的结论。参见赵秉志主编：《刑法总论》，中国人民大学出版社 2007 年版，第 117 页。

　　此外，由于我国刑法中对于追诉时效制度规定的缺漏，主要规定了追诉期限、不受时效限制的情形以及追诉期限的计算，没有考虑到定罪量刑幅度与追诉时效制度的密切联系，也没有考虑到追诉时效制度会对刑法乃至刑事诉讼法的司法运作产生影响。建议有关司法机关在刑事诉讼法适用中，对这一具体问题进行解释和明确，可以考虑明确追诉时效因量刑幅度变化后，适用"立案"时已经发生法律效力的法律。同时，基于诉讼安定性和诉讼效益的考量，应当借鉴前述《德国刑法典》第 78 条 c 第（5）项的具体规定，从我国刑事司法实践中出现的具体问题出发，由立法机关对追诉时效相关制度进行完善和改造。

下　篇

主体改革论

第九章

公民视角：检务公开改革的权利表达[1]

党的十八届四中全会指出，要保障人民群众参与司法，构建开放、动态、透明、便民的阳光司法机制。1998 年 10 月，最高人民检察院制定下发《关于在全国检察机关实行"检务公开"的决定》，向社会公布检务公开的十项内容（当时被称为"检务十公开"）。1999 年 1 月，最高人民检察院颁布了《关于"检务公开"具体实施办法》，同年 4 月，下发《最高人民检察院关于建立检察工作情况通报制度的通知》，要求各省级检察院都要建立新闻发言人制度，适时通报检察工作情况，增大检察工作透明度，自觉接受人民群众和社会各界的监督。2003 年 8 月，最高人民检察院部署在 10 个省试点人民监督员制度，2004 年 10 月在全国推广试行，要求对检察院办理直接受理侦查案件中对不服逮捕决定、拟撤销、拟不起诉这三类案件，在决策运行过程中，必须虚心听取人民监督员的监督意见。2006 年 6 月，最高人民检察院下发了《关于进一步深化人民检察院"检务公开"的意见》（以下简称"《意见》"），在"检务十公开"的基础上，完善了 13 个方面的内容，明确了检务公开遵循"严格依法、真实充分、及时便民、开拓创新"的四项原则，建立相关的配套制度。2013 年 12 月，最高人民检察院在《2014—2018 年基层人民检察院建设规划》中提出，深入推进基层人民检察院检务公开工作，细化执法办案公开

---

〔1〕 本章内容的部分实证调研和资料分析，在笔者指导下由时任四川省都江堰市人民检察院的何冰冰完成，特此致谢。

的内容、对象、时机、方式和要求，健全主动公开和依申请公开制度。

　　近二十年来，检务公开制度从建立到不断深化和完善，体现了司法民主、司法公正、保障人权、权力制约等现代司法理念和价值观念，使犯罪嫌疑人和其他当事人的权益得到了切实的保障，增大了检察决策的透明度，增进了公民对检察机关的了解，提高了检察机关的社会公信力。[1]《意见》中规定："检务公开"是指检察机关依法向社会和诉讼参与人公开与检察职权相关的不涉及国家秘密和个人隐私等的有关活动和事项。检务公开的改革和完善，是现代司法理念和权利价值观念的生动体现，也是犯罪嫌疑人和其他参与人的权利保障基础。正如德国著名法学家鲁道夫·冯·耶林所言，"为权利而斗争，是权利人对自身的义务——因为它是道德上的自我保护的命令，同时它是对国家社会的义务——因为它是为实现法所必需的。"[2]而检务公开改革的权利保障和表达，有利于提高检察执法的透明度，增进当事人和其他公民对检察机关业务工作的理解，因此将会切实提高我国检察机关的司法公信力，进而实现公众在每一个司法案件中都感受到公平正义。

第一节　推进检务公开的改革要义

一、推进检务公开是深化司法改革的必然选择

　　十八届四中全会强调保证公正司法、提高司法公信力，保障人民群众参与司法，构建开放、动态、透明、便民的阳光司法机

---

　　[1]　穆红玉："检务公开制度的建立、发展和完善"，载《国家检察官学院学报》2005年第5期。
　　[2]　[德]鲁道夫·冯·耶林：《为权利而斗争》，胡海宝译，中国法制出版社2005年版，第21—22页。

制。当前进行的检察制度司法体制改革，通过制定权力清单，落实办案责任，坚持让审理者裁判，由裁判者负责，提高办案质量和效率。新一轮的司法改革方案为加强检察机关的法律监督提供了前所未有的契机，也为排除检察监督工作中的阻力创造了条件。然而，我们也应当看到，在加强监督的司法改革背景下，检察制度建设与检务公开工作中遇到的矛盾仍然存在。[1]而司法公开意义上的检务公开，是促进司法公正、提升司法公信力的前提和基础。[2]检务公开以加强办案过程中的信息公开为重点，是践行司法公开的具体体现，是"执法为民"价值理念的彰显，是展现检察机关包容、开放姿态、构建阳光司法机制的有效途径，是提高人民群众司法"亲历性"、增强与人民群众良性互动的重要举措。这与构建开放、动态、透明、便民的阳光司法机制的检务公开司法改革理念目标不谋而合，也是检察机关深化司法改革的必然选择。

二、推进检务公开是保障人民群众权益的重要途径

在当下全面推进司法改革语境下，检务公开被赋予更多的使命和意义，也成为提高检察机关司法透明度和公信力、维护社会公平正义和保障公民权利的重要方式之一。[3]"权利应当平等，而现实中的权利往往不平等"。[4]当今社会正处于社会转型期，各种矛盾不断凸显，经济发展的不平衡导致享受权利的不对等，而经济社会的发展又在推动人民群众整体法治理念、法律素养和

---

〔1〕　龙宗智等：《知识与路径：检察学理论体系及其探索》，中国检察出版社2011年版，第56页。

〔2〕　Yuwen Li, *The Judicial System and Reform in POST-MAO China-Stumbling Towards Justice*, Ashgate Publishing Limited, 2014, p. 120.

〔3〕　万毅、谭永忠、谢天："检务公开的实践考察与法理分析——以 G 市人民检察院改革为样本"，载《中国刑事法杂志》2016年第4期。

〔4〕　郝铁川："权利实现的差序格局"，载《中国社会科学》2002年第5期。

权利保障意识不断进步和提升。人民群众关注司法、参与司法、监督司法的热情空前高涨。因此，检务公开改革正在从单向宣告的公开向双向互动的公开转变。例如，检务公开改革实践中，通过不断完善公开审查机制，对拟作不起诉案件、刑事申诉案件实行公开审查，对案件事实、法律适用争议较大的审查逮捕、羁押必要性审查、刑事和解案件探索实施公开审查。这些举措是对公民知情权、参与权、表达权、监督权的切实保护，是对尊重和保障人权宪法概念的有力诠释，也契合保障人民群众参与司法的司法改革要求。

三、推进检务公开是提升办案质量和办案水平的客观要求

"权力导致腐败，绝对权力导致绝对腐败"。[1]尤其是在刑事诉讼过程中，犯罪嫌疑人的人身自由受到限制的情况下，如果再没有辩护律师维护其合法权益，面对晦涩的法律条文和繁杂的司法解释，犯罪嫌疑人与执法办案部门严重的"信息不对称"的情况就会发生。在强大的国家机器和公权力面前，个人权利很难得到保障，甚至有肆意被践踏的危险。[2]而检察机关着力于从司法依据和结果的静态公开向办案过程的动态公开转变，意味着通过检务公开改革和实践，将执法办案过程置于案件当事人和社会各界的监督之下，一旦出现执法瑕疵甚至执法不规范行为，按照对办案质量终身负责的要求，要承担相应的司法责任。这样就会倒逼检察人员规范执法，更加注重办案的每一个环节和每一个细节，进而有利于提升检察人员的办案质量和办案水平。

---

〔1〕 ［英］约翰·埃默里克·爱德华·达尔伯格-阿克顿：《自由与权力》，侯建、范亚峰译，商务印书馆2001年版，第232页。

〔2〕 Daniel P. Mears, *American Criminal Justice Policy: An Evaluation Approach to Increasing Accountability and Effectiveness*, Cambridge University Press, 2010, p. 25.

第二节　检务公开的权利价值分析

人们对法律制度或程序通常是从内在标准和外在标准两个角度来进行评价的。对于前者，人们通常称为正义标准，即法律制度本身的"内在品质"或者内在的"善"，而对于后者，人们则称为功利性标准，即法律制度在达到某一外在价值目标方面的"有用性"和"有效性"。[1]检务公开也具备其自身特有的内在价值和外在价值，检务公开的价值是其内在价值和外在价值的统一。

一、检务公开的内在价值

检务公开作为一项制度，所追求的"内在品质"和"善"，迎合了民主法治社会"权力制约"和"权利保障"的价值诉求，在某种层面上强化了检察机关作为公权力存在的合法性以及公众对检察机关的认同感。在笔者看来，检务公开的内在价值可以体现在两个方面：

一方面，检务公开以"正义"为价值取向。按照约翰·罗尔斯在《正义论》中的阐释，正义即对同等情况予以同等的对待，对不同的情况给予与这种不同情况相适应的不同对待。而正义作为一项古老的自然法则，是衡量一种制度或程序是否具有"内在品质"和"善"的必要标准，"执法办案公正是司法永恒的主题，是诉讼追求的根本目标，它反映的是司法活动固有的维护公平正义的价值准则"。[2]检务公开的推行旨在保障公民的合法权益，将"尊重人权"的宪法概念作为首要任务，反映出对人的终极关

---

〔1〕　陈瑞华："论程序正义价值的独立性"，载《法商研究（中南政法学院学报）》1998 年第 2 期。

〔2〕　吕继东："司法公开的价值与配套制度"，载《甘肃政法成人教育学院学报》2003 年第 2 期。

怀，其"善"的内在品质契合了对"正义"的价值取向。[1]

另一方面，检务公开以"公开、公正、公平"为其法治蕴义。任何权力都应当在阳光下运行，其本身的意义不仅仅在于实现了某种功利性价值，在实然情形下甚至与功利性价值不存在必然联系，在公开、公平的程序运行环境下，不一定会产生公正的结果，程序不公开、不公平，也可能会产生公正的结果，因此，检务公开不一定确保正确、合法的执法效果，实施检务公开甚至也不必然达到"改善检察机关形象，提升执法公信力"的良好效果。从其自身规范来看，检察机关推行检务公开，是将检察机关执法标准和执法程序等事项置于公众舆论监督之下，将检察机关的公权力主动接受人民群众的监督和制约，这种"作茧自缚"的行为所彰显的内在价值即是对"公开、公正、公平"价值的强烈诉求，同时也是对"公开、公正、公平"理念的有力践行。

二、检务公开的外在价值

外在价值也称"工具性价值""功利性价值"，是一项制度的有用性和有效性。笔者从微观、中观、宏观三个层面分析检务公开的外在价值。从微观层面看，检务公开有利于依法保障公民的知情权、参与权、表达权、监督权，规范检察机关依法办案，提升办案效率和办案质量。"权力导致腐败，绝对权力导致绝对腐败"[2]，检察机关如果不能自我约束，在行使检察权时很可能会侵犯到公民合法权益，检务公开制度明确了检察机关执法办案过程中的告知程序，是对公民知情权、参与权、表达权、监督权的有力保护，同时通过权利的行使达到监督检察机关执法办案，防

---

[1] ［美］班尼特·L. 葛斯曼："检察官维护事实真相之义务"，郑允铭译，载《政大法学评论》2010年第116期。

[2] ［英］约翰·埃默里克·爱德华·达尔伯格-阿克顿：《自由与权力》，侯建、范亚峰译，商务印书馆2001年版，第232页。

止和杜绝检察机关执法办案人员腐败，促使检察机关高效率、高质量执法办案，从而体现出检务公开以公开促效率，以公开提质量的外在价值。

从中观层面看，检务公开有利于树立检察机关良好形象，提升执法公信力，增强公众对检察机关的理解和认同。"权利应当平等，而现实中的权利往往不平等"〔1〕，尤其是在刑事诉讼过程中，犯罪嫌疑人的人身自由受到限制的情况下，如果再没有辩护律师维护其合法权益，面对晦涩的法律条文和繁杂的司法解释，犯罪嫌疑人及其近亲属与执法办案部门形成严重的"信息不对称"，在强大的国家机器和公权力面前，个人权利变得微乎其微，甚至有肆意被践踏的危险。〔2〕检务公开能充分保证当事人的诉讼参与权，使整个诉讼活动都能在社会公众监督之下进行，这种阳光下的程序运行会增强案件当事人对检察机关执法办案结果的信任度〔3〕，树立检察机关的良好形象和执法公信力。

从宏观层面看，检务公开有利于彰显"执法为民"的理念，衡平"权力-权利"之间的紧张关系，有利于化解社会矛盾，构建和谐社会。当今社会正处于社会转型期，经济发展的不平衡导致享受权利的不对等，各种矛盾不断凸显，人民群众对公权力的信任也随之下降，并导致和政府对立的情况。检务公开把接受人民群众监督以制度的形式具体落实于检察工作实际中，充分体现民主法治精神，一定程度上满足了人民群众对检察机关的新需求，体现了"立检为公、执法为民"的执法理念，缓解当事人与检察机关之间的紧张、对立关系，有利于社会矛盾化解与和谐社会的

---

〔1〕 郝铁川："权利实现的差序格局"，载《中国社会科学》2002 年第 5 期。

〔2〕 Daniel P. Mears, *American Criminal Justice Policy: An Evaluation Approach to Increasing Accountability and Effectiveness*, Cambridge University Press, 2010, p. 25.

〔3〕 李建："检务公开的理论思考与实践探索"，载《中国检察官》2012 年第 23 期。

构建。

第三节　检务公开改革的两个层面问题

一、检务公开改革的实践样本

笔者以 D 检察院[1]为样本，考察了近五年来该院检务公开改革和推进的做法。该院检务公开的改革推进做法主要包括以下几个方面：

第一，检务公开的制度建设方面。D 检察院成立了由检察长为组长的深化检务公开领导小组，制定了《关于进一步深化"检务公开"工作的实施方案》以及相关的八个配套规定。如《规范辩护人、诉讼代理人接待工作暂行办法》《受理律师诉讼业务办理指南》等制度。在保障公民参与权方面，提出了将检务公开由"有限开放、单向引导"向"全面公开、双向互动"转变。这主要体现在 D 检察院在案件事实、适用法律方面存在较大争议或在当地有较大影响的审查逮捕、羁押必要性审查、刑事和解等案件，研究制定了公开审查的操作性指引，邀请人民监督员和社会各界参与案件公开审查。通过专家咨询委员会建立专家咨询机制，对重大决策咨询、重大问题联合调研，组织专家、学者参与案件评查、研讨社会关注重点案件。

第二，拓宽检务公开的渠道方面。D 检察院建成了规范化的检察服务大厅，为群众提供信访举报接待、案件信息查询、行贿犯罪档案查询等"一站式服务"。截止到笔者调研期间，该院累计受理群众举报、信访 460 余件，接待群众 4500 余人次。该院设

---

[1] D 检察院是一个基层检察院。它的检务公开改革和推进工作成绩和特点较为突出，多次受到上级检察院的表彰，因此具有一定的典型性和代表性。

立三个派驻乡镇检察室，建立"一平台、三窗口"的城乡一体化检察服务机制，覆盖 19 个乡镇（街道），协助基层党委政府化解矛盾 180 余次。开通远程视频接访，开展"方言小喇叭"广播宣传，引导群众树立法治信仰。围绕非法集资、传销犯罪等社会热点问题，结合典型案例、防范识别等内容，制作、发布检察动漫宣传片 9 部，检察微电影 1 部，覆盖了全市公交系统显示终端、户外 LED 显示屏等公共传播平台。同时，以"互联网+检务公开"模式，利用门户网站、微博、微信公众号等渠道开展普法宣传，倡导和培育法治文化。

第三，检务公开内容方面。为进一步深化公众参与检务公开，D 检察院依托"检察开放日"活动，通过网络等多渠道主动邀请群众参加"反贪局长带你看审讯""走近国家公诉人"等 12 个"检察开放日"主题活动。让群众走近检察，了解检察，"零距离"与群众开展互动。依法向社会公开披露信息，接受新闻媒体采访 30 余次，拍摄宣传片 6 部。五年来，D 检察院依托"人民检察院案件信息公开网"及时发布案件程序性信息、终结性法律文书和主要案件信息，累计发布重要案件信息 200 余条、案件程序性信息 3500 余条，公开法律文书 1243 份。

D 检察院的检务公开改革和实施二十年来，对保障公民合法利益、树立检察机关良好形象起到了积极促进作用。但从对 D 检察院的实证调研分析来看也存在着一些问题。目前的检察执法活动等检务公开也面临着执法理念偏差、能力素养不匹配、理论定位模糊、配套机制不完善等需破解的难题。[1]笔者认为检务公开存在的不足之处可以概括为两个层面：一个是静态层面上的不足，主要是检务公开设计上存在的"先天性不足"，另一个是动态层

---

〔1〕　周越强："检察执法活动公开的运行与展望——基于上海实践考察的初步分析"，载《东方法学》2015 年第 5 期。

面的不足，主要是检务公开运行过程中存在的"后天性不足"。

二、静态层面：制度设计上存在的不足

第一，检务公开设立之初即缺乏必要的法律保障。虽然在宪法、刑事诉讼法和检察机关组织法中能够找到检务公开的法理依据，但国家颁布的法律中没有明确规定检务公开。最高人民检察院下发的《关于在全国检察机关实行"检务公开"的决定》《最高人民检察院关于"检务公开"具体实施办法》均属于规范性文件，在法律效力上缺乏权威性，导致在贯彻落实的时候缺乏刚性。

第二，检务公开内容设计上不够具体，公开范围有待规范。最高人民检察院下发的关于检务公开的文件中明确了检务公开的内容，从"检务十公开"到不断细化，基本上构建了检务公开的内容体系，但仍然存在着不同地区之间检务公开内容和范围上的差异。例如，D检察院的检务公开制度就缺乏明确具体的内容与范围。在"公开为原则，不公开为例外"原则下，最高人民检察院规定的需要公开的内容与保密法规定的保密范围之间存在着模糊地带。内容不具体、范围模糊、什么可以公开或不公开、什么时候公开或不公开，这些问题导致检务公开改革和推进往往由领导拍板决定，而不是依据法律来确定。

第三，检务公开制度程序设计上缺乏权利救济途径。"无救济则无权利"。最高人民检察院下发的文件中，对于检察机关或者检察机关工作人员未实施检务公开或者未按照规定实施检务公开的情形，没有明确规定处罚内容。例如，《关于在全国检察机关实行"检务公开"的决定》也仅规定，"对群众举报的不严格执行法律、制度、纪律规定的行为，要认真纠正，情节严重的，要按照《检察官纪律处分暂行规定》对有关人员严肃处理。"而《检察官纪律处分暂行规定》中规定的纪律处分是不针对或者不完全针对检务公开的。因此，检务公开存在救济途径上的缺失。

三、动态层面：改革运行上存在的不足

第一，执法理念导致检务不公开或者半公开。一是，检察机关内部还存在着围绕目标考核开展工作的思维。检务公开作为一项指标，大部分检察机关已经将其纳入目标考核中，而目标考核中对检务公开的要求又不具体，因此有的检察机关"蜻蜓点水式"地例行公事进而完成目标任务，如以法制宣传而顺带进行检务公开。二是，检察机关一般还要承担着维稳压力，为了不"引火上身"，会采取"踢皮球"的方式转移矛盾，能不公开的尽量不公开，选择职能性、程序性的事务进行公开。三是，执法办案人员法律素养有待提升，人权保障意识有待加强。在执法办案中习惯性地站在执法者的立场看待问题，以顺利结案、不出差错为目的，忽略了案件当事人的各项诉讼权利，不愿意"多"公开或者主动公开。四是，有的执法办案人员还持有"法不可知，则威不可测"的传统思想观念，认为"检务公开"会影响检察机关执法办案效果、破坏检察机关形象，特别是在处理重大、敏感案件中以案件需要保密等理由选择不公开，或者是半公开。

第二，检务公开改革制度运行上的不均衡。笔者将这种不均衡表述为"三个差距"：一是中西部之间的差距。经济发展上的差距导致东部沿海地区检察机关在整体的软硬件建设上都比中西部地区较强，这种差距或多或少地会体现在检务公开改革推进程度上。二是上下级之间的差距。检务公开是最高人民检察院通过规范性文件自上而下推行的，上级院具有规则制定权，相比较下级院来说拥有更多智力支持等优势，造成上下级院之间的差距。三是检察机关与公众期待之间的差距。检察机关执法办案要考虑到"法律效果与社会效果的统一"、是否会影响社会稳定。如果不是因为上级院对下级院有检务公开的考核，检务公开更多的将成为一种"摆设"。

第三，检务公开内容丰富但不够深入。检察机关将工作职责、职能、办案的法律依据、立案标准等内容予以公开。但这些内容一般在法律出版物或者网络上就可以查询到，已经为广大人民群众所熟知。而案件办理过程中的权利告知也在刑事诉讼法及检察机关执法办案规则中有明文规定，是检察机关执法办案的"高压线"，一旦程序违法，不仅影响办案的整体质量，执法办案人员也将面临着纪律处分。然而，目前大部分检察机关检务公开不够深入，一些领域由于规定模糊或者其他原因没有公开或者不愿意公开，比如缺乏对重大、敏感案件执法过程的公开，缺乏对案件处理的释法说理，等等。

第四，检务公开方式多样，但呈现"碎片化"的整体印象。在检务公开的方式和形式上，目前多数检察院采取报刊、门户网站、微博、微信等现代媒介进行宣传，专门设立"法制宣传周"或者"法制宣传月""检察长接待日"主动开门接受人民群众的监督。同时，公民也可以通过电话、网上预约的方式申请检务公开。但整体上，检务公开方式多样但显得较为杂乱，多点开花，却无重点，看似热闹，但比较凌乱。整体上缺乏系统规范，有待整合相关资源，系统性地规定检务公开方式和渠道。

第四节　检务公开改革的权利视角

一、检务公开与权利救济

救济，本义是指用金钱或物质的替他方式帮助生活困难的人。救济，在《布莱克法律词典》中有两种解释，一是指实施一项权利的方法或纠正一项错误。它也被称为民事救济，包括法律的和衡平的救济，一是指救济行为，如救助，在这两种意义上都可以称为救济法。[1]我国《辞海》中明确界定，"所谓救济权，即派生权"。[2]一般来说，当公民的权利受到侵害时，即产生所谓的救济权。本体权利受到侵害，在这一权利的权属中，会内涵一个所谓的"修复"功能，修复受侵害的公民等的实体权利。因此，救济权是一种的派生的权利。而且，救济权一般会与程序法治相关，通过各种法律规定，如诉讼程序、检察等司法制度来获得实现。进而，救济权又是一种程序性质的权利。"也许，我们首先应该明确一个问题：对法定权利的民事救济并不是由侵权法单独完成的。因为，侵权法作为一门独立的法律，没有也不能包罗万象地对所有法律保护的法定权利进行救济。这不仅是立法上的考虑，也必须照顾到客观的现实条件，即将某一法定权利纳入其中是否会产生冲突或者条件是否成熟。"[3]

救济与权利和保护等词联系起来使用，衍生出来"权利救济""法律救济"的专业法律用语。笔者在此梳理和廓清"法律救济"，认为救济的本义仍然为"帮助"的意思，只是借助于法律特殊的强制手段实现帮助目中救济的本义。而"权利救济"中的救济的意思暗含一层"补救"的含义，是指权利在对象知情或不知情的情况下的权利补救。国际准则早就考虑到了信息公开范围会由于立法和解释立法等原因导致掌握信息的人有巨大的自由裁量权，所以，设想了通过程序救济实现信息的公开。例如，《亚特兰大知情权宣言》要求国家"对法律的实施进行定期监测和报告"，"由立法和主要审查机构对执法和守法进行审

---

[1] Bryan A. Carner, *Black's Law Dictionary* (*Seventh Edition*), West Publishing, 1999, p.1320.

[2] 夏征农主编：《辞海》（缩印本），上海辞书出版社 1990 版，第 1660 页。

[3] 刘大刚："论法外权利之法律救济"，载《研究生法学》2003 年第 2 期。

查"。[1]由此，随着我国检察制度的不断改革和完善，检务公开制度中的权利保护和法律救济机制也越来越发挥重要的作用，需要从权利视角迫使其逐渐走向规范和公正。从权利救济的维度来分析检务公开制度的改革和推进，就需要把检务公开的权利救济理解为一种机制。[2]从权利体系的角度出发来观察检务公开在法律救济系统内各子系统、各要素之间的相互作用和相互联系。最终需要把权利救济视为检务公开的审视"机制"，这意味着我们必须从多维的、实然的、动态的、有机的权利整体来理解检务公开制度的内在逻辑和本质特征。

二、检务公开制度之公民参与权

一个国家公民参与政治、法治的程度，反映着这个国家民主法治发展水平。公民参与检务公开制度的程度也反映出司法的透明度、开放度。例如，对检察机关的知情权可以分为涉诉性知情权和非涉诉性知情权，前者可以通过刑事诉讼法规定的程序来实现，后者可以依据信息公开法和行政诉讼法提起行政诉讼来实现。[3]而从保障权利实现的强度来看，可以将公民参与检务公开分为以下两类：

一是，绝对受保障的公民参与权。在检察机关的刑事诉讼运行中，这种层面的检务公开制度参与权主要是针对有法律硬性规定的公民参与权。一般情形下，诉讼参与度与诉讼参与权的保障成正比，诉讼参与度越高的公民，其诉讼参与权的保障越充分。

---

〔1〕 高一飞："检务公开的比较研究"，载《中共中央党校学报》2010年第2期。

〔2〕 Michael J. Ellis, "The Origins of the Elected Prosecutor", *The Yale Law Journal*, Vol. 121, No. 6, 2012.

〔3〕 高一飞、张绍松："检务公开中公民知情权的实现"，载《人民检察》2014年第11期。

相应地，刑事诉讼过程中，诉讼参与度高的人多属于诉讼参与人，系刑事诉讼构造中重要的组成部分。刑事诉讼法等相关法律中，对保障诉讼参与人依法参与司法的权利也作了很多规定，如《中华人民共和国刑事诉讼法》第173条规定："人民检察院审查案件，应当讯问犯罪嫌疑人，听取辩护人或者值班律师、被害人及其诉讼代理人的意见"。剥夺这部分公民参与检务公开的权利就等于违法，所获得的证据材料有可能认定为非法证据而被排除，同时司法人员也可能会被问责。因此，这部分参与权是绝对受保障的。

二是，相对受保障的公民参与权。在这一层面，主要是针对检察机关内部关于检务公开的文件规定，针对的对象也多为社会公众。这是因为与刑事诉讼程序的关系较远，其参与诉讼程序的权利保障程度相对较弱。如前述《意见》规定，对存在较大争议或在当地有较大社会影响的拟作不起诉案件、刑事申诉案件，邀请社会公众参与，实行公开审查。哪些案件要进行公开审查？是否邀请社会公众进行公开审查？邀请哪些社会公众？这些因为都没有详细的规定，同时又缺乏刚性的规范，都会导致检务公开中公民参与权得不到应有的保障。

总之，绝对受保障的公民参与权是检务公开的基础，也是检察机关执法的刚性要求；相对受保障的公民参与权是检务公开的延伸，也是检察机关秉持"执法为民"理念、提升办案质量和执法公信力的客观要求。相应地，检务公开的程度与公民参与权受保障程度也是成正比关系的，检务越公开，公民参与权受保障度越高。这就要求检察机关在执法过程中一方面以权利救济和人权保障为根本，遵守实体和程序要求，保障诉讼参与人全面依法行使权利。另一方面，需要不断拓宽检务公开内容和范围，扩大公众参与面和参与深度，听取诉讼参与人意见，更好地保障人民群众对检察工作的参与权。

第五节　深化检务公开改革的权利保障

一、转变理念：以权利保障为基础

"权利是使法律成为法律的东西"。[1]在一个法治社会中，权利是法律制定的逻辑起点，它使法律具备道义上的正当性和公平性，体现了人作为人的价值和尊严。[2]检务公开的意义不仅在于强化检察机关办案质量、提升检察机关执法公信力，更在于在执法过程中对公民知情权、参与权、表达权、监督权的保护，其根本目的是在于权利保障和权力制约，以权利保障制约权力运行。因此，检察机关应当以权利保障为基本理念开展检务公开。

"主权在民"的宪政思想，要求推进检务公开改革以权利保障为出发点。我国《宪法》规定："中华人民共和国的一切权力属于人民。""国家行政机关、监察机关、审判机关、检察机关都由人民代表大会产生，对它负责，受它监督。"让-雅克·卢梭在《社会契约论》中认为，"每个个人在可以说是与自己缔约时，都被两重关系制约着，即对于个人，他就是主权者的一个成员，而对于主权者，他就是国家的一个成员"，他进一步认为，"主权就是社会赋予政治体以支配其成员的绝对权力。主权者是一个集体的生命，只能是人民，即主权在民。"主权在民的思想认为只有人民才有社会，有人民和社会才有国家，社会由人民聚合而成，国家由人民支撑而存在。权力者的权力最终来源于人民，因而权力者行使权力时必须依据一定的途径使之为人民所知晓，接受人民的监督，

---

〔1〕　[美] 罗纳德·德沃金：《认真对待权利》，信春鹰、吴玉章译，中国大百科全书出版社 1998 年版，第 21 页。

〔2〕　温晓莉："政务公开法治化的基本问题"，载《法学》2004 年第 6 期。

这也成为现代国家公民的基本政治权利。[1]检察机关是我国宪法规定的依法成立的国家机关，检察权作为国家公权力之一，其权力同样来源于人民，受人民监督。据此，检务公开是主权在民、人民当家做主的具体体现，是贯彻我国宪法和法律的必然要求。

约束和规范检察权有效运行要求推进检务公开改革以权利保障为落脚点。在现代法治社会，政府的权力受到越来越多的束缚和限制，宪政国家即"限政国家"，公民的权利越来越受到保护。检察机关作为公权力之一，在行使权力过程中应转变职能，一方面要合法行使手中的检察权力，另一方面也要最大限度地保障公民的知情权、参与权、表达权、监督权等，这两个方面如同硬币的两面，是对立统一的关系。权力的有效行使可以保障公民的合法权益，而后者权益的保障必将进一步促进公权力的正确行使。检察机关只有转变执法理念，着眼于人权保障，才能改善自身执法态度、提升执法水平，才能防止执法办案人员腐败，杜绝检察权的滥用。

二、法律保障：完善检务公开具体权利立法

检务公开所具有的权利保障法理基础为"检务公开"立法提供了理论依据。[2]检务公开的法理基础是指检务公开在法理精神和原理上的依据，它有别于检务公开的现实需要和价值功能。虽然宪法法律层面上没有直接明确规定检务公开，但这并不意味着检察机关开展检务公开缺乏法理支持。例如，前述的"主权在民"的民主原则是宪法的基本原则，也是检务公开的宪政基础。检务公开是最高人民检察院以规范性文件的方式自上而下地在检

---

[1]　张超："政务公开的理论依据"，载《当代法学》2002年第4期。
[2]　刘润发、王金贵："检务公开理论与实践学术研讨会综述"，载《人民检察》2009年第14期。

察系统内部开展的一项工作，是检察机关的制度改革和创新，是诉讼民主与司法文明的重要体现。检务公开具体权利立法是指将检务公开明确地写入宪法，并制定检务公开中涉及公民具体权利的专项法律。如前所述，检务公开的有关规定只是由最高人民检察院发布的规范性文件，其法律效力缺乏一定的权威性。而完善检务公开立法，一方面将检务公开宪法化、法律化，才能使检务公开稳定化，克服目前反复不定的随意性。另一方面使检务公开的有关法律法规条理化，具有法律体系的内在一致性。[1]笔者认为，检务公开立法可以分三步走：第一步，将检务公开写入《中华人民共和国宪法》。在《中华人民共和国宪法》第三章"国家机构"第 131 条第 1 款后加一款为："人民检察院为保障公民权利，依法实施检务公开"；第二步，将检务公开列入《中华人民共和国刑事诉讼法》；第三步，制定法律主体为检察机关的《信息公开法》，并与其他法规构成统一系统的检务公开体系，从而将检务公开的权利保障在立法层面上形成有机整体。

三、深化改革：完善检务公开相关配套机制

第一，规范检务公开的内容，明确检务公开的范围。目前，检察机关执法办案程序性的内容和执法依据等在个案中的公开、主动接受监督自行通报案情的公开、释法说理工作以及在保障公民的知情权和参与权等方面做得比较少。而这些内容往往关系到执法对象的自身利益，关系到社会公众的切身感受。因此，应当树立"只要不属于检察秘密的事务都应当公开"的理念。"检务十公开"中已经明确了以公开为原则，以不公开为例外，只要是不涉密的检察信息，都应该公开。同时，加强与保密法的衔接工

---

〔1〕 穆红玉："检务公开制度的建立、发展和完善"，载《国家检察官学院学报》2005 年第 5 期。

作，划清检务公开与保密内容的界限，对检察机关涉密范围作出较为具体的规定，从而实现"从职责公开向工作公开、从执法结果公开向执法过程公开、从内部公开向对外公开"的转变，使检察机关的执法办案过程真正成为阳光下的生产线。

第二，确立检务公开程序和权利救济途径。检务公开制度的程序设计和改革包括主动公开的程序和依申请公开的程序设计两个方面。前者包括检务公开运行的日常性信息公开和突发性信息公开，同时要制订以年度为单位的检务公开整体规划。后者包括申请人向检察机关申请检务公开的程序设计，包括申请人的资格审查、申请内容审查、申请途径和回复时间的设定等内容，还包括对未执行检务公开的权利救济途径。如前所述，没有具体和针对性的权利救济和惩戒措施，是深化检务公开改革的障碍之一。因此，对检察机关应当公开而不公开的情况，应当明确举报人的救济方式和救济对象。对检察工作依法未进行信息公开的执法者应当按照检察官职业伦理和相关条例进行处罚。

第三，完善人民监督员、新闻发言人等检务公开配套机制。最高人民检察院在发布"检务十公开"后，陆续又出台了《最高人民检察院关于实行人民监督员制度的规定（试行）》，并要求各级检察院设立新闻发言人。人民监督员制度是检察机关强化自身监督的创新举措，而新闻发言人制度则是面向公众时，对关系民生、社会影响广泛的热点案件进行基本案情和诉讼程序的披露。人民监督员和新闻发言人制度实施以来，对检务公开的改革和深化起到了积极的促进作用。例如，海南省万宁市人民检察院在审查逮捕犯罪嫌疑人陈某某、冯某某涉嫌猥亵儿童一案中，由于该案社会影响较大，检方在2013年5月15日受理该案后，当天即批准逮捕了二名犯罪嫌疑人，并于当日下午召开新闻发布会，新闻发言人向公众媒体通报案情，及时消除了公众对执法单位的疑惑和不安情绪，起到了良好的法律效果和社会效应。

第十章

法官视角：法官助理的成长之路[1]

　　法官助理制度的改革和完善是全面深化司法改革的重要内容之一。它对推进法官员额制改革、落实司法责任制、优化司法资源配置和解决案多人少矛盾有着极为重要的作用。法官助理作为审判辅助人员里最具代表性和最具创新性的角色，是人民法院审判队伍建设中的一支新兴生力军和后备力量。他们的职业成长和合理规划发展在一定意义上将决定现在乃至将来我国法院审判业务工作的质量和水平。然而，在目前逐步推进的深化司法改革和司法体制综合配套改革中，法官助理这一法院业务主体常常被忽略，地位显得十分尴尬，不得不在法官与书记员之间形成路径依赖。无论在制度文本还是工作实践中，法官助理职责定位不够清晰，介于审判业务辅助与审判事务辅助之间，与书记员甚至法官的职责区分也并不十分明确，法官助理有时类同于书记员，有时类同于法官。[2]基于主客观因素的影响，法官助理制度在法院审判权运行过程中表现出一些"水土不服"的症状，导致该制度的实际运行与其设计初衷及理想效果仍存在现实的背离。

---

　　[1]　本章内容的部分实证调研和资料分析，在笔者指导下由四川省彭州市人民法院的魏大平法官完成，特此致谢。
　　[2]　夏锦文、徐英荣："法官助理制度改革需求与法治人才培养创新"，载《法学》2017年第12期。

第一节　法官助理制度的改革背景

我国法官助理制度的提出、试点到全面落实的探索历程，可以追溯到 1999 年最高人民法院发布的《人民法院五年改革纲要》第 33 条："随着审判长选任工作的开展，结合人民法院组织法的修改、高级人民法院或以对法官配备法官助理和取消助理审判员工作进行试点，摸索经验。"我国首次规定法官助理制度的规范性文件，是 2002 年最高人民法院颁布实施的《最高人民法院关于加强法官队伍职业化建设的若干意见》。在 2004 年，最高人民法院颁布实施法〔2004〕208 号文件，明确要求在部分地方法院试点运行法官助理制度。在 2007 年，最高人民法院又出台了法〔2007〕335 号规范性文件，主要目的在于对法官助理制度进行试点。而新近推进开展的深化司法改革配套改革中，又进一步提出"推动法院人员分类管理制度改革"，目的在于健全法官助理等审判辅助人员的管理制度。

在我国深化司法体制综合配套改革的大背景下，尤其是《中华人民共和国人民法院组织法》和《中华人民共和国法官法》的修订需求下，作为审判辅助人员制度改革中重大的创设性成果之一的法官助理制度，也许并未得到足够的重视。一方面，从法官助理制度的规范性依据来看，我国法官助理制度的规范性依据主要体现为规定关于法官助理的任职条件、工作职责、考核标准等前述一系列分散性的规范性文件中，目前尚未形成系统性的法官助理制度。另一方面，在法官助理制度的司法运行过程中，最为突出的体现，就在于我国现行的《中华人民共和国法官法》和《中华人民共和国人民法院组织法》并没有关于法官助理相关制度的明确规定，导致了广大法官助理们在司法活动中没有法定的权力范围和身份界定，再加上不同试点法院中法官助理的来源不同和使用方式差异，这些直接影响了法官助理制度的运行效果和改革价值。例如，对法官助理的职能作用迄今尚无明确界定，如在法官的授权下，多大程度上能够单独履行司法事务？法官助理和书记员的职责分工怎样界定？法官助理怎样管理和考评？这些都是需要细化和明确的问题。不解决这些问题，法官助理职业就缺少两性的发展空间[1]。

一般认为，法官助理是协助法官从事审判业务的辅助人员，是在法官指导下从事审判业务工作，具有明显的"业务性"[2]，不同于书记员的"事务性"工作[3]，从而使法官脱身于审判事务性工作，专注于审判权的行使。伴随新一轮司法改革和司法体制综合配套深化改革的开展，在法官员额制改革和落实的背景下，法官的数量在可以预见的范围内增长幅度会降低。[4]员额制法官在开始作为司法责任制法官履行使命，而经过十余年的探索和总结，与之配套的法官助理制度也结束试点得以全面落地。[5]至今，法官助理制度也已经全面实施，其对法院人员配置结构优化

---

〔1〕 岳彩领："'外援型'法官助理如何管理和使用"，载《人民法院报》2014年10月22日，第5版。

〔2〕 参见最高人民法院颁布实施的《关于在部分地方人民法院开展法官助理试点工作的意见》（法〔2004〕208号）。

〔3〕 按照中央关于法院人员分类管理改革的规定和精神，法官助理是协助法官从事审判业务的辅助人员；书记员是审判工作的事务性辅助人员。法官助理、书记员在法官指导下工作。虽然法官助理与书记员都属于审判辅助人员，但法官助理的工作更侧重"业务性"，会介入对案件实质性内容的处理，在诉讼流程中承担部分组织、主持、引导、调研、调查等职能；书记员的工作更侧重"事务性"，主要在程序性事务中承担纪律、整理、装订、归档、校对等职能。具体请参见最高人民法院司法改革领导小组办公室编著：《最高人民法院关于完善人民法院司法责任制的若干意见》，人民法院出版社2015年版，第155页。

〔4〕 顾全："对完善法官助理制度的几点建议"，载《上海法治报》2015年9月9日，第6版。

〔5〕 杨继文："论刑事司法改革方法论体系"，载《东方法学》2016年第5期。

上取得了显著成效，具有一定的合理性和必然性。但是，在各地司法改革试点中，法官助理仍然存在定位、配置、来源和管理等问题。[1]因此，只有深化研究司法改革中法官助理制度的职能定位和配置模式，才能实现法官员额制改革和审判权力运行机制改革的承上启下的关键作用。

第二节　法官助理制度的改革情况

为了更加深入地了解和反映我国法官助理制度的现实运行情况，我们对法官助理制度主要应用场合的样本法院进行了为期六个月的田野调查和访谈调研，对法官助理制度的改革部署、定位配置、实践运行和绩效考核等方面的问题进行了"庖丁解牛"式的实证研究和问题分析，以期充分反映我国法官助理制度在司法改革中的实践运行情况。

一、法官、法官助理与书记员的结构配置

（一）审判与审判辅助人员结构人数比较

在司法改革前后，尤其是在实证研究的法院，作为主要从事审判业务工作的法官与从事审判辅助工作的审判辅助人员，存在人数以及配置结构上的改变和差异，具体请参见表 10.1 和表 10.2。

---

〔1〕　万毅："法官助理，何去何从?"，载《四川法治报》2017 年 3 月 30 日，第 5 版。

表 10.1　改革前的法官及审判辅助人员结构对比

属性分类		法官	审判辅助人员
职责分工		审判业务工作	审判辅助事务性工作
内部机构	民一庭	5	7
	民二庭	4	6
	民三庭	4	6
	刑庭	3	5
	行政审监庭	3	4
	派出法庭	6	9
	合计	25	37

表 10.2　改革后的法官及审判辅助人员结构对比

属性分类		法官	审判辅助人员	
			法官助理	书记员
职责分工		审判业务工作	审判辅助业务性工作	审判辅助事务性工作
内部机构	民一庭	5	3	5
	民二庭	5	2	3
	民三庭	4	2	4
	刑庭	2	3	3
	行政审监庭	2	3	2
	交通事故庭	4	2	4
	派出法庭	8	0	11
	合计	30	15	32

（二）法官助理人员结构情况

在我们实证调研的样本法院，截止到本文完成之际，该法院的法官助理总计有 18 人。法官助理的来源方式共有四种，即招录、转岗、聘用和实习。其中，通过公开招录的法官助理为 3 人，约占总人数的 17%。其余法官助理的来源均为转岗，这种来源主要有两种形式，一是司法改革期间未成为员额制法官的有 7 人，约占该院法官助理总人数的 39%，二是司法改革前本身为书记员的有 8 人，约占 44%。从该院法官助理的学历、年龄、性别等因素来看，大学本科及以上的约占 67%；40 岁及以下的约占 66%；约 61% 的法官助理为女性。从法官助理们的工作业务类型来看〔1〕，主要包括业务型、行政型、研究型和综合型四大类，分别约占到总人数的 66%、6%、6% 和 22%。

表 10.3　样本基层法院法官助理结构统计

			人数	占比
总计			18	100%
来源		招录	3	17%
	转岗	法官	7	39%
		书记员	8	44%
	聘用		0	0
	实习		0	0
学历		研究生	1	6%
		本科	11	61%
		大专	6	33%

〔1〕　关于法官助理的业务类型划分标准，主要依据的是他们所处的不同业务审判庭（处）和具体从事的司法实践工作样态。

续表

		人数	占比
年龄	20—30 岁	8	44%
	30—40 岁	4	22%
	40 岁以上	6	33%
性别	男	7	38%
	女	11	61%
工作类型	业务型	12	66%
	行政型	1	6%
	研究型	1	6%
	综合型	4	22%

二、基层法院的法官助理职责清单

样本法院法官助理们的职责划分主要根据的是上级部门的文件规定，并结合本院实际进行了细化，形成了《法院审判辅助人员职责清单》。该院法官助理的职责主要有：①各业务庭法官助理配合立案庭在二日内完成案件卷宗的移交，各庭在案件接收后，由法官助理配合庭长在二日内完成案件的分案，并将案件卷宗分到具体的承办法官；②法官助理配合承办法官开展调查、收集、核对证据，并负责管辖权审查和管辖权异议审查、办理诉讼保金和证据保全；③收集和检索与案件相关的法律条文、司法解释以及指导案例等参考资料，整理和分析案件涉及的法律问题，提出事实认定、法律适用的相关建议；④案件开庭前，配合承办法官组织庭前会议、庭前证据展示和证据交换等，固定案件争议焦点并形成庭前会议报告；⑤负责当事人的审查和追加变更，负责接待、安排案件当事人、诉讼代理人、辩护人和其他人员的来访和阅卷事宜；⑥承担委托鉴定、评估、审计、退费等事务性工作的衔接处理；⑦案件审理中，根据法官的意见参加庭审活动、列席合议庭评议、专业法官会议；⑧协助法官进行调解，组织开展和解；⑨撰写庭审报告，协助法官草拟案件审理报告、裁判文书；⑩在整个案件流程中，配合承办法官完成对案件审限的监控，避免案件超审限；⑪完成合议庭或承办法官交办的其他审判辅助性工作。

三、法官助理绩效考核机制

样本法院并未单独针对法官助理等审判辅助人员制定详细的绩效考核机制，仅在该院《员额法官和审判辅助人员办案业绩考核实施细则》中进行了简要的规定：法官助理的考核由辅助业绩基础分、加减分和领导评价构成。其中辅助业绩基础分以审判辅助人员辅助的审判团队业绩平均分为得分；加减分按照审判辅助人员个人加减分具体事项进行加减分；领导评价由辅助法官、所在部门负责人和分管院领导分别评价。

四、法官助理选任和保障机制

目前，样本法院的法官助理选任机制主要是通过公务员考试进行招录。担任法院助理的基本条件是本科学历和取得法律职业资格证（A证）。该院目前尚无聘用制法官助理及实习法官助理（高校在读学生），尚未就法官助理单独设计职业发展及保障机制。

第三节　法官助理制度存在的问题及学理分析

一、制度设计问题及学理分析

（一）改革先行，法律制度未更新

从前述样本法院的实证研究和相关文献来看，目前法院中审判辅助人员的分类中，尚且只有书记员称得上制度意义上的审判辅助人员。从 1999 年最高人民法院明确提出法官助理制度试点，到如今司法体制改革全面深化和配套的新阶段，与之相关的涉及法官助理制度的配套法律制度均未及时更新。

一是，《中华人民共和国法官法》《中华人民共和国人民法院组织法》并未将法官助理制度加入其中，实践中大部分法院都仅按照《中华人民共和国公务员法》和上级法院的司法改革文件和会议精神对法官助理进行定位和管理，立法的缺失使得法官助理无正式的法律地位，法官助理制度也难以得到重视和落实。在我们访谈的法官助理中，部分人认为该阶段的法官助理制度名不副实，就目前的状况而言，并不具有可操作性和实践意义。"我们庭上的法官助理是身兼数职，一岗多责，既是书记员又是法官助理，还要负责全庭的内勤工作。"[1]

二是，赋予法官助理调解权在有效提高诉讼效率的同时，与我国《民事诉讼法》关于调解权属于审判权的相关规定相背离。"宏观层面的顶层体制困局是最高法着力推行的人员分类管理改革在实践中并未得到全面落实的根本原因。"[2]目前法官助理制度

---

[1]　参见访谈记录 F20180223-PZ01。
[2]　王禄生："评'四五纲要'之人员分类管理改革"，载《理论视野》2015年第 4 期。

运行中呈现的地位不明、待遇不高、配置人数少、晋升渠道单一、案事压力大等问题，使得法官助理制度失去了其应有之义，而法官助理也可能仅仅是成为一种称谓而已。另一位被访谈的法官助理认为："从我工作内容来看，是集书记员、法官助理、内勤于一身的审判辅助人员，在大包大揽的工作状态下，按时完成工作的基本要求都达不到，长期高负荷运转，更无法奢望团队实现专业分工和高效运行了。"[1]

此外，配套法律制度的更新不及时，使得法官助理在法官授权下开展审判辅助工作时身份不明。以法官助理职责之一的"在法官的指导下草拟裁判文书"为例进行学理分析。首先，裁判文书中未署名法官助理，法官助理作为文书的草拟者，在行文之前，还需大量查阅案件相关的法律、案例、学术观点等资料，然后经过思考和加工后文书的初稿得以成文，其理应享有相应的署名权。[2]其次，"亲历性是司法审判所不可或缺的特性，审判活动的言辞原则、直接原则等都是建立在亲历性之上的"。[3]然而，现有的庭审制度中并未设置法官助理的席位，法官助理在草拟文书过程中而无法保证能够准确把握整个案件事实及诉讼争议焦点，从而可能难以草拟出高质量的裁判文书，而且又有回到"书面审理"的嫌疑。[4]虽然有法院在改革中尝试将法官助理署名于文书中、设

---

〔1〕　参见访谈记录 F20180223–PZ02。

〔2〕　虽然在其他法院的改革试点过程中，已经有部分法院在裁判文书的署名处增加了法官助理一项，但仅仅是一种尝试和探索，具有特殊性。由于我国与法官助理制度相配套的法律制度未更新，因而该做法不具有普适性和实践操作的制度依据。

〔3〕　顾培东："人民法院内部审判运行机制的构建"，载《法学研究》2011 年第 4 期。

〔4〕　有受访谈的法官认为，绝对化的"亲历"需求和条件在今天都已经丧失，即便需要了解庭审过程，现代音像技术也能够完整地还原庭审现场，以满足未参加庭审人员"亲历"的需求。参见访谈记录 F20180223–PZ03。但是笔者认为法官助理通过庭审之后阅读笔录、观看录像来满足"亲历"需求并不符合案多人少压力的现实要求，实属画蛇添足。

置在庭审中，但由于于法无据，呈现出法官助理署名的具体位置、署名是否以草拟为前提条件、《中华人民共和国民事诉讼法》尚未规定法官助理回避制度、身份告知、席卡放置等问题，这些都是急需要进一步规范和探讨的。[1]

（二）定位模糊，权责范围不清晰

通过对既有司法体制改革规范性文件进行分析得知，将直接从事审判业务工作的人员可以分为审判人员与审判辅助人员。审判人员即仅指额法官，审判辅助人员则包括书记员与法官助理。同时，审判工作人员配置模式由原来的1:1（法官：书记员）改变为1:1:N（法官：书记员：法官助理）。例如，大部分受访谈的法官认为法官助理制度提高了审判效率，有利于审判专业化的实现。"法官助理能在很大程度上使我们脱身于忙碌的审判事务，比如以前需要自己亲力亲为的调解、鉴定、文书草拟等工作，现在基本是交由法官助理处理，能够基本实现法官集中精力于审判的核心。"[2]而有法官助理说："在任命为法官助理之前，我是一名纯粹从事审判事务性工作的书记员，很少涉及法律的适用，现在作为一名法官助理，除了脱身于事务性工作外，有更多的机会接触事实认定、法律适用等工作，这样对自己的业务能力及知识储备帮助也是很大。"[3]

但是，法官助理与书记员的职责均是从事审判辅助工作，仅通过工作系事务性或业务性进行区分。然而司法改革相关规范性文件并未就"审判辅助工作""审判辅助事务性工作""审判辅助业务性工作"的范围做出明确的限定，法官助理角色定位模糊，

---

〔1〕 参见"杨浦法院'两明确、三规范'指导法官助理在裁判文书中署名"，访问地址：http://www.shzgh.org/node2/yangpu/node1500/node1501/u1ai1047656.html，访问日期：2017年11月5日。

〔2〕 参见访谈记录F20180223-PZ04。

〔3〕 参见访谈记录F20180223-PZ05。

导致在实践中出现法官、法官助理、书记员三者之间的权责范围模糊、互相推诿等衍生性问题频发，而对三者的权责范围界定就显得极为重要和必要。例如，有的学者基于实证调研分析得知，"全国 9 省市的受访法官中，约 3 成（29.6%）受访者认为在法院中存在（司空见惯或偶尔有）书记员/法官助理充当法官审理案件的现象。这一问题在青海、湖北及福建这三个省市更为严重，分别有 52.6%、46.8% 及 43% 的受访法官表示当地存在（司空见惯或有时出现）书记员/法官助理充当法官审理案件的情况。"[1]

　　通过对下表 10.4 进行学理分析，可以看到目前审判与审判辅助工作呈现的特点主要有以下几个方面：一是，审判辅助工作较于审判工作不具有独立性和主动性，审判辅助工作是员额法官行使审判权的准备和衍生工作，审判辅助工作均受法官的指导、安排、监督，审判辅助工作产生的后果均由法官直接承担。二是，法官助理的职责范围与法官的职责范围部分重合，且法官助理均在法官指导下有限制地协助法官行使部分审判权力。三是，"审判辅助事务性工作"（书记员职责）与"审判辅助业务性工作"（法官助理职责）的职责列举不完全，而且二者之间存在重合交叉的问题。这主要体现在，首先，"其他事务性工作"与"其他审判辅助性工作"并无具体的定义，在实践中，大家对其范围有各种不同的理解。其次，"其他审判辅助性工作"是否包含了审判辅助事务性工作，也是语焉不详。最后，学界主流观点认为，必要时，法官助理与书记员的职责可以进行调整和角色互补，实践中的普遍做法是法官助理代行书记员的职责，也就是说法官助理实际上的职责范围被扩大到从事所有审判辅助工作。

---

[1]　参见吴洪淇：《法律职业的危机与改革》，中国政法大学出版社 2017 年版，第 42 页。

表 10.4　审判和审判辅助工作对比〔1〕

审判工作		审判辅助工作	
独任庭（独任法官）	合议庭（承办法官）	事务性工作（书记员）	业务性工作（法官助理）
（1）主持或者指导法官助理做好庭前会议、庭前调解、证据交换等庭前准备工作及其他审判辅助工作（2）主持案件开庭、调解，依法作出裁判，制作裁判文书或者指导法官助理起草裁判文书，并直接签发裁判文书（3）依法决定案件审理中的程序性事项（4）依法行使其他审判权力	（1）主持或者指导法官助理做好庭前会议、庭前调解、证据交换等庭前准备工作及其他审判辅助工作（2）就当事人提出的管辖权异议及保全、司法鉴定、非法证据排除申请等提请合议庭评议（3）对当事人提交的证据进行全面审核，提出审查意见（4）拟定庭审提纲，制作阅卷笔录（5）自己担任审判长时，主持、指挥庭审活动；不担任审判长时，协助审判长开展庭审活动（6）参与案件评议，并先行提出处理意见（7）根据合议庭评议意见制作裁判文书或者指导法官助理起草裁判文书（8）依法行使其他审判权力	（1）负责庭前准备的事务性工作（2）检查开庭时诉讼参与人的出庭情况，宣布法庭纪律（3）负责案件审理中的记录工作（4）整理、装订、归档案卷材料（5）完成法官交办的其他事务性工作	（1）审查诉讼材料，协助法官组织庭前证据交换（2）协助法官组织庭前调解，草拟调解文书（3）受法官委托或者协助法官依法办理财产保全和证据保全措施等（4）受法官指派，办理委托鉴定、评估等工作（5）根据法官的要求，准备与案件审理相关的参考资料，研究案件涉及的相关法律问题（6）在法官的指导下草拟裁判文书（7）完成法官交办的其他审判辅助性工作

〔1〕　根据最高人民法院 2015 年 9 月 21 日印发的《关于完善人民法院司法责任制的若干意见》制定。

二、制度运行问题及学理分析

在本研究的实证样本法院，不同的庭室对法官助理制度的实践运行均不尽相同，主要表现出以下几种形式：一是，严格按照法官助理制度的要求和精神，让法官助理脱离审判事务性工作，完全从事法官指导安排的审判业务性工作。二是，法官助理在继续从事传统的审判事务性工作（书记员）的基础上，同时从事部分审判业务性工作（法官助理）。三是，法官助理既不从事审判事务性工作，也不从事审判业务性工作，而是在审判综合部门从事综合事务性工作。具体来看，还需对法官助理制度运行存在的问题及学理进行分析。

（一）配置失衡，审辅结构不稳定

从现实需求着眼，我国目前审判辅助人员严重欠缺，以样本法院某民事审判庭为例，虽然法官与审判辅助人员（书记员+法官助理）的配置比例理论达到了1:1.5，但是实际运行中的比例仅为1:1（审辅人员配置规范性文件最低标准为1:1），与改革前传统的"一审一书"模式基本一致。这意味着该庭的法官助理在履行书记员职责的同时，仍需要接受法官指导安排，协助法官履行法官助理的职责，同时承担庭室的内勤工作。究其配置失衡的原因，一是，法官助理均需通过公招录用，一方面受限于政法干警专项编制额度，另一方面，由于公招程序多、时间长、门槛高，也无法及时填补法官助理的缺额，导致无法科学地足额、及时配置法官助理。二是，书记员均系聘用制人员，其任用的主要困难在于既符合要求又愿长久任职的聘用制人员比例很小，在整个法院系统中都呈现出高流动性特征，导致很大部分法官助理长期兼任书记员。三是，转岗法官助理的未入额法官年龄偏大，缺乏正向的职业激励机制和正确的法律职业价值认识，无法真正发挥其法官助理的岗位作用和有效履行法官助理的职责。

在此现状基础上，审判团队如何运行基本取决于法官的主观能动作用，进而导致审辅结构极不稳定。根据法官的主观作用不同，审辅结构主要表现为以下几种模式：一是，法官在处理所有审判业务性工作的同时，仍需分心于事务性工作，此时的审判辅助人员主要系履行书记员的部分职责。二是，法官专心于审判业务性工作，由其审判辅助人员处理审判事务性工作，也就是传统的"一审一记"的模式下的各司其职。三是，法官专心于裁判，由审判辅助人员处理审判辅助事务性及部分业务性工作，此时审判辅助人员的职责范围为书记员及法官助理的职责范围的总和。

（二）主体依附，价值认识不充分

在以审判为中心的司法责任制改革中，法官作为审判权的行使者，法官员额制也成为了改革的焦点，而法官助理制度作为审判人员分类管理制度的重要组成部分在实践中却一定程度上被弱化，仅仅流于形式，没有得到其应有的重视。同时，由于法官助理的角色缺乏相对独立性，在依附于法官从事审判辅助工作的同时，还得候补书记员从事审判事务性工作，以至于其职责权限模棱两可，加之大部分法官对法官助理制度缺乏科学的价值认识，因此法官助理也没有摆脱传统的学徒式法官培养之路。实践中大部分法官助理仍旧被法官当作私人助理、学生或徒弟，而法官与法官助理之间不可避免地形成人身依附关系、行政领导关系或者师徒关系。

此外，通过分析现有法官助理制度设计及运行可知，在审判工作的分工中，区分法官与法官助理的职责是以是否行使裁判权为标准。裁判权是人民法院在诉讼中就案件的程序问题和实体问题作出处分的权力，这是法院审判权中最核心和最基本的内容之一。"法官对案件的管理与法院组织的控制管理交织勾连在一起的现实状况，还给程序运行的效率性带来了另外的问题。"〔1〕即法官助理不仅要在法官的组织环境中从事每一个具体案件的审判和相应程序的管理，还要应对每一个案件中的事务性工作，例如填写材料、汇报乃至送达等。通过对法官与法官助理的地位、职责、权限进行对比，可以发现法官助理并不能独立从事审判业务或事务性工作，均需在接受法官的指导下开展审判工作，其协助法官行使审判权。因此，理论上法官助理从事的审判辅助工作性质仍旧是行使审判权，只是并非独立行使，最核心的裁判权也被高度限制。

（三）实践权威，层级结构新形态

由于制度设计中的法官助理的依附性，以及实践中对法官助理制度价值认识的缺乏，司法实践中部分法官助理是以"法官授权""协助"之名，实则独立行使审判权。只是在"审者判，判者负责"的要求下，法官助理在行使审判权时必须以法官的名义，相应的行为责任则须由法官承担，而此种状态下的法官助理称为"不显名法官""隐名法官"更为贴切，此时的法官与法官助理之间的关系则类似于"委托与代理"。究其缘由，传统的法官与审判辅助人员之间的官僚制组织层级结构发挥消极作用的同时也在发生新的变化。

首先，在官僚制组织层级结构的前提下，"层级结构的独特功能是通过赋予上级以相对于下级的权威与权力，当上级出于某种目标而对下级行使权威与权力时，层级结构就强加给下级以行动的动力。"〔2〕此时，上下级的关系是权威与从属者关系，而法官与法官助理之间也正是这种关系。这也导致法官助理作为下级从属者，在法官的实践权威与理论权威之下并无法合理表达自身的

---

〔1〕 参见王亚新、傅郁林："中国内地国别报告"，载傅郁林、[荷]兰姆寇·凡瑞主编：《中欧民事审判管理比较研究》，法律出版社2015年版，第219页。

〔2〕 参见张乾友："官僚制组织的两副面孔"，载《北京行政学院学报》2016年第1期。

诉求，只能选择服从，也就必然导致法官将其本职工作以"指导"之名推诿与法官助理。而与之冲突的地方在于法官助理的职业正向激励的缺失，必然导致法官助理心理不平衡。在本轮司法改革过程中，作为改革的驱动力也是核心的利益相关者，法官助理们高度关注与自身密切相关的司法体系，而且对改革的态度有着明确的差别，有些是比较支持的，有些则呈现出比较质疑的态度，尤其是年轻的法官助理们对于改革后的职业发展和福利待遇感到比较悲观。[1]因此，此种情形下的法官助理作为依附者，既负担巨大且烦琐的工作量，也缺失了过去助理审判员（法官）的职业荣誉感，而法官助理一职也失去了对优秀法律人才的吸引力。

其次，随着司法改革对审判队伍的专业化分工要求越来越高，但是"审者判，判者负责"却仍旧要求法官对其审判活动承担责任，这导致法官与法官助理间的官僚制组织层级结构呈现出从传统的权威与从属关系向委托与代理关系的变化。在委托与代理关系模式下，由于委托与代理将法官（委托人）的审判权威分散，导致法官助理（代理人）独立处理审判辅助业务时，并不当然无条件服从法官，法官主客观上也无法有效控制法官助理的工作动机及其如何具体开展工作，也就不可避免地造成法官的目标与法官助理的行为之间的模糊性及二者间利益冲突，进而可能发生"代理风险"。

最后，法官与法官助理之间的委托与代理关系，用"代理理论"解释更为贴切。代理理论认为，下级（法官助理）因其行为不确定性而对组织（法官）目标的实现造成了风险，应当作为责任主体承担以降低直至消除代理风险为内容的责任。而"审者判，判者负责"的责任承担模式，在传统的法官与法官助理之间的

---

〔1〕 参见季卫东等：《中国的司法改革：制度变迁的路径依赖与顶层设计》，法律出版社 2016 年版，第 130 页。

"权威与服从"官僚制组织层级结构下并无可指摘，但在新的"委托与代理"结构中，却显得不合时宜，缺乏应有的合理性。这是因为，作为代理人的法官助理不用承担其行使审判权的代理风险，行使审判权的全部职业风险（代理风险）仍旧由法官承担，显然不符合法官助理制度法理精神。而在实践中表现出来的危害也显而易见，一方面，法官助理可能因代理风险低而不作为、乱作为，必然导致司法公信力受损。另一方面，法官则可能为了降低责任风险，不愿意授权法官助理代为行使部分审判权，致使法官助理制度运行阻滞，审判质量效率下行。

三、法官助理制度的其他问题及学理分析

（一）辅助工作内容界定问题

实践中，法官助理的职责范围并非决定于改革文件之规定，而是由法院的案件负担、法官的素质与法官助理的数量及能力等多种因素决定。[1]有的受访谈法官助理认为，法官助理草拟文书要草拟到哪种程度作为考核的标准？是全篇草拟，还是对案件事实进行梳理就行？司法改革之后，谁办案谁负责，裁判文书最终都是法官的裁判思路与意见。如果全篇都是法官助理草拟，那么法官在文书上就没什么作用了。[2]同时，由于人员搭配无法真正做到制度预设的比例，造成法官助理的工作无法严格按照相关制度设计进行分工。"虽然我是法官助理，但我既做了法官助理的工作，也做了书记员工作，还有内勤方面的工作。而书记员与内勤的许多工作实际上是无法量化的，造成做了工作却无法考核。"她同时表示，"如果是分工明确的法官助理，愿意积累经验，遇到员

---

[1]　参见刘练军："法官助理制度的法理分析"，载《法律科学（西北政法大学学报）》2017年第4期。

[2]　参见访谈记录F20180202-FZ01。

额考试机会还是愿意尝试。但不愿意再在法官助理工作之外承担书记员工作。"〔1〕在样本法院，有的书记员同样存在如此的困惑，一名具有政法编制的书记员谈道："我现在除了做书记员的工作，还承担了内勤的工作。工作量至少是司法改革前的 3 倍。但是绩效考核当中却并未对这部分工作进行考核。"〔2〕

（二）绩效考核基础问题〔3〕

首先，是对司法辅助人员的考核进行捆绑的问题。"法官助理的考核与法官捆绑，又主要考察法官的办案数量。但是有些法官积极，有些法官不积极，这样捆绑，对某些助理来讲就比较吃亏。而且由于审判团队的相对稳定，法官助理人员调整的可能性也不大。"〔4〕"法官助理，考核权中最重的就是跟团队与法官的工作量，造成法官助理考核与法官的绩效捆绑。最终考核结果的差别基本上决定于跟哪个团队和法官。"〔5〕对此可通过某司法改革试点基层法院的年度绩效考核结果予以验证，如下表 10.5 所示：

表 10.5　2017 年 1—12 月样本法院法官助理绩效考核得分表〔6〕

姓名	辅助工作成效	辅助办结案件数	草拟裁判文书数量	裁判文书质量	团队负责人评价	团队其他人员评价	流程信息管控	档案归档	裁判文书上网	信息调研	法律辅助质量	服务地方社会经济发展	辅助工作量	最终得分
A	54.67	28.35	12	5	5	4	3	3	5	5	4	5	27.8	161.82

〔1〕　参见访谈记录 F20180207-FZ03。
〔2〕　参见访谈记录 F20180208-FZ02。
〔3〕　本部分内容的部分实证资料，由西南财经大学法学院的赖虹宇博士提供，在此致谢。
〔4〕　参见访谈记录 F20180202-ZX01。
〔5〕　参见访谈记录 F20180207-FZ01。
〔6〕　依据为某试点基层法院 2017 年度法官助理绩效考核结果（部分），对考核对象姓名以字母替代。

姓名	辅助工作成效	辅助办结案件数	草拟裁判文书数量	裁判文书质量	团队负责人评价	团队其他人员评价	流程信息管控	档案归档	裁判文书上网	信息调研	法律辅助质量	服务地方社会经济发展	辅助工作量	最终得分
B	54.67	5.47	12	5	5	4	3	3	5	5	4	5	3.6	114.74
C	61.24	13.93	12	5	5	4	3	3	5	5	4	5	4.8	130.97
D	61.24	9.82	12	5	5	4	3	3	5	5	4	5	0.2	122.26
E	59.87	14.16	12	5	5	4	3	3	5	5	4	5	3.8	128.83
F	49.89	7.39	12	5	5	4	3	3	5	5	4	5	12.8	121.08
G	52.27	15.92	12	5	5	4	3	3	5	5	4	5	4	123.19
H	52.27	12.08	12	5	5	4	3	3	5	5	4	5	3.2	118.55
……														

从表中可以明显看出，决定各法官助理绩效的变动要素主要是三个：辅助工作成效、辅助办结案件数与辅助工作量。第一个指标按照法官绩效考核的50%计算，因此属于同一团队的法官助理存在得分相同的情况；第二个指标通过系数折算则得到第三个指标，其基本依据是法官的办案数量与办案效率，在此过程中法官助理事实上是被动的，而其他考核指标，事实上基本失去了拉开差距的意义。其次，是某些绩效考核指标的科学性问题。由于绩效考核表现出明显的考核数量的特征，对工作量的计算变得尤为重要。有法官助理谈到，"某些指标，特别是折算系数的科学与合理问题应该重视。本院刑事口的法官工作量，按照1∶1.2的比例折算，但与之捆绑的法官助理工作量折算比例却仍然是1∶1，这既不公平也不科学。"[1]

---

〔1〕 参见访谈记录 F20180208-FZ02。

第四节　法官助理制度的完善进路

一、更新法律制度，厘清职责权限

自司法体制改革以来，与之配套的法律制度的修订与更新也提上日程，如《中华人民共和国法官法（修订草案）》《中华人民共和国人民法院组织法（修订草案）》已经公开征求意见。但《中华人民共和国法官法（修订草案）》并未涉及法官助理的规定，而《中华人民共和国人民法院组织法（修订草案）》中对法官助理及书记员的一笔带过[1]，仍旧不足以厘清法官、法官助理、书记员三者之间的职责权限。我们认为应当加快法律制度的更新速度，提高对法官助理角色的重视程度。首先，应当修订诉讼法，对法官助理的庭审地位、回避、职责、权限（调解、合议等）明文规定。其次，在修订的《中华人民共和国人民法院组织法》《中华人民共和国法官法》中，应尽可能细化法官助理的职责权限，尤其应当避免与书记员使用同样的"审判辅助事务"字样，并出台相应的司法解释，明确在合议庭和审判团队中，厘定法官、法官助理和书记员的职能、权限、责任范围，避免司法实践中三者职能混同、权责不清之弊病。同时，也可在一定程度上削弱法官的实践权威，促进法官与法官助理之间关系的良性发展，保证二者之间的权责一致和平衡，进而确实保障法官助理制度运行及审判质量效率提高。

---

[1]　例如，《中华人民共和国人民法院组织法（修订草案）》第52条规定："人民法院的法官助理，在法官指导下办理审查诉讼材料、草拟法律文书等审判辅助事务。符合法官任职条件的法官助理，经遴选后可以按照法官任免程序任命为法官。"第53条规定："人民法院的书记员，办理法庭审理记录等审判辅助事务。"访问地址：http://www.dffyw.com/fazhixinwen/lifa/201709/43189.html，访问日期：2018年3月20日。

二、升级审辅结构，优化人员配置

一方面，实施法官助理的来源多元化策略。由于实践中显现出的政法干警专项编制有限及案件数量分布不均的特点，我们认为法官助理的来源应当多元化。如以编制内、正式的法官助理为常态并保持一定的衡量不变，以聘用制、实习（临时）的法官助理为补充[1]，从而解决法官助理人员不足、案件不均的困难。

另一方面，深度优化法官助理的配置比例。法官与法官助理、书记员之间的配置比例，应当根据办案的难度、数量进行确定，三者间理想的审辅比例是 1∶1∶1，但目前很多法院达不到，也有些法院并不需要。我们认为在达不到理想比例的法院，应当在现有的人员基础上进行统筹配置。例如，样本法院某民事审判庭现有的法官与审辅人员间结构比例为 1∶1[2]，一共 4 名法官，4 名审判辅助人员（2 名法官助理、2 名书记员），那么完全可以将传统"一审一书"模式改变为"二审一助一书"的新结构，即法官、法官助理、书记员三者间的比例变为 2∶1∶1。在人数不变的情况下，内部结构的优化促使三者之间实现专业分工和权责一致。而且，在这种审判团队模式内，审辅人员统一管理，统一运行，也有利于破除传统一对一的主体依附。

三、完善法官助理制度的具体措施

（一）有针对性地对法官助理进行科学管理和考评

一方面，应当由省高级人民法院或者市中级人民法院针对其

---

[1] 例如，聘用制、实习（临时）的法官助理应当从高校的法学本科、研究生中择优选用，且应设计相应的正向激励机制，如一定的薪酬待遇，就业时的优先录用等优惠政策。

[2] 此种模式下，一个法官对应一个审判辅助人员，也就没有了法官助理与书记员之分，法官助理与书记员完全混同。

管辖区域的法院，制定符合法官助理工作特点的绩效考核体系、考核的基本框架和考核标准。基层法院根据其实际情况在已有的框架内对考核指标进行细化和明确，将法官考评与工作数据量化相结合，严格执行考核相关标准。另一方面，对法官助理的考评应当细化，以月或季度为单位通报考核情况，明确考核不严不公的责任主体。一旦考核不严不公，既会导致考核体系的架空，也会影响法官助理的工作积极性，进而将会损害法官助理制度运行的价值。

（二）科学设计法官助理职业晋升路径

笔者认为，法官助理的职业晋升路径设计不宜一刀切，即在一定的工作年限（五年）后可以参加法官遴选而成为员额法官。进一步，应当综合考虑不同人员的背景进行设计，如因无缺额法官或者参加遴选的法官助理较多，而无法在五年后顺利入额的情况下，应当赋予法官助理选择其他职业、职务路径的权利，从而形成其工作的正向内部激励动能，在打消法官助理顾虑的同时，也能预防其工作消极懈怠，保证法院人才结构的稳定性。

（三）考虑赋予法官助理行使除裁判权以外的审判权的合理性

以样本法院法官助理制度运行为例，法官助理很大程度上是在法官授权下代为行使除核心裁判权以外的审判权。故赋予法官助理行使除裁判权以外的审判权具有一定的合理性。当然此种情形下的法官助理应有别于初任法官助理，即其应当同时符合以下要求：政法干警专项编制、通过国家统一法律职业资格考试、具有法律专业大学本科以上学历、三年以上审判工作经验。此时的法官助理对法官的协助工作大致可以分为两种模式：一是在法官独任审理案件时，可以帮助法官收集整理资料，提出解决理论问题、案件定性的意见供法官参考，独立主持调解、开展鉴定、证据交换等诉讼程序问题。二是在案件应当合议审理时，与法官组成合议庭全程参与案件的审理，并协助法官草拟法律文书及处理其他审判业务。此种模式下，既能为实践中法官助理行使审判权的事实提供制度依据，也能有效地为今后遴选员额法官储备高质量的后备军。

除此以外，在法律大数据新时代背景下[1]，可以尝试通过进一步拓展司法人工智能适用范围、深化审判工作信息化建设以减少法官助理的劳动量来提高效率。而且，"应当利用信息化手段，在对法官工作进行流程管理以及其他审判管理的同时，形成考核需要的数据，推动考核的常规化，减少法官的额外负担，保障法官专心办案。"[2]另外，与高校法学教育接轨，有针对性地培养符合法官助理职业要求的法律人才也刻不容缓。

综上，司法改革对法院人员进行分类管理的要求，既有对审判工作的分工和人员分层导致的价值多元需求，又要求设计更为完善和科学的制度基础。而目前的法官助理制度尚不足为法官、法官助理和书记员等不同个体之间提供足够专业分工和高效协作的可行性和可能性。这就导致了我国法官助理制度在实践运行中呈现出一定程度上的无力和疲软，这将影响司法体制综合配套改革的有效推进。因此，首先必须更大力度地深化司法体制综合配套改革，以推进司法改革不断取得新成效，尤其是加强科学的法院人员分类管理，必须对现有的法官助理制度进行适当调整和完善。法官助理制度创新是否能成功实现其本土化及其对于司法体制改革意义，最终还需要在相对较长的实践中接受检验并不断调整完善。因为任何特定创新的规章制度，终究不可能完全独立于其背后的路径依赖和实践秩序。而对于整个中国的司法体制改革而言，这种法院人员分类管理结构的路径转变和法官助理制度的细节完善，才可能实现审判抑或司法真正意义上的专业化分工。

---

〔1〕　参见杨继文："证据法学研究进入电子证据新时代"，载《检察日报》2018年2月6日，第3版。

〔2〕　参见龙宗智："法官业绩考核怎样才能'相对合理'"，载《人民法院报》2017年7月9日，第2版。

第十一章
检察官视角：检察官的职业主义建构

　　现在的改革已经进入到了所谓如此深入的阶段，起决定性作用的关键环节在于把改革进行到底的坚强决心和落实各项改革措施的切实努力。[1]党的十八届三中全会以来，在深化和继续推进司法改革的现实背景下，本轮司法改革中最为突出的特点即是所谓的"顶层设计"司法改革方法，主要涉及的是司法改革过程中的"人-财-物"问题，具体包括司法人员的分类管理改革、司法权规范运行、省级以下人财物统管以及司法责任制的落实等内容。而随着改革的深入和推进，司法改革涉及的一些基本问题逐步凸显出来。宏观意义上的"顶层设计法"与微观意义上的"地方探索法"缺乏制度性的紧密结合，司法改革中的四大重点难点问题与其他配套制度措施也存在难以同步跟进和整体完善的问题。而当前推行的这两种方法整合的"二元协调法"，也存在资源调动不足、全面监督缺失、客观评估失衡和经验提炼欠缺等问题。[2]这最终影响和制约了当前司法改革的价值和实效。

　　党的十九大的胜利召开，明确了需要切实加强司法体制综合配套改革。而具体从司法改革中"人"的视角来看，检察官的被改革体验及其职业能力发展需要被重点强调。例如，当前司法改

---

　　[1]　吴敬琏：《改革：我们正在过大关》，生活·读书·新知三联书店2004年版，第32页。

　　[2]　参见汤火箭、杨继文："司法改革方法：比较、问题与应对"，载《四川大学学报（哲学社会科学版）》2016年第1期；杨继文："论刑事司法改革方法论体系"，载《东方法学》2016年第5期。

革中的检察机关工作人员分类管理改革，需要明确的是各自人员的特点和区分人员类别，应当分别适用不同的职务序列和细化职业管理办法。[1]这是因为，世界上没有一套放之四海皆准的刑事司法及其程序，而以检察官为代表的司法职业人员则遵循共同的司法思维规律和追求普遍的法律价值意义，国别区域文化与社会氛围往往也是一个国家司法环境及其职业人员的背景基础。[2]"司法的精密化、合理化以及民主化趋势，使得检察制度改革和检察官被改革的职业发展成为司法改革的一项普遍性课题。"[3]而在现实生活中，检察官和法官一样，都存在司法改革过程中的办案心理压力和职业发展困境。[4]检察院和法院等司法机关并没有形成有效的预防和干预检察官、法官心理压力的机制和制度，加之社会转型期各种矛盾突出，他们的心理压力大有加剧的趋势。[5]例如，我国检察官和法官群体的职业倦怠状况比较严重，社会支持和职业规划等因素对他们职业倦怠有负向预测作用。[6]总体来

---

〔1〕　参见龙宗智：《检察制度教程》，中国检察出版社 2006 年版，第 272 页。

〔2〕　参见王士帆："全新刑事诉讼法典——瑞士刑诉改革与整合"，载《政大法学评论》2010 年第 118 期。

〔3〕　龙宗智等：《知识与路径：检察学理论体系及其探索》，中国检察出版社 2011 年版，第 51 页。

〔4〕　Cristina Dallara, *Democracy and Judicial Reforms in South-East Europe Between the EU and the Legacies of the Past*, Springer International Publishing, 2014, p. 110.

〔5〕　高伟、李小鹏："关于法官心理状况的调研及思考"，载《中国审判》2011 年第 12 期。

〔6〕　龚雪峰："当今检察官的心理健康状况"，载《中国检察官》2011 年第 15 期；陈欢："检察官压力源实证调查研究"，载《阿坝师范高等专科学校学报》2012 年第 2 期；王红英："检察官职业保障机制研究——以检察官职业心理压力与疏导机制的构建为视角"，载《湖北师范学院学报（哲学社会科学版）》2016 年第 5 期；马慧："社会支持对法官职业倦怠的影响：应对方式的中介效应"，载《中国健康心理学杂志》2015 年第 3 期；龚小玲、张庆林："中基层法官心理健康状况调查结果分析"，载《中国健康心理学杂志》2008 年第 1 期。

看，上述所谓的这些问题可以归结为司法改革的"疲劳症"[1]，迫切地需要从"人的问题"和被改革者的视角进行分析和探求。因此，本文将以当前深化司法改革综合配套改革过程中的检察官为研究样本，探究检察官的司法思维规律更新和职业能力发展的主要问题，以期准确诊断这种司法改革中的"疲劳症"，对症下药、求教方家。

第一节　司法改革对检察官职业能力的要求

一、司法改革的人论及其现实困境

党的十八届三中全会召开之后，新一轮司法改革被称之为"全面推进依法治国"的重要和关键环节，负有在司法改革"深水区"的发展和进程中重要的使命与担当。然而，我们也要认识到司法至上的自身有限性、既有政治制度框架的限制、现行法律规范的局限、本土国情的制约、路径依赖的"体系化锁定"等因素的影响，并在其可能的改革空间与限度内，积极探索中国司法改革的自主性道路，从而推进"法治中国"建设。[2]例如，有学者从检察管理改革的具体实践出发，探讨检察管理体制改革的核心内容可以概括为三个方面：对"人""事""物"的管理。其中，最为关键的是对"人"的管理。[3]而司法改革的人论需要重点考

〔1〕　现在我们面临的许多困难不是因为改革造成的，恰恰是因为改革不深入、不系统、不配套造成的。继续改革，将克服困难，走向辉煌，而不改革，就会在困难面前走向衰落。参见汪洋："克服'改革疲劳症'"，载《西部大开发》2012年第9期。
〔2〕　马长山："新一轮司法改革的可能与限度"，载《政法论坛》2015年第5期。
〔3〕　张斌、丛林："对我国检察管理体制改革的思考——以C市检察机关改革实践为样本"，载《甘肃政法学院学报》2017年第3期。

察和分析以检察官为代表的司法职业人员，在其抽象意义上考虑各种关系的职业能力和发展。[1]要把握这种抽象的职业意义，作为人的检察官不能再依赖具体的感觉材料，即视觉的、听觉的、触觉的及动觉的材料，而是要考虑司法改革中的具体关系本身。[2]只有一种专门化的生存部分直接源于检察官们的职业领域，这就是与法律职业有关的部分。而且，"随着职业的功能逐步专业化，检察官每一个人的活动领域也会更加局限于相应职能的界限。"[3]而在我国当前的司法改革转型期，实践中体现出来的检察官职业失序困境主要源自于传统司法秩序中五对基本关系的失衡，即人员数量与办案数量、办案人员所承担的权责与待遇、入额人员与司法辅助人员、权力下放与权力控制以及司法事务与行政事务之间的关系。[4]

二、司法改革与检察官职业水平

在党的十八届四中全会中，重点内容即是建设公正司法和提高司法公信力。而在十九大以后司法改革的推进过程中，需要重点强调的是精细化的"人"的问题。也就是说，在检察院的深化司法改革过程中，需要明确的是各级各类检察官的权力清单，切实落实办案的司法责任制，强调的是坚持"让审理者裁判，由裁判者负责"，最终目的是提高检察官的办案质量和职业能力。因此，在这种新的司法改革背景和要求下，尤其是司法责任制

---

〔1〕　Yuwen Li, *The Judicial System and Reform in POST-MAO China-Stumbling Towards Justice*, Ashgate Publishing Limited, 2014, p. 224.

〔2〕　参见［德］恩斯特·卡西尔：《人论：人类文化哲学导引》，甘阳译，上海译文出版社1985年版，第49页。

〔3〕　参见［法］爱弥尔·涂尔干：《职业伦理与公民道德》，渠东、付德根译，上海人民出版社2006年版，第22—23页。

〔4〕　参见吴洪淇："司法改革转型期的失序困境及其克服——以司法员额制和司法责任制为考察对象"，载《四川大学学报（哲学社会科学版）》2017年第3期。

的"牛鼻子"牵制作用和要求，使得检察官在司法体制综合配套改革中的作用日益凸显，尤其是对员额制检察官提出了新的职业能力要求，那就是让检察官的分类更加精细化和专业化，员额制检察官更多地在法律实务一线办案，检察官助理更多地从事法律方面的助理工作，而司法辅助人员则起到重要的支持和保障作用。

检察官职业保障水平的提升不仅关系到检察官群体的职业素养与荣誉，更事关司法公正目标的实现。[1]在司法实践中，尤其是在刑事诉讼过程中，犯罪嫌疑人的人身自由受到限制的情况下，如果再没有辩护律师维护其合法权益，面对晦涩的法律条文和繁杂的司法解释，就会造成犯罪嫌疑人与执法办案部门严重的"信息不对称"，在强大的国家机器和公权力面前，个人权利将很难得到保障，甚至有肆意被践踏的危险。[2]因此，检察机关中的检察官应当提高的是自己的法律知识水平和职业能力，着力于"从司法改革的被动者"向"司法改革的主动者"转变，这其实也意味着通过检察官们的职业能力建设，将执法办案过程置于案件当事人和社会各界的监督之下，一旦出现执法瑕疵甚至执法不规范行为，按照"对办案质量终身负责"的要求，要承担相应的司法责任。这样就会倒逼检察官规范执法、提高职业水平，更加注重办案的每一个环节和每一个细节，进而有利于提升检察官的办案质量和职业能力建设。

---

〔1〕 王守安："论检察官职业保障制度的建构"，载《河南社会科学》2015 年第 6 期。

〔2〕 Cristina Dallara, *Democracy and Judicial Reforms in South-East Europe Between the EU and the Legacies of the Past*, Springer International Publishing, 2014, p. 110.

第二节 司法改革中检察官 "疲劳症" 的实证分析

一、调查问卷设计

在当前司法改革的现实要求和背景下，检察官的职业能力被日益强调。而与之相伴随的是，他们的职业 "疲劳症" 特征也较为明显地表现出来。例如，有学者基于心理学上的《症状自评量表 SCL90》，实证调研分析得知，检察官在强迫、抑郁、焦虑、人际敏感、敌对、躯体化方面阳性检出率较高，主要表现为：做事需要反复检查；感到苦闷、忧虑；感到要赶快把事情做完；感到大多数人都不可信任和躯体不适；等等。[1]

本研究以 A 人民检察院为对象，掌握的样本检察院中检察官的职业概况为：政法专项编制 79 个，目前在编人数 71 人，空缺 8 个编制。而在 71 人的政法专项编制有 44 个检察员，约占到总人数的 62%，其中大学本科以上的占到了 93.2%，而在 10 个书记员当中，全部都具有大学本科以上学历。目前，该院有 4 位助理检察员，其中男性 3 人，女性 1 人，3 名具有本科学历，1 名具有研究生学历。在深化司法改革体制之后，目前该院共选拔产生 27 位员额制检察官。

对 A 人民检察院检察官的实证调查和问卷分析，主要采用的职业倦怠的标准心理学问卷题目，是结合当前深化司法改革的背景和主要内容来设计和提问的。[2]具体来说，本研究的实证调查问卷主要是从认知、情感和行为等具体维度来进行分析和测量，

---

〔1〕 龚雪峰："当今检察官的心理健康状况"，载《中国检察官》2011 年第 15 期。

〔2〕 Frank E. Hagan, *Research Methods in Criminal Justice and Criminology*, Macmillan Publishing Company, 1993, p. 5.

结合的是当前司法改革背景下具体的改革要求和改革任务，来对于检察官的职业能力进行考评和分析，最终的目的在于对检察官的心理效能感、自我适应性和法律职业应对范式等问题进行调查和明确。此外，本研究的问卷设计也注意到了一般心理学上采用李克特范式设计，对于采用频度的设计，是为了问卷的方便和准确掌握检察官的职业心理问题。而对于法律职业的具体倦怠问题，则采用的是从情感、去个人化和成就三个方面来进行设计，同时最后增加一个心理适应方面的开放性题目，使得相关问题的揭示更加全面和立体。[1]

二、司法改革"疲劳症"的具体问题

（一）员额制检察官的行政化问题

在深化司法改革的过程中，本研究在样本检察院对员额制检察官进行了深入的调研分析（如表 11.1），尤其是对该院 27 名员额制检察官进行了深度访谈和问卷。在这 27 名员额制检察官中，男性 18 人，女性 9 人；研究生 8 人，本科生 19 人；院领导 5 人，具体部门分布见表 11.1。在样本中，员额制检察官主要集中在部门中的中层干部和院领导，占到了 67% 左右，与改革前的检察院中层部门设置的科层制或行政化级别大体一致。

表 11.1　样本检察院员额制检察官概况

序　号	部　门	人　数
1	民行科	1

---

[1]　在被调查者填写问卷时，常常不会很认真地注意问卷填写的要求，这导致调查结果显示很多人都有固定不变的应对风格。而关于这些调查问卷的实践方法操作难题，笔者尝试采用的情景式的压力问卷来弥补，具体技术改进的指导和完善，请参见石林主编：《职业压力与应对》，社会科学文献出版社 2005 年版，第 15 页。

续表

序　号	部　门	人　数
2	研究室	1
3	侦监科	2
4	案管办	3
5	未检科	2
6	反贪局	3
7	刑事执行检察局	1
8	预防科	1
9	公诉科	6
10	反渎局	1
11	控申科	1
12	院领导	5
（N＝）	12	27

　　而在检察院内部，当前司法改革的影响较为复杂。与改革的期许和愿景不同的是，在一些主要的检察机构业务部门，实行员额制之后的检察官之办案效率反而下降了，使得"案多人少"的矛盾没有解决反而愈演愈烈。在某些情况下，这确实说明存在司法改革的组织不当问题。如果组织结构未能把握基本原理，那就会出现"组织病"。尤其是，如果在规模和复杂度上出现了根本性变化，或是在目标和战略上出现根本性变化，却未能进行重新思考、重新安排组织结构，就会出现这样的结果。有必要强调的是，组织变革并不是应该经常进行，也不应该轻率进行。重组或者改革是一种外科手术，而哪怕是最轻微的手术也存在风险。[1]

---

　　[1] 参见［美］彼得·德鲁克：《人与绩效：德鲁克管理精华》，闫佳译，机械工业出版社2015年版，第209—210页。

一般情况下，检察官被认为是在检察长的授权下行使检察权，承办检察官要服从检察长对案件的处理意见，承办检察官并没有办案的独立性。[1]没有入额的检察官们在司法实践中仍然在一线办案，在办案过程中通过员额制检察官来完善相关程序规定和法律要求。这也就是说，作为员额制的检察官，不但要处理亲自办理的相关法律事务，而且也要负责只有他有权处理的其他事项，而这些职权检察官助理或者其他辅助人员是没有权限的。这也就导致了，员额制的检察官不但没有充分发挥其法律业务方面的优势，而且反倒受制于其他非专业性的事务工作，工作强度不减反增，"去行政化"反而又被"行政化"。[2]

（二）司法改革中检察官的职业倦怠特征较为明显

即使是那些不讨厌职业失败和职业倦怠的人，也必须由于经济上的必要原因而不得不乐于此道。但是，他们在面对工作任务时会让人紧张不安，而其他从业人员的情绪上的对抗性反应也会使人压力重重。[3]从调查问卷样本所体现出来的数据来看（如表11.2），司法改革过程中检察官们在"下班的时候我感觉精疲力竭"的，"频繁（每星期一次）"的占到了总数的33.3%；"经常（一个月几次）"的占到了41.7%。而在选项"整天工作对我来说确实压力很大"中，8.3%的检察官认为"极少（一年几次或更少）"，33.3%的检察官认为"偶尔（一个月一次或者更少）"，25%的检察官认为"经常（一个月几次）"，33.4%的检察官认为"频繁（每星期一次）"，其中"经常"或者"频繁"的访谈人数占到了一半

---

〔1〕 左卫民、谢小剑："检察院内部权力结构转型：问题与方向"，载《现代法学》2016年第6期。

〔2〕 参见李拥军："司法改革中的体制性冲突及其解决路径"，载《法商研究》2017年第2期。

〔3〕 参见［英］帕迪·奥布赖恩：《积极管理：果断自信的管理艺术》，温旻译，机械工业出版社2006年版，第90页。

以上。检察官的工作压力和职业特性决定了他们较为容易产生不同程度的职业倦怠[1]初期特征。当被问到"我是否怀疑自己所做司法改革工作的意义"（如表11.3）问题时，25%的检察官表示"从不"，25%的检察官认为"极少（一年几次或更少）"，16.7%的检察官认为"偶尔（一个月一次或者更少）"，16.7%的检察官认为"经常（一个月几次）"，16.6%的检察官认为"频繁（每星期一次）"。而最终被问到"我对司法改革后职业环境是否有很好的适应力"（如表11.4）问题时，0%的检察官表示"从不"，8.3%的检察官认为"极少（一年几次或更少）"，41.7%的检察官认为"偶尔（一个月一次或者更少）"，25%的检察官认为"经常（一个月几次）"，25%的检察官认为"频繁（每星期一次）"。究其原因，一方面是由于当前深化司法改革对于检察官的职业能力提出了新要求，司法责任制和员额制改革等制度使得检察官的职业压力倍增。另一方面，也由于检察院确实存在"案多人少"的现实困境，"每天忙不过来是常态""周末休息日加班也是常态"。

表 11.2　司法改革过程中检察官职业倦怠频率表

问题与频度	从不	极少（一年几次或更少）	偶尔（一个月一次或者更少）	经常（一个月几次）	频繁（每星期一次）
下班的时候我感觉精疲力竭	0%	0%	25%	41.7%	33.3%
早晨起床不得不去面对一天的工作时，我感觉非常累	0%	16.7%	8.3%	41.7%	33.3%

[1]　一般认为，职业倦怠是个体长期应对不良工作压力的最后崩溃阶段，其原因是工作要求和个体应对资源的长期不平衡或延长的工作压力效应。典型的表现如，个体疲惫不堪、情绪低落、成就感降低等。具体请参见孟慧、李永鑫：《无价之"薪"：工作中的心理管理》，北京大学出版社2007年版，第178页。

续表

问题与频度	从不	极少 （一年几次 或更少）	偶尔 （一个月一次 或者更少）	经常 （一个月 几次）	频繁 （每星期 一次）
整天工作对我来说 确实压力很大	0%	8.3%	33.3%	25%	33.4%
工作让我有快要崩 溃的感觉	0%	25%	33.3%	25%	16.7%

表 11.3　检察官对司法改革意义的态度频率

问题与频度	从不	极少 （一年几次 或更少）	偶尔（一个 月一次或 者更少）	经常 （一个月 几次）	频繁 （每星期 一次）
我是否怀疑自 己所做司法改 革工作的意义	25%	25%	16.7%	16.7%	16.6%

表 11.4　检察官对司法改革后的职业态度频率

问题与频度	从不	极少 （一年几次 或更少）	偶尔（一个 月一次或 者更少）	经常 （一个月 几次）	频繁 （每星期 一次）
我对司法改革后 职业环境是否有 很好的适应力	0%	8.3%	41.7%	25%	25%

（三）司法改革对检察官职业发展激励机制不足

在主任检察官办案责任制的司法改革过程中，需要从拓宽主任检察官职业发展通道等方面进一步推进。[1]而在本研究的调研

---

[1] 参见高保京："北京市检一分院主任检察官办案责任制及其运行"，载《国家检察官学院学报》2014 年第 2 期；江国华、梅扬："检察人员分类管理制度改革析论"，载《河北法学》2017 年第 5 期。

访谈过程中，一位具有 6 年检察工作经验的员额制检察官认为，当前深化司法改革对自己的检察工作影响并不大，现在与改革前的办案机制和工作运行都差不多。只不过现在的员额要求承担的责任更大一些，但是年终考核并没有完全体现出来，拿到手里的奖金较少。从职业关系和行为心理学的角度来进行分析，这种绩效考核的评价方法难以保证司法改革过程中检察官们职业待遇的公平和客观，而片面性的绩效记录和上司的观察分析，使得这种评价体系难以面对职业发展的长期步伐。也就是说，相较于几个月或者一年一次的绩效考评而言，把关注的焦点集中于检察官的行为上时，可以获得更好的效果，但是我们却往往容易忽略这一问题。[1]另一位从事检察工作 10 余年的员额制检察官认为，当前的深化司法改革要求检察官承担相应的责任，但是并没有在福利待遇上有明显的提高，司法改革的配套机制非常欠缺。而在司法改革过程中对检察官职业的满意度方面，有 37% 的检察官感到不满意，有 52% 的检察官认为得不到尊重、工作没有成就感，并认为繁忙的工作、频繁的加班、缺乏时间照顾家庭是造成家庭矛盾的重要原因。[2]这正如张文显教授所言，建立和完善司法责任制需要完善的司法职业保障制度，因而需要极大地推动司法职业保障制度改革，司法职业保障制度是司法职业制度的重要组成部分。[3]通过访谈可知，目前检察官的职业发展规划并不是很明确，相应的职业发展激励机制严重滞后，"权-责-利"并没有相配套，司法改革中的配套制度和措施难以推进，这将会导致深化和推进司法改革的主体不确定性大大增加，最终会影响司法改革的效果和价值。

---

〔1〕 参见 ［日］ 石田淳编著：《管理中的行为心理学》，包兰志译，机械工业出版社 2009 年版，第 21—22 页。

〔2〕 王红英："检察官职业保障机制研究——以检察官职业心理压力与疏导机制的构建为视角"，载《湖北师范学院学报（哲学社会科学版）》2016 年第 5 期。

〔3〕 张文显："论司法责任制"，载《中州学刊》2017 年第 1 期。

（四）司法改革中检察官职业能力的其他问题

除了上述调研所反映的主要问题之外，司法改革中检察官履职能力的其他问题还表现在关于司法改革涉及的检察官职业能力建设配套制度不完善、员额制检察官与其他检察官的交流机制不健全、检察官的未来职业发展规划和定位不明确、检察官的职业晋升制度不科学等问题。

三、司法改革"疲劳症"的理论分析

（一）司法思维规律与司法伦理指引缺失

在当前深化和落实司法责任制的背景下，检察官的司法伦理及其责任感需要被重点强调。如果违背法律家的道德伦理与信仰和司法思维规律，迫于压力执行上司命令，那么检察官检察权限行使的独立性就被全盘否定了。[1]一般认为，检察官职业伦理并不是由单个因素构成的，其首先体现为作为职业伦理主体的检察官与其职业相关主体之间的一种客观交往关系，在这种交往关系中需要检察官职业伦理规范，且受控于检察官伦理规范。[2]由于职业伦理的内心塑造，检察官的非凡义务不是像辩护律师那样，偏居一方当事人、只求打赢官司，而是应当在遵循司法思维规律的前提下，被赋予司法责任制的规制和善良美德的追求。[3]也就是说，前述司法改革中检察官职业"疲劳症"的克服，以及他们职业能力的发展，需要司法伦理意义上的自我认知和客体化的努力。也就是说，在检察官们开始美化自己的时候，需要显示谦卑

---

〔1〕［日］森际康友编：《司法伦理》，于晓琪、沈军译，商务印书馆2010年版，第172页。

〔2〕参见宋远升："论检察官职业伦理的构成及建构"，载《法学评论》2014年第3期。

〔3〕参见王守安、董坤："美国检察官职业伦理规范建设与启示"，载《人民检察》2016年第15期。

或者贬低的时候，在没有抵达终极、没有抵达真诚和直率的最深处的时候，每一次都会有客体化的出现。在这些道路上，需要他们塑造自己的形象，拔高的或贬低的形象，向外客观化的形象、喜欢自己模仿出来的形象，制造关于自己的神话。[1]

（二）专业主义与行政主义难以调和

从上述司法改革中检察官职业发展中的"疲劳症"问题来看，其中一个重要的关键问题在于他们的职业发展规划似乎并不明确。作为专业主义的检察官法律职业发展，在中国式特有的司法体制改革和行政组织面前，不可避免地与行政主义意义上的科层制相互关联，形成了检察机关内部人员之间的"行政级别"，因而检察官的专业主义与行政主义难以调和，只能走行政式的科层制道路。专业化、权力等级、规章制度和非人格化这四个因素是科层制组织的基本特征。[2]而究其本质，检察机关同样是按照行政主义上的科层制度组织起来的。[3]在司法改革过程中，作为个体的检察官在某些专业资源上的不公平知觉会导致个体感觉到自己付出了很多，但是却并没有得到相应的回报，最后会出现挫折感，觉得工作特别累，即出现情绪衰竭的现象。而个体在行政过程上的不公平知觉，则会导致个体对科层过程的怨言，久而久之就出现个体不再关心专业主义过程的现象，即出现职业倦怠性质的"疲劳症"现象。[4]

---

〔1〕 参见［俄］尼古拉·别尔嘉耶夫：《自我认知》，汪剑钊译，上海人民出版社 2007 年版，第 239 页。

〔2〕 参见［美］彼得·布劳、马歇尔·梅耶：《现代社会中的科层制》，马戎、时宪民、邱泽奇译，学林出版社 2001 年版，第 7 页。

〔3〕 Daniel P. Mears, *American Criminal Justice Policy: An Evaluation Approach to Increasing Accountability and Effectiveness*, Cambridge University Press, 2010, p. 128.

〔4〕 李超平、时勘："分配公平与程序公平对工作倦怠的影响"，载《心理学报》2003 年第 5 期。

（三）整体主义与同步主义难以跟进

一方面，作为职业共同体意义上的整体主义性质的检察官，由于司法体制改革的深入和推进，需要迫切提高和增强自己的法律业务素质与职业发展。专家预测，组织和工作关系将在未来发生重大变化。其中一位专家曾写道，与过去相比较，现在采取的行动和影响他人的渠道正发生着从垂直向水平的转变——从指令链条到同类网络。直上直下的权力变得越来越不重要，取而代之的将是整体主义上的团队工作。这一点尤其体现在获取信息、控制契约以及获取外部关系途径等方面。[1]另一方面，在检察机关内部来看，同步主义意义上的各位检察官在职业发展和规划过程中难以预测自己的未来定位，导致司法改革的成果难以落实到个人身上，职业发展和上升渠道的不确定性显著增加。一般认为，并非所有的资源都能直接用于实现目标的活动，有些资源——有时甚至占相当高的比例——要用于维持组织自身。组织性的整体主义被看作实现目标的工具，但这个工具本身却吸收大量的能量，在一些极端的情况下，组织整体自身甚至变成目的。因此，在检察机关，整体主义性质上的组织必须寻找有效的方式，协调和整合检察官个体意义上的工作流程要素和人际与社会要素，进行达到同步主义的发展，如表 11.5 样本检察院公诉科的组织设置优化。前者包括技术、设备、技能、技巧、与任务相关的信息与沟通等，后者包括动机与激励、利益与兴趣、权威与地位和平等与分配等问题。[2]

---

〔1〕 参见 ［美］O. 吉弗·哈里斯、斯塔德拉·J. 哈特曼：《组织行为学》，李丽、闫长坡、刘新颖译，经济管理出版社 2011 年版，第 6 页。

〔2〕 参见 ［美］W·理查德·斯科特、杰拉尔德·F. 戴维斯：《组织理论：理性、自然与开放系统的视角》，高俊山译，中国人民大学出版社 2011 年版，第 12 页。

表 11.5　A 检察院公诉科的组织设置优化

序号	员额制检察官 (姓名标号)	检察辅助人员		
		在编辅助人员		协检人员
		检察官助理	书记员	
1	W	1		
2	L_1			1
3	L_2			1
4	Q			
5	L_3			2
6	N			
(N=)	6	1		4

　　因此，在党的十九大以后深化司法体制综合配套改革过程中，对检察官的被改革体验进行调研和实证分析无疑具有很重要的意义。司法改革"疲劳症"在一定程度上已经影响了检察官的职业发展和正常思维规律。检察官被改革的"疲劳症"痊愈以及职业能力发展，需要在前述准确问诊"疲劳症"的症状和原因分析之后，从理论上和制度上完善针对检察官的司法改革配套机制，对司法改革中涉及的检察官职业能力和发展的司法思维规律和具体制度进行"精装修"。因此，司法改革疲劳症的问诊和治愈，需要以遵循新时代司法行为规律为中心，健全和落实检察院内部的职业途径交流机制、提高和落实各类检察官的福利待遇以及完善和整合检察官的职业培训晋升制度。

第三节　司法改革推进与检察官职业行为选择

　　在我国司法改革进行"精装修"的大背景下，检察官应当从根本意义上遵循司法特殊规律并进行行为选择分析，进而提高自身的法律职业能力和落实自身职业规划，完善应用操作意义上的法律职业行为选择模式，并保障当事人的权益和实现公平正义。

一、司法改革推进与检察官职业压力危机

在当前司法改革过程中，判断员额制改革的成败关键在于看能否稳定第一线的检察官队伍，以留住专业性骨干人才。例如，上海的试点单位的做法是通过薪酬加办案补贴的方式提高第一办案检察官的待遇，但实际的效果可能会抵消，至少是削弱了加薪的预期效果。[1]再如，作为广义上检察官的检察官助理，也需要及时定位。他们与书记员有何区别？正式转入员额检察官需要七八年时间，还是更长时间？能够留得住这些年轻前景不明的司法工作人员吗？这不可不避免地将会产生优秀检察官流失的现象，形成司法改革中的检察官职业压力危机。

本次问卷访谈过程突出地体现了当前司法改革对检察官职业和未来发展的显著压力和深刻影响。当问到"你认为当前司法改革对你从事的职业会带来哪些变化，你将如何处理？"这一开放性问题时，受访谈的检察官的行为选择和主要观点存在一定的差别。其中代表性的观点和行为选择主要有以下几个方面：其一，只有一位检察官认为，除收入增加外，没有感受到其他变化。其二，大部分受访谈的检察官认为，当前司法改革对于自己的工作行为和职业发展带来了显著的影响。如工作量更多，需要努力适应环境；工作模式、薪资待遇有所变化，但对所从事的工作的热情没有增加；工作量减少了，但工作方式几乎无变化，需要多学习理论知识充实自己；改革后贫富差距大了，干活的人少了，干活的积极性低了；工作压力更大，责任更大。其三，检察官们在面对

---

〔1〕 参见季卫东等：《中国的司法改革：制度变迁的路径依赖与顶层设计》，法律出版社2016年版，第3页。

改革时，对未来的行为选择和职业发展有着清晰的认识。如，有的检察官认为，员额制检察官权限大的同时责任也大，对办案能力的水平也提出了更高的要求，需要不断学习、踏实细致、严把案件质量关"；"我将努力适应考核新要求，提升自身综合能力"。而且，有学者经过调研统计分析，认为检察官等司法人员最主要的压力来自绩效考核（67.8%）和生活压力（48.1%）。而当事人及其家属的压力（41.2%）和上访的压力（40%）大致相当。[1]在我们的经验里，大部分检察官都是尽职尽责的公务人员。然而，这一约束是建立在个人操守之上的。由于个人责任只是确保检察官品行的起码要求，它并不能产生司法改革中人们对法治政府应该享有的那种程度的公众信任。包括在美国和世界的其他地方，确保检察官责任制的制度性策略都不尽如人意。[2]

二、司法改革新时代：检察官应当积极拥抱大数据人工智能

目前中国已经处于大数据时代，大数据、云计算、人工智能对法学以及司法实务领域的影响越来越大。[3]以数字化、网络化和智能化为特征的法律信息化全新阶段，需要司法改革主动探讨大数据、人工智能与司法体制改革的创新研究，需要检察官们在这种司法改革新时代主动地、积极地拥抱大数据和人工智能。为使法律主动拥抱大数据和人工智能，实现司法与科技的良性互动，习近平总书记在 2017 年 12 月 8 日举行的中共中央政治局第二次集体学习中，就实施国家大数据战略强调，大数据发展日新月异，

---

〔1〕 参见吴洪淇：《法律职业的危机与改革》，中国政法大学出版社 2017 年版，第 46 页。

〔2〕 参见［美］艾瑞克·卢拉、［英］玛丽安·L. 韦德主编：《跨国视角下的检察官》，杨先德译，王新环审校，法律出版社 2016 年版，第 374 页。

〔3〕 参见杨继文："证据法学研究进入电子证据新时代"，载《检察日报》2018年 2 月 6 日，第 3 版。

我们应当审时度势、精心谋划、超前布局、力争主动、深入了解大数据发展现状和趋势及其对经济社会发展的影响。

随着我国由"以法的创制为中心"向"以法的实施为中心"的过渡，人民群众对"同案同判"和法制统一的司法改革需求日趋强烈，总结现有的确保法律统一实施机制的利弊，并积极探索既能激发全体检察官使用法律的能动性又能确保法律适用相对统一的新机制，无疑应成为未来改革的重要内容。[1]因此，检察官们应充分认识大数据对法律行业带来的革命性影响，积极利用大数据带来的新思维、新方法推动司法制度的创新发展。检察官的行为选择和职业发展以及专业性的复合型知识需要具有大数据和人工算法的跨学科背景。例如，上海刑事案件智能辅助办案系统构建，将文书生成和证据审查等功能进行可视化演示。对案件不了解的检察官进行审查时，相关法律法规和证据材料等文件将全部收录在该智能系统中，按照相关逻辑和结构罗列和关联起来，有利于检察官进行案件事实的精准定位和证据审查的智能化发展。

三、司法改革背景下的检察官行为分析

在司法改革的深化和推进过程中，司法行为主义注重的是检察官作为自然人，或者作为一种"政治行为者"在司法程序中的实际行为，以及由政治社会观念和价值所决定的检察官行为的基本倾向。[2]最终，在司法行为主义者看来，检察官仅仅是人——我们在人的统治下生活，而不是在法律的统治下生活——以至于不再把检察官看作是法学界所公认的、明确意义上的检察官。具体来看，在司法改革新时代的背景下，检察官的行为选择和职业

---

〔1〕 参见刘树德：《司法改革：小问题与大方向》，法律出版社 2012 年版，第 206 页。

〔2〕 参见顾培东：《社会冲突与诉讼机制》（第 3 版），法律出版社 2016 年版，第 120 页。

发展需要重视的是，促使传统三段论推理思维更新以及在大数据时代背景下的检察官事实认定思维转变。

虽然作为法律人的检察官将法律推理论证过程分为若干步骤，但是大小前提的获得存在技术性和解释性的交叉，而又在交叉中不断被两者所"关联"，司法结果当然也就蕴含在这两者的关联中。但从法律思维的实质公平标准来说，司法三段论推理在法律论证中存在一定的局限性，只能在自身合理的范围内发挥作用，对法律内容的可接受性与正当性无法同时兼顾，最终可能会损害司法改革乃至法律的公平和正义。例如，司法惯性的异化，尤其是教条式地应用三段论，可以使得司法无法自省和自制，进而损害公民的权力和利益。[1]正是在这一背景下，需要通过体系来实现司法改革规律的命题。法学体系具有法秩序的内在一致性。司法改革规律以及法学思维方式是法学体系化的一种典型体现，也是一种先决法律规定通过法律论证与推理达成的目的性关系。"凡隐含于法秩序之中者，将借法的认识而被明白发展出来。"[2]因此，应当明确的是，在司法改革推进过程中，树立正确的法律推理思维方式和遵循司法规律是对检察官所提出的职业底线要求，这将有助于检察官实现法律所追求的公平和正义等价值。[3]检察官等司法人员审理案件必须严格依照法律规定、精准认定事实、正确适用法律。[4]正如我国著名学者樊崇义所言，研究检察官的司法思维规律，对于破除陈旧的诉讼观念、保证公诉的效果和提高监督的质量具有十分重要的时代价值。[5]但是，由于主客观因

---

〔1〕　龙宗智：《上帝怎样审判》（增补本），法律出版社 2006 年版，第 196 页。

〔2〕　[德] 卡尔·拉伦茨：《法学方法论》，陈爱娥译，商务印书馆 2003 年版，第 44 页。

〔3〕　参见龙宗智：《检察官客观义务论》，法律出版社 2014 年版，第 384—388 页。

〔4〕　张文显："论司法责任制"，载《中州学刊》2017 年第 1 期。

〔5〕　樊崇义："刑事诉讼中检察官思维的转型"，载《国家检察官学院学报》2005 年第 1 期。

素的影响，法律推理的程序和司法思维运作不可能产生唯一正确的答案，其只能产生相对合理的结果。正是因为法律是动态发展的过程，所以对于检察官来说，在案件处理过程中必须转变法律推理思维方式，合理地采用解释方法，形成确信的行为判断模式，进而才能实现公平和正义。

在遵循上述司法推理思维规律的背景下，司法改革的大数据时代需要检察官的职业发展和行为选择，一方面要把具体案件置于法律的事实构成下，另一方面也要将具体事实行为归纳到由大数据和人工智能抽象的事实构成所标明的案件类别中。这是一种将法律知识结构和案件事实结合的技术要求和操作能力，也是将法律推理思维尤其是司法思维作用于案件事实和材料的实施过程，也是将法学研究与现实生活相结合的构建过程。[1]例如，在作出决定时，需要检察官根据其法律解释和职业习惯来将案件事实的要素和因子作出抽象的判断。[2]在无禁止类比的情况下可以辅助参照规范做出处理，即通过大数据辅助的智能系统关联类比辅助性地推理得出大前提。而这种辅助类比必须具有关联性，而且要求能够被裁判者和社会公众所观察、理解和接受。[3]在司法改革和司法实践中，事实与规范也是对应存在的，两者缺一不可。而且，在检察官运用法律推理模式时，应综合应用多种方式、采取不同模式，认真对待司法大数据人工智能的辅助法律判断的方法，而不是在不同的方法中进行非此即彼的选择。

---

[1] 张保生：《法律推理的理论与方法》，中国政法大学出版社 2000 年版，第 231 页。

[2] ［日］潮见俊隆：《司法の法社会学》，劲草书房 1982 年版，第 1 页。

[3] Jack B. Weinstein, etc, *Evidence: Cases and Materials*, The Foundation Press, Inc., 1997, p. 291.

四、司法改革要求检察官遵循司法思维规律

法律方法是法律人必备的实践技艺。法律逻辑和方法论追求的目标，是发现人们认识视角内和法律限度内的"真理"，并做出妥善的说明。法律论证和司法思维包含极其复杂的因素。任何论证方法都不会完美，或多或少总有缺陷，这就要求检察官在适用法律的过程中，以事实为依据，以法律为准绳，带着公平正义的价值评价去获得大小前提、进行司法推理和得出法律结果。虽然作为法律人的检察官将法律论证过程分为若干步骤，但是大小前提的获得存在技术性和解释性的交叉，而又在交叉中不断被两者所"关联"，司法结果当然也就蕴含在这两者的关联中。而且，在现实生活中，人们对于司法的普适价值和规律难以认同，甚至是以各种非正式、非司法的途径来表达意愿和诉求。

对于这种法律思维复杂性和困难性的解决，德国著名法学家卡尔·恩吉施给我们带来了独到的分析工具与理论解释框架。他撰写的《法律思维导论》一书，共分为八章，是他多年来思考法律思维规律的鸿篇巨作。[1]作者以总-分-总的写作方式，提出了法律人应当如何思维的理论命题，分别就司法思维规律的各阶段作了详尽地叙述，探讨了法律人在实现公正的价值目标时应当如何正确认定法律事实、解释适用法律，以获得合法以及合理的思维判断，从法哲学的高度回应了"法学的学科性质"——从制定法到法，从实用法学到法哲学，成功地将法律思维提升到了司法规律的高度。因此，我们在阅读这本法学经典专著时，思考的是恩吉施怎样对司法思维规律进行研究并予以提炼命题的、这种法律思维或者说是司法思维的内容和特质指的是什么，以及在我国

---

〔1〕 参见［德］卡尔·恩吉施:《法律思维导论》（修改版），郑永流译，法律出版社 2014 年版，第 1 页。

深化推进司法改革的大背景下，检察官怎样才能从根本意义上遵循司法思维的特殊规律、应用操作意义上的法律判断模式，并进而保障当事人的权益和实现公平正义。

（一）检察官的二种法律判断

第一，通过法律思维，获取具体的法律判断。法律与人们的生活息息相关，当人们以行为塑造生活时，行为又不间断地受控于法律。恩吉施从法律思维推理的视角，将"小前提"视为整个法律推理的重点，认为它是法律发展的"神经"，是法律关系的产生、变更和消灭的条件。他进一步强调，小前提即法律事实，它是一种规范事实，一种能够被证据证明的事实，是一种有法律意义的事实。构建小前提的思维过程即是生活事实-法律事实-证明事实的相互转化。由生活事实到法律事实是对生活事实进行查明、证明或推定，并进行评价、归入法律事实的过程。而由法律事实到证明事实则是求真的过程，即确定法律事实与法律规范之间的归属关系。而且，恩吉施愿意接受"事物的本质"是一种事实，是一种法律评价或者规制状态的客观存在，而否认事物的本质是一种生活关系所包含的法律思想。[1]

在遵循上述司法思维推理规律的背景下，检察官一方面要把具体案件置于法律的事实构成下，另一方面也要将具体事实行为归纳到由法律抽象事实构成所标明的案件类别中。这是一种将法律知识结构和案件事实结合的技术要求和操作能力，也是将法律思维尤其是司法思维作用于案件事实和材料的实施过程，也是将法学研究与现实生活相结合的构建过程。[2]具体来说，通过遵循

---

〔1〕 参见［德］卡尔·拉伦茨:《法学方法论》，陈爱娥译，商务印书馆2003年版，第13页。

〔2〕 张保生:《法律推理的理论与方法》，中国政法大学出版社2000年版，第231页。

作为深层规律的司法思维规律来对法律事实判定[1]，需要经过四个步骤：其一，检察官对法律规范中的法律事实有认识基础。其二，对实际已发生的案件事实要加以确认，选出那些具有法律意义和符合刑事政策的事实。其三，将上述两种事实加以比较，考察案件发生的事实是否是法律规定的事实所涉、是否符合法律的规定。其四，通过司法思维，形成关于法律事实的判断。例如，在德国，检察官负有维持法律真相的义务，他们对于动用专业资源和遵循司法思维处理的案件之品质也较具信心，包括仔细而且持续地指挥、召集经验丰富的调查员并且分配适当的任务，以及大力监督等。[2]

第二，通过解释方法，获取抽象的法律判断。正如恩吉施所言，认定法律事实以后，法律人应实现的又一使命是从制定法中获得大前提。从法律秩序统一的视角来看，适用一个条文即是适用整个法典。而获取抽象的法律判断需要通过法律解释。一方面，在法律有规定但不明确的情况下，需要进行法律解释。在进行法律解释时，解释的主体应是有解释权的国家机关和司法人员。解释的方法包括语意解释、体系解释、目的解释、逻辑解释等。例如，在做出裁判决定时，需要裁判者根据其法律意志和法律解释来将案件事实的要素和因子做出抽象的判断。[3]恩吉施特别强调，解释要坚持"语词意义"的界限，不到万不得已不得"冲撞"这一界限，不允许逾越。

另一方面，在无法律规定即法律存在漏洞的情况下、在无禁止类比的情况下可以参照规范做出处理，即通过类比推理得出大前提。类比必须具有相关性，而且被要求能够被裁判者和社会公

---

〔1〕　参见江国华："司法规律层次论"，载《中国法学》2016 年第 1 期。

〔2〕　参见［美］班尼特·L. 葛斯曼："检察官维护事实真相之义务"，郑允铭译，载《政大法学评论》2010 年第 116 期。

〔3〕　［日］潮见俊隆：《司法の法社会学》，劲草书房 1982 年版，第 1 页。

众所观察、理解和接受。[1]在美国，当检察官在刑事程序中获得不可动摇的权力时，19 世纪中叶的政治改革家们却认为剥夺检察官的这种权力是残酷的。人们希望检察官对于选举他们的选民以及他们服务的当地机构更加负责。[2]因为对于公正的追求以及对于选民等的负责，使得美国检察官客观公正义务的实现更具操作性[3]，否则其会被选民抛弃。而类比推理有其存在的合理性，虽然法律没有明确的规定，但是其赖以存在的基本原理和原则可以涵盖某一行为和事件。在特殊情况下，可以由习惯法或者相关学理进行补充、协调和平衡。[4]

（二）检察官法律判断形成的模式

在法律判断的形成过程中，模式起着决定判断的关键作用。恩吉施提出的司法思维规律，需要通过个案的法律判断形成模式，从而回答如何在对个案的处理过程中实现预设的法律规范。一方面，法律判断是应用法律所产生的具有约束力的结论性判断，表现为法院的裁判、公安机关或者检察院的决定。在法律应用的不同阶段，都存在法律判断。法律判断的关键在于解决事实（小前提）与规范（大前提）的适用问题。但从司法实践的角度来看，

---

〔1〕 Jack B. Weinstein, etc, *Evide-nce*：*Cases and Materials*, The Foundation Press, Inc. 1997, p. 291.

〔2〕 Michael J. Ellis, "The Origins of the Elected Prosecutor", *The Yale Law Journal*, Vol. 121, No. 6, 2012, pp. 1561—1608.

〔3〕 美国联邦最高大法官罗伯特·H. 杰克逊认为："一个好检察官应具有的品格特性是难以具体形容的，就像何谓绅士一样的难以定义，不了解其内涵的人还是无法理解。体会公平游戏（fair play）的意义和具有运动家精神（sportsmanship），应是防止滥用权力的最佳保证。能够调和激情与善良人性，追求事实真相而不是受害者，为法律而不是为党派利益而服务，以谦逊的态度来完成任务，全体人民的安全是仰赖具有这样品格的检察官来保护的。"具体请参见 Robert H. Jackson, "The Federal Prosecutor", *31 J. CRIM. L. &CRIMINOLOGY 3*, No. 6, 1940.

〔4〕 龙宗智："理性对待检察改革"，载《人民检察》2012 年第 5 期；龙宗智："强化'五个意识'意义重大 贵在实践养成"，载《人民检察》2012 年第 15 期。

事实与规范的适应程度有适应、相对适应、不相适应、形式适应、实质不适应等多种情况。在现实生活中，很多情况存在着事实与规范不对称以及不同程度的法律扩张。而法律发现不可直接应用法律，创造性地应用法律规范成为法律发现的必须。

另一方面，法律判断模式是等置模式。将法律应用看作法律适用的人，认为法律判断是一种推论模式，即以演绎三段论作为工具而得出结论。然而，推论模式有其弊端。它将自己限定在对制定法预设的纯复制上，把大小前提的获得割裂开来。事实上，大小前提都不是精确的，两者的获得应当在相互适应中产生。这表明法律推理模式难以承担法律应用的重任。德国著名法学家阿图尔·考夫曼主张将事实与规范置于一种对应关系中，把两者进行等置，应然中包括实然，实然中含有应然。在等置过程中，可运用类比的思想。由于法律发现不能直接应用法律，类比只是法律发现的主要途径，其不能涵盖全部法律应用。因此，等置模式不等于全部的法律判断模式。我国著名学者郑永流教授认为，应在小范围内应用推论模式，大部分法律应用中则采取先等置后推论的方式。而且，等置除类比之外，还包括设证、归纳、解释、论证等方法。[1]

而且，法律判断是双向而非单向运行，事实与规范应相互对应，不能截然对立。进入法律判断视野的事实是恩吉施所说的"法律事实"。对事实的确认是运用法律的结果，即事实必须符合规范。规范独立存在是没有意义的，它的选择与否与事实密切相关。在司法实践中，事实与规范也是对应存在的，两者缺一不可。而且，在检察官运用法律判断模式时，应综合应用多种方式，不同的案件采取不同模式，对待各种法律判断的方法是吸取各自的优势进行综合运用，而不是在不同的方法中进行非此即彼的选择。例如，美国新法也增设节制检察官权限的平衡措施，举其要者，

---

〔1〕 郑永流："法律判断形成的模式"，载《法学研究》2004 年第 1 期。

如被告参与侦查权——主要是取证在场权（Art. 14 StPO）、强制处分救济权（Art. 393 StPO）及新设强制处分法院，以核发羁押及其他特定强制处分。[1]关于判别证据品质的方法，检察官应该了解到某些类型的证人的证词往往不可靠，因此有特别的责任必须仔细求证其真实性。出了名的不可靠证人包括目击证人、幼童，以及合作证人，如检举人、共犯和所谓的"告密者"。绝大部分的错误判决都和这些类型的证人的证词有关。这些证人的证词都会对事实真相造成同样的危害，他们的证词特别有可能虚伪不实以及内容错误，这些是检察官所知道而陪审团无法认识到的危险之处。[2]总之，检察官的大部分法律应用需要在推论前进行等置，即事实一般化（排除与规范无关是事实）、规范具体化（进行适用或创造新的规范），最终结论需要在建构大小前提和前述两种法律判断的基础之上做出。[3]

（三）检察官遵循司法思维规律的意义

正如恩吉施所指出的，法律推理就是检察官在法律适用中，运用证据确定案件事实，并选择、分析法律规范，从而将确认的案件事实归属于相应的法律规范，援引相关的法律条款而导出判处结论的思维活动。这种法律论证具有一定的合理性，符合法律思维的形式标准。但从法律思维的实质公平标准来说，司法三段论推理在法律论证中存在一定的局限性，只能在自身合理的范围内发挥作用，对法律内容的可接受性与正当性无法同时兼顾，最终可能会损害司法乃至法律的公平和正义。例如，司法惯性的异

---

〔1〕 参见王士帆："全新刑事诉讼法典——瑞士刑诉改革与整合"，载《政大法学评论》2010 年第 118 期。

〔2〕 参见［美］班尼特·L. 葛斯曼："检察官维护事实真相之义务"，郑允铭译，载《政大法学评论》2010 第 116 期。

〔3〕 参见郭云忠、杨会新："法律方法与检察官思维研讨会综述"，载《人民检察》2008 年第 13 期。

化，尤其是教条式地应用三段论，可以使得司法无法自省和自制，进而损害公民的权力和利益。[1]正是在这一背景下，恩吉施提出了通过体系来实现司法规律的命题。法学体系具有法秩序的内在一致性。司法规律以及法学思维方式是法学体系化的一种典型体现，也是一种先决法律规定通过法律论证与推理达成的目的性关系。"凡隐含于法秩序之中者，将借法的认识而被明白发展出来。"[2]

在英国，上议院重申了相关规则，即根据英国法不能以圈套为由进行辩护。就排除检控方证据的司法自由裁量权而言，法官迪普洛克是这样阐明法律的：①在刑事审判中，如果在他看来，其损害效果超过了其证明价值，审判法官总是有自由裁量权来拒绝采纳检控方证据；②除了犯罪后从被告那里获得的自认和自白以及一般性证据外，他没有自由裁量权来以证据是通过不当或者不公平手段获得的为由，拒绝采纳相关的可采证据。法院并不关注证据是如何获得的。他没有理由行使自由裁量权来排除因密探的活动而获得的证据。[3]而相对于学者几乎一面倒向证据禁止法律效果，德国联邦最高法院第一庭第二个判决（BGHSt 47，172）则明白表示改采权威理论，但最终仍拒绝承认该案有证据禁止效果。该判决认为，本案违反第141条第3项第二句规定程序，被告在这种状况下确实值得保护，但其值得保护的重量尚未达到证据禁止法律效果，因而持赞成或反对证据禁止见解，必须基于法治国之诫命及目的而为权威。[4]例如，检察官在合法监听某甲涉嫌犯罪案件的过程中，听到甲与他人谈论贿赂的犯罪情节，亦得

---

〔1〕　龙宗智：《上帝怎样审判》（增补本），法律出版社2006年版，第196页。

〔2〕　［德］卡尔·拉伦茨：《法学方法论》，陈爱娥译，商务印书馆2003年版，第44页。

〔3〕　［英］克里斯托弗·艾伦：《英国证据法实务指南》，王进喜译，中国法制出版社2012版，第251页。

〔4〕　参见何赖杰："侦查程序强制辩护之指定及违法效果——以德国刑事诉讼法为观察重点（下）"，载《政大法学评论》2009年第112期。

类推适用一目了然法理，合法扣押（录音）此谈话内容。[1]在我国台湾地区，刑事诉讼程序采审检分立原则。据此，刑事诉讼分成两个阶段，并分别由不同的国家机关掌理，亦即由检察官主导侦查程序，由法官职司审判程序。对于犯罪事实的认定，仍然是法院的工作。法官必须因为调查证据、整理事实后形成某种程度的心证，才能判定被告有罪。在此"审检分立"的结构下，检察官必须形成有犯罪嫌疑的心证之后才能起诉，然而检察官起诉的门槛与法官判决有罪的门槛仍有段距离，若在一般审理程序中，此差距可以借由法官调查证据而填补。[2]

五、司法改革要求检察官更加重视司法伦理建设

在司法改革的推进过程中，对检察官的职业行为选择不仅需要重视其自身的职业压力危机和积极拥抱大数据人工智能，而且需要重视的是在司法伦理的底线要求下更新自己的法律推理行为模式。一方面，检察官需要继续发扬法律职业的崇高理想。他们没有追求权力，不管政治家们如何钻营；他们并没有成为贪欲的牺牲品，不管企业家如何贪婪；他们宽宏大量，能够容忍自己智慧和努力的成果被忘恩负义的人们拿走；无视阶级和等级，无论贫富和贵贱，他们都以真正的职业态度平等对待。不做大张旗鼓地宣传，极少刻意安排，更没有"动机"；他们不忘人生的苦短和人们多数努力的徒劳，他们耐心地坚持法律服务，坚持自己使命的最佳传统。凭借耐心和执着，他们搜寻并研习法律，他们用规矩和案例来教授并实践法律，他们尽自己最大的努力来维持法律、正义和秩序的目标。[3]

---

〔1〕 王兆鹏：《路检、盘查与人权》，元照出版公司 2003 年版，第 48 页。
〔2〕 参见王皇玉："认罪协商程序之法社会学考察：以台湾刑事司法改革为例"，载《台大法学论丛》2008 年第 4 期。
〔3〕 ［美］罗伯特·N. 威尔金：《法律职业的精神》，王俊峰译，北京大学出版社 2013 年版，第 136 页。

例如，在司法责任制改革的细化落实方面，关于检察官监督及退场机制之设计，需要注意的是在检察官职业理想背景下进行自律和他律机制的区分。对于检察官独立行使职权，不受不当干预之考虑，对于检察官之监督，多数域外立法例以自律为出发点。[1]

另一方面，检察官需要注重客观义务的落实。在司法改革继续推进过程中，需要明确检察官客观义务是一种具有明确规范要求的职业伦理，形成此种伦理，一是需要加强制度建设，二是需要加强道德建设。[2]例如，在德国，检察官负有维持法律真相的义务，他们对于动用专业资源和遵循司法推理规律处理的案件之品质也较具信心，包括仔细而且持续地指挥、召集经验丰富的调查员并且分配适当的任务，以及大力监督等。[3]在美国，当检察官在刑事程序中获得不可动摇的权力时，19世纪中叶的政治改革家们却认为剥夺检察官的这种权力是残酷的。人们希望检察官对于选举他们的选民以及他们服务的当地机构更加负责。[4]因为对于公正的追求以及对于选民等的负责，使得司法改革中美国检察官客观公正义务的实现更具操作性[5]，否则其会被选民抛弃。

---

[1] 参见蔡碧玉等：《检察官伦理规范释论》，中国检察出版社2016年版，第214页。

[2] 参见龙宗智：《检察官客观义务论》，法律出版社2014年版，第394页。

[3] 参见［美］班尼特·L.葛斯曼："检察官维护事实真相之义务"，郑允铭译，载《政大法学评论》2010年第116期。

[4] Michael J. Ellis,"The Origins of the Elected Prosecutor", *The Yale Law Journal*, Vol. 121, No. 6, 2012, pp. 1561—1608.

[5] 美国联邦最高大法官罗伯特·H.杰克逊认为："一个好检察官应具有的品格特性是难以具体形容的，就像何谓绅士一样的难以定义，不了解其内涵的人还是无法理解。体会公平游戏（fair play）的意义和具有运动家精神（sportsmanship），应是防止滥用权力的最佳保证。能够调和激情与善良人性，追求事实真相而不是受害者，为法律而不是为党派利益而服务，以谦逊的态度来完成任务，全体人民的安全是仰赖具有这样品格的检察官来保护的。"具体请参见 Robert H. Jackson, "The Federal Prosecutor", 31 *J. CRIM. L. &CRIMINOLOGY* 3, No. 6, 1940.

第四节　司法改革对检察官职业能力的制度改进

一、司法改革需要健全和落实检察院内部的职业途径交流制度

　　检察官职业能力建设和职业保障改进是指以检察官职业化建设为核心，通过建立和完善检察机关内部、外部的相关制度体系，切实保证和落实检察官的职业权力、职业地位和职业素养，以达到增强检察官职业荣誉、维护国家法律尊严和司法权威之目的。[1]从职业管理学和检察官的职业发展来看，当前司法体制综合配套改革需要重视的是检察工作的职业计划与实施之间不能截然地分离，需要构建检察院内部的职业交流机制和职能的重新分配。例如，有一群矿工，他们开采和供应煤矿，工作得十分辛苦。但是，他们不具备一些与"职业管理"相关的科学知识、预防意识和主动性，那么只能开采少量的煤矿。这一观点在不同程度上也适用于检察官的职业发展。[2]尤其是我国推进和深化监察体制改革的大背景下，履行反腐反渎职能的检察官能否完全转化为监察官，需要他们在实际工作中进行职业的培养和运用职业发展。检察官发展的职业途径往往是互相排斥的，但是从一个人的职业生涯来看又是具有交织性的。例如，德国的候补检察官往往会选择一种公务性的职业，类似于我国当前司法改革中的辅助人员，是一种"有资格担任检察官"的情况。德国的各类检察官的职业途径也存在多样性，如有的可以通过考核被正式任命为检察官，有的可

────────

〔1〕　何强、凌雯："加强检察官职业保障的几点建议"，载《人民检察》2014年第18期。

〔2〕　参见［美］玛丽·帕克·福列特：《动态管理》，杜子建译，北京理工大学出版社2014年版，第11页。

以选择公务性的高级职业，有的还可以作为律师私人开业，有的也可以继续在法学院深造，进而从事学术研究职业，等等。〔1〕因此，我国的检察官职业途径交流机制，包括员额制检察官与检察官助理的交流机制、检察官助理与司法辅助人员的交流机制、员额制检察官与司法辅助人员的交流机制等，应当按照公务员法确定的职位分类框架，建立检察机关的专业技术类公务员管理制度，确保人员待遇与专业职务配套衔接。通过专业性的选拔程序、公平的考试录用程序以及组织推荐参与程序等，来分门别类地畅通三大主体之间的职业发展渠道，进而不断调试和整合自己的职业发展思路和措施，以适应当前深化司法改革的需要和自我职业发展需要。

二、司法改革需要提高和细化各类检察官的福利待遇制度

从长远角度看，走司法人员精英化之路，必须大幅度提高薪酬待遇，使其能够拥有维持体面的生活水平和生活方式所必需的基本物质条件。在当前司法体制综合配套改革过程中，这又是司法人员公正司法的重要且不应缺乏的基础。〔2〕例如，在澳大利亚，检察官的职业保障和职业发展特色为高职位的终身制与高工资高福利待遇。〔3〕针对前述的检察官职业发展困境，以及"案多人少"的现实难题，有必要从各类检察官的福利待遇入手，大幅度提高检察官的职业待遇和职业保障，通过这种激励机制将检察院内部的优秀人才由司法辅助人员、检察官助理汇集于员额制检

〔1〕 参见宋冰编：《读本：美国与德国的司法制度及司法程序》，中国政法大学出版社 1998 年版，第 157 页。

〔2〕 王敏远："加强检察官职业保障制度建设"，载《检察日报》2014 年 12 月 30 日，第 3 版。

〔3〕 参见李新、季美君："论澳大利亚检察官的职权与职业保障"，载《比较法研究》2017 年第 1 期。

察官部门。推进和深化检察官制度改革，应当以检察人员分类管理为前提，根据检察官职业特点确定检察官职业发展阶梯。[1]同时，检察官的职业发展需要构建一种和谐型的组织形式，以检察业务岗位为中心，将检察官作为主体，将检察职业工作任务作为目标，通过严密的组织机能实施的人员定位、任务交付、目标引导、科学考评、配套薪酬、自然激励等机制，最终使得检察官的职业能力和个体完成得到真正意义上的实现。[2]而且，职业待遇和职业保障必须通过专门的、有规范性的文件加以具体规定，重心在于激励机制的完善和落实，避免出现实施过程中的"异化"和"潜规则"。必要时，可以形成相关的检察官职业发展保障与工资制度，用制度铸就检察官职业发展的美好前景。例如，可以在 2015 年通过的《法官、检察官单独职务序列改革试点方案》中，明确规定和逐步完善各级各类检察官的基本薪酬和工资制度，以加大对员额制检察官的薪酬倾斜力度，鼓励和激励优秀人才向员额制检察官等一线办案职位流动。[3]

三、司法改革需要完善和整合检察官的职业培训晋升制度

一般认为，检察官的职业发展及其自我提升与一般的职业自我管理是一致的，主要包括两个方面的内容，即让自己感觉良好和保持自尊。[4]检察官作为法律的实施者，需要时刻面对社会生活中发生的新情况和新问题，在司法体制综合配套改革中掌握法律职业能力发展的新趋向。德国的德意志法官学院、法国的国家司法官

---

〔1〕 参见张步洪："检察官制度改革要论"，载《人民检察》2013 年第 6 期。

〔2〕 参见孙金汉：《后管理时代：和谐型组织理论与实务》，中国社会出版社 2009 年版，第 140 页。

〔3〕 参见黄文艺："中国司法改革基本理路解析"，载《法制与社会发展》2017 年第 2 期。

〔4〕 参见石林主编：《职业压力与应对》，社会科学文献出版社 2005 年版，第 30 页。

学院以及日本的司法研修所等，都对在职检察官职业能力发展有全面的规划和掌握。[1]具体来看，司法改革中检察官的职业发展与自我提升是与其职业工作和法律特性密切相关的，参见下表11.6。

表 11.6　司法改革中检察官职业发展和自我提升的工作

项目	工作特性	自我提升
1	对检察工作的完成可以展示自己的能力	保持和提高自尊
2	对检察工作的完成可以取得别人的赞赏或积极评价	
3	对检察工作的完成使个体感到自己的重要性，感到自己是被需要的	
4	对检察工作的完成可以挖掘自己的潜能	自我实现
5	挑战检察工作压力能够显示自己的聪明、智慧、创造力	
6	检察法律工作是完善和发展自己的过程	
7	在法律工作中能够获得更多的知识	
8	司法改革的性质是给予爱或者有益于社会的	

　　而在当前深化司法体制改革的"精装修"大背景下，更加需要完善和整合检察官的职业培训力度，通过培训达到前述的职业发展相互交流，通过专业能力的提高来达到职业晋升的目的。对于现职的检察官们来说，需要通过职业培训不断提高他们的法律专业能力和水平。必要时，当前司法体制综合配套改革可以逐步建立法学专家教师与检察官的轮换制度、法官与检察官的轮换制度等，以保证和提高作为办案骨干的员额制检察官的法律业务能力。例如，在德国和英国的检察机构，有专门的职业化专业工作

────────

　　[1]　参见黎敏：《西方检察制度史研究——历史缘起与类型化差异》，清华大学出版社2010年版，第385页。

人员所构成的常设机构，专业性地从事检察官的职业能力发展与规划的项目。在日本，涉及司法改革的《支撑 21 世纪日本的司法制度：日本司法制度改革审议会意见书》，对检察官的制度改革提出了明确的要求和具体方案，最终的目的是使得国民对检察官的公平性和严肃性值得信赖。这些支撑 21 世纪日本司法制度的改革意见，有利于充分发挥检察官自身的主动意识和改革能力，主张健全和完善各类检察官的职业发展规划和内部进修制度，注重的是引导检察官们掌握并提高其专业知识与经验的、合理的进修制度。[1]因此，在司法体制综合配套改革中，我国检察机关应当加强职业发展与晋升观念建设，将能干事的人才激励或者引导至主要办案业务部门，促使其成为员额制的检察官。同时，检察官的职业发展和晋升制度必须考虑将基层院的员额制检察官作为基本必备条件，只有担任员额制检察官并从事一定年限的法律业务一线工作，才能晋升较高的职位乃至检察长。例如，在我国台湾地区，要成为检察院的首长，必须是在检察系统或者检察官群体中的能力突出者或者具备丰富的法律职业资历者，否则是难以形成领导权威和"检察心理一体"职能的。[2]

---

[1] 参见最高人民检察院法律政策研究室编译：《支撑 21 世纪日本的司法制度：日本司法制度改革审议会意见书》，中国检察出版社 2004 年版，第 82—83 页。
[2] 参见万毅：《台湾地区检察制度》，中国检察出版社 2011 年版，第 12 页。

第十二章

警察视角：公权力的审查制约机制

明朝张居正曾说："天下之事，不难于立法，而难于法之必行；不难于听言，而难于言之必效"。意思是相对于立法，执法具有更大的难度。随着公安司法改革的深化和推进，公安警察执法的理念和制度需要变革和更新，更加需要相关理论和方法论的指引和推进。〔1〕近年来所发生的警察执法损害公民权益事件，使得我们有必要反思当前我国的警察执法生态。"雷洋事件"〔2〕的发生，再次让我们感受到了在警察执法过程中，相关法律规范、程序制度、先进执法理念以及比例原则等构建和完善的重要性。因此，如何有效进行公安警察公权力执法，平衡公安行政主体与行政相对人的权益，使法不流于形式、充分保障公民权利值得我们深思。笔者试图从韩非执法思想的内涵中寻找解决当前警察执法问题的答案，并通过借鉴和吸收韩非执法思想的有益经验和理论来实现当代我国警察执法的改革和完善。

2015 年 5 月 2 日，黑龙江省庆安县 45 岁男子徐某某在该县火车站候车室内与庆安县派出所民警发生冲突后，被民警开枪击倒

---

〔1〕 参见杨继文："用方法论指引和推进司法改革"，载《人民法院报》2016年 4 月 17 日，第 2 版；汤火箭、杨继文："司法改革方法：比较、问题与应对"，载《四川大学学报（哲学社会科学版）》2016 年第 1 期；杨继文："重提刑事司法改革中的'中体西用'观：日本的经验和启示"，载《四川民族学院学报》2015 年第 2 期。

〔2〕 关于"雷洋案"的相关报道，请参见肖颖："'雷洋死亡案'拷问公信力"，载《新民周刊》2016 年第 20 期；米宗："雷洋案：权威发布为啥不权威"，载《齐鲁周刊》2016 年第 19 期；任孟山："从魏则西、雷洋事件看社交媒体时代舆论新生态"，载《传媒》2016 年第 10 期。

身亡。3 日，庆安县委常委、副县长代表省市领导慰问了事件中受伤的民警。14 日，官方回应"庆安火车站事件"称民警开枪属正当履行职务，符合《中华人民共和国人民警察使用警械和武器条例》及公安部的相关规定。与之相关的新闻还有发生在云南省镇雄县的开枪事件。2014 年 5 月 15 日，云南省镇雄县警方发布新闻称警察当街开枪击伤一名"驾车冲撞赶集群众"的男子，该男子经抢救无效死亡。当地警方通令表彰了"果断依法开枪击毙犯罪嫌疑人的民警"。然而与警方对此次出警处置的高调表彰形成鲜明对比的却是在目击群众中引发的巨大争议，上百名目击群众写联名信称，该男子"没有危害群众安全""警方公布的情况不属实""警方不应该在此情况下开枪打人"。有目击者称，该男子系上访时用货车堵了镇政府的门，并在与特警对峙中挥舞了马刀，随后即被开枪击毙。通过对上述两个案件的理论反思，可以看出一方面警察依法使用枪支是职责要求，是保障人民群众生命财产安全的必要手段。另一方面是警察在案件现场处置过程中的用枪事故和争议事件，让一线民警对如何使用枪支产生困顿，权威性下降〔1〕，最终导致的结果是不敢用枪、不愿用枪。如何使两者达到平衡成为此时我们最为关注的问题。

在当前深化公安司法改革的背景下，细化、严密的执法标准和方法论意义上的操作规程，是规范执法活动的基本前提。〔2〕而

---

〔1〕 马岳君："警察执法必须要有权威"，载《法制日报》2016 年 4 月 6 日，第 7 版；傅达林："破解警察执法困境需'刨根问底'"，载《检察日报》2016 年 5 月 11 日，第 7 版；赵旭辉："建立比例原则 规范警察执法"，载《人民公安报》2016 年 5 月 23 日，第 5 版。

〔2〕 包括公安司法改革在内的刑事司法改革，涉及体制、内容等方面的构建和完善，更涉及方法论的指引和推进。具体请参见杨继文："用方法论指引和推进司法改革"，载《人民法院报》2016 年 4 月 17 日，第 2 版；杨继文："论刑事司法改革方法论体系"，载《东方法学》2016 年第 5 期；汤火箭、杨继文："司法改革方法：比较、问题与应对"，载《四川大学学报（哲学社会科学版）》2016 年第 1 期。

警察执法活动包括使用枪支，直接关注的是社会生活领域中不得不及时解决的问题，它的适用对象和范围具有直接的现实紧迫性。如果不及时处理，后果不堪设想。[1]因此，各级公安机关和各部门、各警种要在新修订的《公安机关执法细则》框架下，按照精细化、标准化、实战化要求，紧密结合实际，紧紧围绕现场接处警、执法执勤等关键环节，抓紧研究制定细化基层急需、民警急盼的执法标准和操作规程，尽快形成一整套覆盖全警、突出重点、简明扼要、务实管用的标准体系，切实为一线民警提供针对性、操作性、实用性强的执法指引。[2]从各地公安机关的探索和实践中可以看出，深化公安执法规范化建设既是民心所向，也是全面深化公安改革、加强公安队伍建设的内在要求。近些年来，全国公安机关紧紧围绕现场接处警、执法执勤等关键环节，抓紧研究制定细化基层急需、民警急盼的执法标准和操作规程。[3]在将深化公安改革和推进公安执法规范化建设的大背景下，试从检察监督的视角就构建警察使用枪支审查机制之必要性及其法理依据进行论证和分析，适当借鉴法治先进国家和地区的有益经验和法治资源，进而构建出我国警察使用枪支审查机制的适用条件、适用范围和具体审查内容等。

〔1〕 Herman Goldstein, *Improving Policing: A Problem-Oriented Approach*, CRIME & DELINQUENCY, April 1979.

〔2〕 郭声琨："坚持以人民为中心的执法理念 深化公安执法规范化建设 不断提升执法公信力和人民群众满意度"，载人民网，2016年7月26日，第1版。

〔3〕 张洋："公安执法向规范化要公信力（法治中国行）"，载《人民日报》2016年8月10日，第4版。

第一节　韩非执法思想对当前警察公权力执法的启示

一、韩非执法思想的内容及其评价

（一）韩非执法思想的内容

韩非生活在战国末期，当时诸侯国分崩离析，进行兼并战争，全国处于分裂的状态。在"战国七雄"中，韩国力量弱小，处境危险，若要寻求出路必须从根本上提升国家实力。同时，社会的动荡使得人们思想观念出现偏差，错误舆论支配着人们的思想，导致私利与公益发生冲突，国家利益受到损害。[1]这种情况下，统一思想、给人们的行动提供正确的引导势在必行，韩非在《韩非子·问辩》中指出："明主之国，令者，言最贵者也；法者，事最适者也。言无二贵，法不两适，故言行而不轨于法令者必禁。"[2]这个主张表明了在英明君主统治的国家，法律有普适性，不符合法律的言论与行动都要受到禁止。

韩非十分重视法治的作用，他在继承批判前人法治思想的基础上提出了自己的法治理论体系，其中包含了丰富的执法思想，内容主要有以下几个方面：

第一，必须唯法律独尊。执法的基础之一是树立法治理念，即以法治国的思想，将法律视为治理国家的最高准则。《韩非子·有度》中提到："奉法者强，则国强；奉法者弱，则国弱。"[3]意思是，奉行法度的君主强劲则国家强，奉行法度的君主软弱，国家就弱小。一个国家对待法律的态度，直接决定了国家的强弱程度。《韩非子·心度》中也指出："法与时转则治，治与世宜则有

---

〔1〕 周勋初：《韩非》，南京大学出版社 2009 年版，第 20 页。

〔2〕 陈明、王青译注：《韩非子全译》，巴蜀书社 2008 年版，第 752 页。

〔3〕 陈明、王青译注：《韩非子全译》，巴蜀书社 2008 年版，第 49 页。

功。"强调法随时代的改变而改变就能治理好国家。唯法律独尊，不是将法律当成教条，也不是将法律看作一成不变的东西，而是树立法律至上的理念，正确认识法律。

第二，体现执法公平性。韩非法治思想中蕴含着公平的理念，虽然在韩非的主张里，君主游离于法律之外，是其思想的局限，但在当时，他提出："法不阿贵，绳不挠曲。法之所加，智者弗能辞，勇者弗敢争。刑过不避大臣，赏善不遗匹夫。"（《韩非子·有度》），具有进步意义。即法律不偏袒地位高者，绳墨不迁就形状弯曲者。法律面前人人平等，智者和勇者都不能抗衡。法律不避权贵，不就卑贱。大臣犯罪，不能免除刑罚，平民行善，不能遗漏奖赏。这种朴素的公平思想，对"刑不上大夫，礼不下庶人"体现出的"刑有差别"的特权思想进行了否定，体现了其先进性，对后世有重要影响。这也同司马迁《史记·论六家要旨》中："不别亲疏，不殊贵贱，一断于法"内涵相近。

另外，韩非子在《韩非子·有度》谈道："故当今之时，能去私曲就公法者，民安而国治；能去私行行公法者，则兵强而敌弱。"意思是，当今之世，杜绝谋私利而遵循法治，才能使人们安定国家太平；能去除谋私利的行为的国家就兵力强大而无敌。因此，要做到"信赏必罚"与"厚赏重罚"。这要求君主首先得怀有公平理念，遵守法律规定、信守承诺，该赏则赏，该罚则罚，奖赏要厚重，惩罚要严厉，做到这些民众才能信服。如果赏罚不明，君主依人情办事，将无人遵守法律，法治也无从谈起。而在汉武时代的刑法与韩非所倡导的刑法已有很大差异，表现在内容上繁多难晓，并有赎罪之法和不可避之罚，在执法过程中则呈现出主观性和不平等性。[1]

---

〔1〕　陈金花："韩非之'刑法'在汉武时代的嬗变"，载《宁夏大学学报（人文社会科学版）》2007 年第 4 期。

第三，保证执法严厉性。在战国末期社会巨变的情况下，韩非执法思想的核心是重刑。他认为法律必须具有强制性，因为强制性可以达到"暴者守愿，邪者反正"的效果，而实现强制性的途径是重刑。韩非在《韩非子·六反》中指出："所谓重刑者，奸之所利者细，而上之所加焉者大也；民不以小利蒙大罪，故奸必止者也。"所谓重刑，是坏人得到的好处极小而君主所加的罪名很大；人们不会为获得小的利益而获得大罪受重罚，所以坏人坏事一定能制止。"设告相坐而责其实，连什伍而同其罪，赏厚而信，刑重而必。"都体现了其重刑思想。

"法所以为国也，而轻之，则功不立，名不成"[1]；"夫严刑者，民之所畏也；重罚者，民之所恶也。故圣人陈其所畏，以禁其邪，设其所恶以防其奸。是以国安而暴乱不起。"[2]在韩非的观念中，以重刑为"武器"才能使人们产生畏惧而不触犯法，进而防止犯罪，达到治理国家的作用。"故明主之治国也，众其守而重其罪，使民以法禁而不以廉止。"[3]即英明的君主治理国家，多设监守的措施，加重对犯罪的惩处，使民众以法律来约束而不是靠品行的廉洁来遏止。例如，吴起杀妻，晋文公挥泪杀颠颉使得政绩、军纪更严明等事例，就充分体现了韩非执法必严的法治思想，同时也表明了执法"不避亲贵，法行所爱"的境界。

（二）韩非执法思想的评价

从上述对于韩非执法思想的论述和分析来看，在法律实施和警察执法方面上，韩非坚持"一本于法"的基本原则。他认为，法律制定之后，必须严格执行，方能产生效果。君主玩忽法律，法律便逐渐演成一纸具文，大臣就会擅权自重，"官之重也，毋法

---

[1] 参见《韩非子·安危》。
[2] 参见《韩非子·奸劫弑臣》。
[3] 参见《韩非子·六反》。

也；法之息也，上暗也。上暗无度，则官擅为"。[1]在当代以民主为基础的法治条件下，强调依法治国和公安司法改革的背景下[2]，包含警察执法在内的执法理论的内涵与外延发生了变化，韩非维护君主专制统治的执法思想，如"重刑"，显然逆历史潮流与时代不符，但是其执法的合理思想和有益理念对于当前警察执法的理论完善和制度更新并非完全没有意义。例如，公平性仍然是当代警察执法所追寻的价值，只是实现公平的方式不同而已。因此，我们应当转变思维，在新的视野下重新反思与审视韩非执法思想，借鉴现实中相对合理因素，摒弃落伍观点，尽量减少目前警察执法的负效应。事实上，重新解读韩非的执法思想，我们会发现，其思想有许多内容值得品味和吸收。"世异则事异则备变"，韩非对社会问题实事求是的态度、对历史趋势敏锐的把握以及内涵丰富的执法思想和理论，对当前我们警察执法难题的解决具有十分重要的启示意义。

二、我国当前警察公权力执法的现状与问题

韩非提出的执法思想对当代建设法治国家和深化公安司法改革具有重要作用。但需要明确的是，古代的执法与当代的警察执法是有区别的，古代执法思想建立在君主集权的基础上，目的是维护君主利益，而当代的警察执法思想和理念建立在民主法治的基础上，目的是从根本上维护人民利益。随着社会的发展进步，警察和公安机关在社会管理方面的作用日益突出，它的执法范围也扩展到生活的各个领域。[3]从理论上来看，关于执法（法律执行的简称）的概念并没有统一的界定，学界主要有两种理解：一

---

〔1〕 参见唐忠民："韩非的法律思想"，载《现代法学》1988年第6期。

〔2〕 参见宋继和："韩非与亚里士多德法治思想的比较"，载《政法论丛》2000年第1期。

〔3〕 James A. Inciardi, *Criminal Justice*, Oxford University Press, 2002, p. 159.

是广义执法，包括行政机关、法律法规授权的组织、司法机关及其工作人员的贯彻法律实施的活动。二是狭义执法，仅指行政机关的执法活动，表现形式主要有行政许可、行政处罚、行政强制、行政征收、行政给付、行政指导、行政合同等。从行为性质上理解，狭义执法将行政立法和行政司法排除在外。本文从狭义的角度使用警察执法的概念，即指公安机关的行政执法行为，不包括行政立法与行政司法。

我国多年来进行的法治建设在警察行政执法方面取得了一些成就，但也面临警察执法的一些困境。

（一）公安法律制度不完善

立法是执法的基础。目前我国警察执法已基本做到了有法可依，但是由于立法技术等方面的原因，我国法律仍存在一定程度的缺失。首先，立法受到时代以及立法者思维的局限。我国公安行政法律规范之间存在不协调，甚至相互抵触的问题，使得警察执法人员在执法过程中往往无所适从，给警察行政执法工作带来一定困难。其次，法律总是滞后于社会生活。随着时间的推移，有些法律规范的不符合现实需要或不能完全适应现实的发展，以致公安行政执法机关有法难依。在某些新的领域，立法出现空白，公安行政执法主体无法可依，这也给警察执法带来了困难。

（二）警察执法环境不健全

执法环境就是影响和制约执法活动的各种因素的总和。警察执法环境的优越程度直接影响警察执法的效果。一般认为，警察执法与人们的生产和生活密切相关。也许大多数人不曾进入到法院进行诉讼司法活动，但一定和当地的警察打过交道，如日常生活中矛盾纠纷的处理。[1]长期以来，我国"官本位"观念根深蒂

---

[1] Robert M. Bohm, Keith N. Haley, *Introduction to Criminal Justice*, The McGraw-Hill Companies, Inc., 2005, p.191.

固，公安警察执法者把执法活动仅仅看作国家法律的执行，即管理相对人的活动，而不注重以和谐的方式协调社会公益与个人利益，有时政府领导甚至以权谋私，进行执法寻租，超越法律赋予的自由裁量权执法或以权代法，干预正常的执法活动，导致警察执法权威降低[1]，公安警察行政主体与行政相对人发生冲突。行政相对人缺乏法律意识，难以当场进行维权。一方面，相对人有厌讼的传统观念，即使公安警察行政主体执法侵犯其权益，只要不触犯其忍受的底线，就不会运用法律武器维护其权益。另一方面，有些相对人缺乏守法意识，对公安行政机关的执法活动有抵触情绪，不配合行政主体执法，这在不同程度上也阻碍了执法的顺利进行。

（三）警察执法理念不正确

执法的顺利进行不仅需要法律的完善以及良好的环境，还需要警察执法者树立正确的执法理念。在实施社会管理的执法活动中，警察执法者对执法理念的认识程度决定着法律能否贯彻执行。我国行政主体总是习惯于将自己定位于管理者而不是服务者，其责任和服务意识较为淡薄，存在着权利本位主义的思想，与目前行政执法的法治、责任、服务意识背道而驰；在警察执法过程中，仅看到行政权力的强制性，而没有注意到行政权力的职责性，更没有真正意识到执法为了谁，执法方式也有失人性化，甚至造成警察执法冲突。[2]比如近年来所发生的，警察执法的方式和方法就受到了一些民众的质疑。一些地方发生多起与警察执法有关的案件，其中个别案件因为缺乏执法记录，使得后期处理起来相当

〔1〕 参见马岳君："警察执法必须要有权威"，载《法制日报》2016年4月6日，第7版；马岳君："不能让网络谣言干扰警察执法"，载《法制日报》2016年6月2日，第7版；宫志刚、王占军："警察执法权威的法律保障探微"，载《中国人民公安大学学报（社会科学版）》2012年第4期。

〔2〕 参见齐小力："宪政视野下的警察执法"，载《法学》2006年第3期。

棘手。[1]因此，如何使警察执法者树立现代执法理念、提高法律素养与执法水平、维护法律的权威，确保权力不被滥用成为解决执法困境的出路之一。

（四）警察执法程序有缺失

我国向来有重实体、轻程序的传统。一方面，我国没有制定专门的行政程序法，行政法律法规对程序的规定大多是原则性的，各地对程序的规定也不统一，缺乏操作性。另一方面，效率原则是警察行政执法的原则之一，警察行政主体往往注重效率的提高而忽视了程序的应用，如应当履行的程序规范而不履行，没有办法"自证清白"[2]，应当向相对人提供信息而拒绝提供，有回避的事由而不回避，不听取相对人的意见或申辩就做出处罚决定，这就造成警察行政主体执法随意、简化程序甚至不依法定程序进行警察执法。总之，"权力，而不是程序，才是问题的核心"。[3]不依法定程序进行警察执法使得警察执法的公正性大打折扣。如果要想保证警察执法的公正和公平，必须强化程序的适用和规范。

三、韩非执法思想与当前警察公权力执法完善

如果法律不能被执行，那就等于没有法律。在法治建设的过程中，警察执法的作用不容忽视。推进社会公平正义是政府和公安机关的"良心"。这就要求公安警察"执法必当务其平"，形成顺畅、高效、权威的警察执法体制，推动和谐警民关系构建，更好地发挥警察执法在国家法治建设中的功能作用。同时，需要我

---

〔1〕 林琳："执法记录，关键时刻不能'掉链子'"，载《工人日报》2016年7月5日，第3版。

〔2〕 刘为军："警察执法当有能力'自证清白'"，载《人民日报》2016年6月7日，第5版。

〔3〕 ［美］约翰·V.奥尔特：《正当法律程序简史》，杨明成、陈霜玲译，商务印书馆2006年版，第21页。

们把脉警察执法困境的根源，以问题为导向，从体制和制度上寻求破解之策。[1]正如前面所言，韩非作为法家的集大成者，其法治思想极为丰富，虽然当代和韩非所处时代已完全不同，法治的基础也不一样，但我们应意识到当代的警察执法是执法资源与传统的延续，韩非执法思想的某些内容对当代警察执法仍具有借鉴意义。因此，我们应当以鉴别、取舍及改良的态度追溯韩非执法思想的本源，对其价值重新评估，探索警察执法未来的发展趋势，充分借鉴和吸收韩非执法思想的有益经验和合理内核。

（一）完善公安法律法规相关制度

法律制度的缺失，无论是立法的滞后或者立法出现空白都对警察执法带来不利影响。因此，突破法律困境要完善公安警察相关的法律法规制度。首先，完善涉及公安警察的相关法律解释，改变法律法规之间冲突的现象。其次，把握时代脉搏，修改不适合现代社会发展的公安警察法律法规。最后，针对社会出现的新问题，加强公安警察行政立法，改变无法可依的局面。只有这样，才能破解警察执法时相关法律和法规的依据困境。

（二）健全警察执法环境

韩非认为执法的最高境界是"不避亲贵，法行所爱"，即要依法执法，正确处理人情与执法的关系。警察执法者必须消除官本位的思想，进行"人性化执法"[2]。"人"指行政相对人，所谓人性化执法，就是指警察执法者执法时确实以人民利益为落脚点，在思想上改变以权压法、以言代法的错误观念，改善内部执法环境。韩非要求法律"布之于众"就是要求人们树立法律意

---

〔1〕 傅达林："破解警察执法困境需'刨根问底'"，载《检察日报》2016年5月11日，第7版。

〔2〕 参见伍玉功："'警察人性化执法'刍议"，载《时代法学》2007年第5期；杜乾举："论警察执法道德的维度"，载《中国人民公安大学学报（社会科学版）》2007年第1期。

识。从表面看来，警察执法只是公安行政主体的任务和职责。其实不然，警察执法涉及了双方的利益。在正常的法治秩序下，不仅要求作为执法者的警察执法严格规范，也要求作为执法对象的当事人或者参与者恰当自己的行为，做到自觉守法并主动配合警察执法。[1]因此，相对人有权利也有义务在警察执法中发挥其作用。这就要求相对人首先树立守法意识，提高法律素质，严格按照法律规定办事。当公安警察行政主体的执法行为不合法、不合理侵犯了自身的权益时，敢于维护自己的利益，为警察执法提供良好的外部环境。

（三）树立现代警察执法理念

警察执法理念是动态的，时代不同，理念也会跟着变化。[2]当代警察执法应树立和谐执法理念，达到化解警民矛盾、和谐警民关系。[3]韩非主张的"信赏必罚""循名责实"，体现了公平的思想。目前对公平的理解应当深化，所谓公平指公安行政主体在和谐的视角下平等地对待行政相对人。和谐理念与公平理念是一致的，实现了和谐的目标也就实现了公平的价值。和谐作为一种理想的状态，包含人与人的和谐。在警察执法中，公安行政主体与相对人的和谐，更多地需要公安警察行政主体转变观念，站在服务者的立场，树立为人民的利益服务和尊重人民的执法理念。[4]进而，公安警察行政机关树立和维护了警察执法的公信力，通过国

---

〔1〕 谢平、刘伟："群众围观拍摄民警执法有'法律边界'"，载《人民公安报》2016年7月4日，第5版。

〔2〕 孙卫华："警察执法行为体系的审视与重构"，载《中国人民公安大学学报（社会科学版）》2013年第3期。

〔3〕 施发笔："和谐警民关系构建与'潜-显'法则"，载《山东警察学院学报》2016年第3期。

〔4〕 例如，《法国国家警察职业道德准则法令》第7条第2款明确规定："在公共机构工作的国家警察必须成为公众的典范。必须绝对尊重他人，不论其种族、国籍、社会地位、政治、宗教和哲学信仰如何。"

民的信赖来保证执法的公平、和谐，以及更容易被理解。[1]不过，韩非"重刑""罚多赏少"的思想应予以抛弃。现代社会要求我们赏罚相当，所以要反对严刑峻法。有的学者提出，"执法必严"的提法已违背了现代执法精神，我们认为人民现在是法律保护的主体，法治的力量在于法律内在的人性内涵，警察执法就要做到公正、公平、服人心。人性化执法和比例原则应是现代法治的基本要求之一，所以"执法必严"应该"退休"。[2]笔者认为，"执法必严"本身没问题，但需要准确理解，警察执法的目的不只是惩罚，还有教育，警察执法的最终目的要引导人民在法律的框架内进行活动。

（四）构建完备的警察执法程序

韩非重视"严格执法"，此理念发展到现代也包含严格按程序执法。我们应当把西方"正当程序"的法治精神和理念纳入中国警察执法的文化和原则中，使现代法治观念取代传统观念，实现实体与程序并重。[3]正当程序是一种理念，也是一种标准，它具有一定的闭合性、明确性、选择性与权威性。[4]它要求适用程序的主体在程序中切实履行自己的义务，同时又通过程序来保障自己的权力和利益。[5]这要求公安行政机关实施警察执法时至少做到以下三点：除涉及国家秘密、商业秘密及个人秘密，公安行

---

〔1〕［日〕森际康友编：《司法伦理》，于晓琪、沈军译，商务印书馆2010年版，第296页。

〔2〕参见赵旭辉："建立比例原则　规范警察执法"，载《人民公安报》2016年5月23日，第5版。

〔3〕参见杨建顺："过程论视角下的警察执法规范化"，载《检察日报》2016年6月15日，第7版。

〔4〕参见杨继文："通过司法的罪刑法定：从刑法解释到程序性解释"，载《山东警察学院学报》2015年第5期。

〔5〕Kaitlin Cassel, "Due Process in Prison: Protecting Inmates' Property After SANDIN V. CONNER", *Columbia Law Review*, Vol. 112, No. 8, 2012, p. 2112.

政机关实施管理程序要公开；在管理活动中要严格遵循法律程序，确保相对人知情权、参与权、救济权等权利的实现；警察执法有回避事由时，要主动提出回避，这样才能最大限度保证警察执法的公平。这样，至少在形式上做到公平，警察执法结果也就更容易被大众理解和接受。

总之，正如韩非所言："国无常强，无常弱。奉法者强则国强，奉法者弱则国弱。"只要我们正视警察执法困境，借鉴历史传统中的合理资源和思想理论，积极寻求解决途径并加以实施，那么我国公安警察行政执法就能为和谐社会的构建提供有力的保障，为法治、服务、责任的国家和政府建立奠定坚实基础。

第二节　警察使用枪支的审查机制构建[1]

一、警察使用枪支审查机制构建的必要性分析

（一）警察使用枪支的审查内容和审查标准不明确

《中华人民共和国人民警察使用警械和武器条例》（以下简称"《条例》"）规定了警察使用枪支的情形，[2]但由于缺乏具体的实施细则而不具有可操作性，如警察需"判明"有暴力犯罪行为

---

〔1〕　本部分的核心内容，笔者和何冰冰检察官曾经发表于《中国人民公安大学学报（社会科学版）》2016 年第 6 期。

〔2〕　《条例》第 9 条明确规定，"人民警察判明有下列暴力犯罪行为的紧急情形之一，经警告无效的，可以使用武器：（一）放火、决水、爆炸等严重危害公共安全的；（二）劫持航空器、船舰、火车、机动车或者驾驶车、船等机动交通工具，故意危害公共安全的；（三）抢夺、抢劫枪支弹药、爆炸、剧毒等危险物品，严重危害公共安全的；……（十四）犯罪分子携带枪支、爆炸、剧毒等危险物品拒捕、逃跑的；（十五）法律、行政法规规定可以使用武器的其他情形。"综上，人民警察依照前款规定使用武器，来不及警告或者警告后可能导致更为严重危害后果的，可以直接使用武器。

的紧急情形，何为"判明"？有的警察认为自己主观上认为他人可能实施暴力犯罪行为就可以使用枪支，而有的警察则可能认为只有犯罪分子实施了暴力犯罪行为时才可以使用枪支。同时，也未规定警察使用枪支以后由哪个部门或机构进行审查，审查程序、审查内容和审查标准也未提及，这就导致警察执法办案过程中，虽然可以控制开枪行为，但却无法准确把握"应该不应该"开枪。[1]由于害怕承担开枪后的不利后果，导致部分警察执行任务时不愿配枪，即便配枪也不愿开枪，遇到危急情况时因平时疏于训练而不会用枪，不能有效打击违法犯罪行为，既贻误了战机，又使得人民群众的生命财产安全得不到应有的保障，从而形成"执法不畅"的恶性循环。因此，通过构建完善的警察使用枪支审查机制，明确审查主体、审查程序、审查内容和审查标准，认定哪些情形可以依法使用枪支，哪些情形需综合现场各种因素使用枪支，哪些情形不能使用枪支，为警察依法准确使用枪支提供制度支持，最终确保警察在危急时刻敢于依法开枪，依法履行职责，保障公民的人身和财产安全。同时，通过检察机关发挥监督权力，依法进行审查，对滥用枪支的行为进行治理，明确滥用枪支需要承担的法律责任，可以促使警察使用枪支时保持审慎态度。

（二）警察权与公民权之间存在紧张关系

国家权力的正当性源于国家权力对公民权利的保障作用。警察权力是国家权力的重要组成部分，它来源于公民权利，同时也要服务于公民权利。警察权作为一种具有巨大裁量余地的权力如

---

[1] 《条例》第9条第10款规定，以暴力方法抗拒或者阻碍人民警察依法履行职责或者暴力袭击人民警察，危及人民警察生命安全经警告无效的，可以使用武器。但该规定中的"危及人民警察生命安全"的判明标准模糊。一般情形下，民警会结合案发现场的实际情况，根据自身的经验判断来确定是否开枪，其自身判断是遵循一般公民常识性判断抑或作为职业人员应有的一般性判断，司法解释尚未明确，这就会导致在公安执法和司法实践中，用客观结果审视用枪行为合法性，有"客观归罪"之嫌。

同"行政法上的特洛伊木马"，时刻都有侵犯公民合法权利的危险。[1]警察权力的运行在于保障公众的安全和权利[2]，却可能由于执法过程中不当使用枪支、滥用枪支，引发涉警群体性等事件，导致群众对公安机关的抵触情绪，最终危及和损害了警民关系。公民权是公民依法享有的人身、政治、经济、文化等方面的权利，是公民受法律保护的基本权利。例如，我国《刑事诉讼法》第 12 条明确规定："未经人民法院依法判决，对任何人都不得确定有罪。"未经法院判决有罪，包括公安机关在内的其他任何单位和个人均不得剥夺他人生命和人身自由等权利，警察对违法犯罪案件的处置，从性质上看毕竟只是应急处置而采取强制措施，而不是处罚和制裁，更不是定罪量刑。因此，约束警察权和规范警察使用枪支也是保障公民合法权益的重要途径之一。构建警察使用枪支的审查机制，可以厘清警察使用枪支的权力边界，将警察的权力关进制度的"牢笼"，从而有效规制和防止这匹"特洛伊木马"对民众的反戈。

（三）警察履职与社会舆论之间存在一定程度上的矛盾冲突

当前，我国正处于社会转型期，各种利益冲突凸显和矛盾激化，公安机关肩负着维护国家利益、社会公共利益和公民合法权益的重任，赋予警察一定情形下的开枪权在维护社会治安、辅助刑事侦查方面发挥着不可或缺的作用。然而，在处置重大社会群体性事件和危急事件时，警察依法使用枪支维持秩序、抓捕犯罪分子的情形屡见弊端。而个别警察滥用枪支造成恶劣影响的案例也被媒体放大，成为一些民众发泄对社会不满情绪的借口，甚至引发更大规模的社会骚乱。这给公安机关和开枪警察造成了巨大

---

[1] 庄京伟、李群英："警察职权的配置与警察权益的保护"，载《法学杂志》2007 年第 5 期。

[2] Daniel P. Mears, *American Criminal Justice Policy: An Evaluation Approach to Increasing Accountability and Effectiveness*, Cambridge: University Press, 2010, p. 34.

的舆论压力和心理压力，也间接影响到警察执法中使用枪支的积极性。公安机关在与媒体的沟通中，由于自己既当运动员又当裁判员，发布的信息往往受到质疑，稍有不慎便会加剧民众的不满。因此，建立专门的事后审查机制，对警察用枪行为的合法性进行客观公正的审查，及时通报审查进展，满足公众对于事实真相的需求。同时也可以使公众以最快的速度接触到最全面的信息，促使公众对警察依法使用枪支打击犯罪的理解和支持，以减少对警察的非议甚至是抵触情绪，减轻公安机关所面临的舆论压力，从而有利于树立警察队伍的良好社会形象和提高警察执法过程中的伦理标准和要求。[1]

二、警察使用枪支审查机制构建的困境解析

从上述警察使用枪支审查机制构建的必要性分析来看，建立涉及枪支使用的审查机制十分必要而又紧迫。然而，目前在公安执法和司法实践中，都还没有建立完善的警察使用枪支审查机制，客观中立的第三方独立审查机构也未建立，这些都导致了警察使用枪支审查机制的构建面临着诸多方面的困难与挑战。

（一）公安机关内部调查作用有限

第一，公安机关的内部调查并不等同于审查。《条例》第12条的规定只是对警察使用枪支后的调查程序[2]，警察开枪造成伤亡的，要立即进行"报告"，当地公安机关或人民警察所属机关接到报告后应及时"勘验、调查"。而通知检察机关也是一种接

---

[1]　Michael A. Caldero, John P. Crank, *Police Ethics*, Anderson Pulishing, 2011, p. 198.

[2]　《条例》第12条规定："人民警察使用武器造成犯罪分子或者无辜人员伤亡的，应当及时抢救受伤人员，保护现场，并立即向当地公安机关或者该人民警察所属机关报告。当地公安机关或者该人民警察所属机关接到报告后，应当及时进行勘验、调查，并及时通知当地人民检察院。"

受监督的方式，保证调查程序客观公正，确保查清事实真相。然而做出这些规定的目的是为了查清事实，而未涉及对警察使用枪支合法性和必要性的审查，查清事实并不能当然认定警察就应当开枪。而警察使用枪支的合法和合理性审查，需要遵循相关程序法理的解释[1]和程序逻辑演绎[2]，具体从启动审查程序，设置审查内容和审查标准等方面，依次审查判断警察的开枪行为是否合法。

第二，警察使用枪支后提交的书面报告具有局限性。根据《条例》第13条规定："人民警察使用武器的，应当将使用武器的情况如实向所属机关书面报告。"而从公安执法的实践状况来看，这一书面审查的局限性主要表现在以下几个方面：首先，书面报告具有形式上的局限性，使用枪支的民警一般只是将当时的情形作简要的描述，根本无法从书面报告中判断开枪的必要性。其次，报告的内容是由开枪的警员来填写的，本就是一方利害关系人，带有强烈的个人主观色彩，因此报告的内容就有可能欠缺客观公正性。最后，在缺少外部因素介入的情况下，报告制度只是体制内的信息循环，监督者就是自身，缺乏明显的程序正义，"谁来监督监督者"成为摆在公安机关自身审查制度面前的一道难题。

第三，公安机关进行事后调查同样存在局限性。基于公安民警的开枪行为，将使公安机关成为利害关系人，其调查结果的客观性难以保证。一是出于公关压力。因为一旦定性为误伤，公安机关就有可能面临着新闻媒体一味追求新闻效应而不负责任的报道等问题，这会使公安机关在公民心中的形象造成极大的危害，

---

〔1〕 关于程序性解释的法理和应用，请参见杨继文："通过司法的罪刑法定：从刑法解释到程序性解释"，载《山东警察学院学报》2015年第5期。

〔2〕 关于程序性审查逻辑的范围和运作，请参见杨继文："追诉时效的程序性审查逻辑：期限缩短与司法应对——以适用《刑法修正案（九）》和《关于办理贪污贿赂刑事案件适用法律若干问题的解释》为视角"，载《中国刑事法杂志》2016年第3期。

加剧了前述所强调的警民矛盾。二是开枪警察所在单位的领导因警察滥用枪支可能要承担领导责任，而不愿作出违法使用枪支的审查结果。例如，中国公安部于 2003 年 1 月出台"五条禁令"中规定，民警违反规定使用枪支致人死亡的，对所在单位领导、主要领导予以撤职，情节恶劣、后果严重的，上一级单位领导、主要领导应引咎辞职或者予以撤职。三是如果将事件定性为违法使用枪支，公安机关则将面临着后期的赔偿等问题，这些因素都可能影响公安机关无法做出客观公正的调查结果。

（二）外部审查监督机制的匮乏和失效

目前，警察使用枪支的审查机制在法律规定上尚属空白。虽然《条例》第 12 条中规定，警察使用枪支造成伤亡的，向当地公安机关报告以后，应当通知检察机关。但并不当然认为检察机关就是第三方审查机构。具体来说，首先，公安机关需通知当地检察机关，而通知的时间、具体内容则没有详细的规定，通知的内容是对于事件的简要概述还是要提供详细的事发过程的描述，并不明确。其次，检察机关接到公安机关通知后，没有明确检察机关需要做什么，是监督公安机关调查开枪事实，还是对警察开枪行为进行审查？如果是前者，则更不能得出检察机关就是第三方审查机构的结论；如果是后者，《条例》中则没有详细说明，缺乏操作程序。最后，检察机关即便具有审查职责，但做出的审查决定如何适用，公安机关、当事警察以及受害者享有哪些救济权利，通过何种途径实现？这些都没有予以明确。可见，无论在法律规定还是在公安执法等司法实践中，对警察使用枪支审查的外部监督都属于"空白地带"。诚然，法律不健全会导致机制的缺位，成为机制建设的障碍，但也为我们制定更加科学完善的审查机制提供了更大空间。

三、警察使用枪支审查机制的比较考察

从法治发展和进步的一般逻辑来看，对其他国家和地区较为成功的立法和执法经验的移植和借鉴，是我国法律研究和法治建设有效发展和完善进路的重要方面。对我国警察使用枪支审查机制的构建和完善，也应当比较、审视和借鉴域外法治的先进规则和有益经验。

（一）英国

从 1829 年伦敦大都市警察建立时，英国警察就奠定了非武装化的特性。但是在 1884 年两名警察遇害后，警察在夜间巡逻时被允许携带韦伯利左轮手枪。20 世纪 80 年代，政府对武器的控制变得非常严格，许多警察的持枪证被取消。但自 9·11 事件发生之后，特别是 2005 年发生的伦敦爆炸案后，英国警方完善了鉴别、面对和武力处置恐怖嫌犯的"克雷多斯准则"。该准则部分参考了以色列和斯里兰卡安全部队应对自杀式爆炸袭击的经验，允许警察瞄准嫌犯头部开枪。这与瞄准躯干射击的通常做法相反，因为自杀式爆炸嫌犯的躯干中心部位可能隐藏了爆炸物，击中该部位可能会引发爆炸。而英国警察使用枪支的依据主要是 1983 年英国警察局长协会（ACPO）发布的《警察使用枪支指导手册》（以下简称"《手册》"），该《手册》包括使用武力、枪支和低致命性武器和装备、警务行动中枪支配发和携带以及授权武装警察的部署、指挥和事后部署等内容。按照《手册》的要求，警察使用枪支致人死亡的，为了揭示事件真相和作出报告，应当进行强制性的事后调查。事后调查由专门成立的投诉警察独立监察委员会（IPCC）负责，它是一个负责投诉警察系统监督工作的独立机构，由 18 名独立于警方和政府的调查专员构成。[1]而在警察执法和司法实践中，则注重的是对警察使用枪支的权力和环境进行实质性

---

〔1〕 IPCC 自身的调查员只负责调查非常严重的事件，如发生在警方羁押期间的死亡事件或者警察枪击社会成员的严重事件。具体请参见 http://www.independent.co.uk/index/resources/research/reports-polcustody.htm；访问日期：2016 年 9 月 18 日。

审查。[1]同时，《手册》中对调查的范围、要求以及对警务人员的救济都有相当详尽的规定。警察局在对警察的救济方面也比较充分，包括提供心理和医疗帮助；必要时应当为警员提供法律代理人；为减少非正式谣言与保护当事人的身份，禁止武装警察人员与未参与事件之其他警察人员接触；参与使用枪械勤务的警察必须被告知不得与未参加勤务的人员讨论案情；等等。[2]

（二）美国

《美国警察手册》中将警察使用枪支的情形按照强制力等级不同划分为六个等级，最低一级为口头命令（或口头警告），最高一级为致命强制力。1985 年，美国联邦最高法院通过了田纳西诉加纳［471 U.S（1985）］一案，据该判例确定了"生命辩解规则"，该规则规定只有在对警察或第三人生命构成严重威胁时警察才可以开枪，只要有合理理由相信嫌疑人的行为对包括警察在内的其他人可能构成重大生命威胁，警察就可以开枪。也就是说，美国警察是否开枪，取决于当时的情境与其所掌握的事实。[3]而且在很大程度上，警察使用枪支的审查都会涉及警察权力是否滥用的争议和问题，权力和权利存在一定博弈和竞争的关系。[4]

而美国警方使用枪支的后期法律程序包括枪支使用报告程序、媒体沟通机制和心理干预机制。《美国警察手册》规定，警察执行公务开枪射击应当有开枪警员填写《强制力报告表》逐级提交

〔1〕　Stephen L. Wasby, "Arrogation of Power or Accountability", in Henry R. Glick ed., *Courts in American Politics*: *Readings and Introductory Essays*, McGraw-Hill Publishing Company, 1990, p. 330.

〔2〕　徐丹彤、赵晓："英国警察武器使用概览"，载《上海公安高等专科学校学报》2011 年第 4 期。

〔3〕　韩增辉："美国警察枪支使用法律制度及其对我国警察使用枪支立法与实践的启示"，载《公安研究》2010 年第 9 期。

〔4〕　Jerold H. Israel, Wayne R. Lafave, *Criminal Procedure Constitutional Limitations in a Nutshell*, West Publishing CO., 1993, p. 177.

警察局局长，经局长审查后提交督察部门审核，如果有警员或其他人员伤亡，还应当立即通知重案组负责人。警察局设立强制力和武器使用审查委员会，对当事警察提交的使用枪支报告进行审查，审查的重点在于使用枪支的运行情况和程序。需要强调的是，根据《美国刑法典》，由于轻率或过失对无辜者造成伤害的，不能以此为正当理由对警察起诉，只有警察对他人故意非法使用枪支，并造成无辜者死亡或伤害的，才应当作为起诉的正当理由。

（三）德国

德国被称之为"世界上最安全的国家"之一，原因在于警察的训练有素。还有对私人枪支管理的日益严苛。例如，在德国已经通过了《枪支控制法案》，明确规定将合法持有枪支的年龄提高为21岁。根据德国相关法律规定，联邦各州都可自由选购手枪，标准的配置有三种，可发射8—18发子弹。例如，有的州警察被配备一支半自动手枪、两个备用弹匣、警棍和手铐等。在德国，警察开枪的最基本原则是"最小动用武力原则"，即警察在使用枪支前，应当尽量使用非致命武器，如网枪、眩晕弹和黏着剂等。而且，开枪前还要遵守以下规定：开枪前必须表明身份；在拒捕或者警察受到生命威胁时才可以开枪，并只能打非致命部位；在对方没有武器、已缴械投降，或者歹徒手里有人质等情况下，警察不得开枪。警察一旦开枪，会有专门人员在对口头警告情况、开枪理由、目标距离等认定与分析后，形成书面报告并据此处理。

（四）其他国家和地区

在日本，对使用枪支的法律规定十分严格。除警察、自卫队等国家机构外，不允许个人或者其他组织持有枪支，以避免侵犯其他主体的自由和权利。[1]在日本，警察使用枪支的规范内容较

---

[1]　[日]渡边纲吉：《法·诉讼·裁判》，青林书院新社1982年版，第11页。

为详细，如必须尽量避免进一步刺激罪犯；用枪指向罪犯起不到威慑作用时，可向天空等安全方向开枪；开枪时，要警告对方"我要开枪了"；警察如果在执行任务中开了枪，要向上级做出详细的报告等。在加拿大，《警用枪支使用规定》中明确了警察使用枪支的细致要求。警察只有在执勤时才可以使用枪支，而且只有在"防卫"时才可开枪，也就是说，对方必须采取了一定的行动威胁到了警察或他人的安全。在巴西，警察系统被划分为三级，即分联邦、州和城镇。其中，除城镇警察之外，其他两级警察可以佩枪。《巴西警察条例》明确规定，携带枪支的警察只有在罪犯携带武器进行犯罪活动、拒捕或者警察需进行必要自卫时才可以开枪。

在我国香港特别行政区，警察使用枪支规范主要依据《警察通令》，警察拔枪、举枪都要与开枪一样履行报告和调查程序。具体规定在《警察通令》第29-04条（拔出警察枪械或举起警察枪械）第2段，如警务人员从枪袋拔出枪械或举枪，须在安全时将实情向所属的总区指挥及控制中心报告。第3段，警务人员须在拔枪或举枪事件发生后尽快向事件发生地区所属警署的值日官报告。[1]香港特别行政区对警察使用枪支合法性的审查由案发警区的指挥官或总区的指挥官（例如案件涉及多个警区）指派一名警司领导调查，并提交初步报告及杂项调查报告。[2]调查人员需向开枪警察了解他开枪前后的详细情况，领导调查的警司须亲自填写初步报告，并根据调查初步评定警察开枪是否符合警队指令，并拟备一份杂项调查报告。领导调查的警司如果认为已对警察开枪事件进行详细调查，须于事发后21个工作日内，将杂项调查报

---

[1]　徐丹彤："警察拔枪行为研究"，载《净月学刊》2014年第2期。
[2]　具体请参见香港立法会2002年12月2日通过的CB（2）504/02-03号文件。

告送交区指挥官，并就开枪警察的行为是否符合警队指令提出意见。[1]

四、警察使用枪支审查机制的具体构建

经过对上述各国警察使用枪支审查机制的比较考察，可以看出：一个行之有效的审查机制构建应当尽量全面和考虑周全。既涉及警察权力与公民权利的平衡，又促进警察执法与社会公众舆论的协调。同时，在警察不得不使用枪支的过程中，必须要有相关的操作技术规范、警察伦理规范和程序运作规范等予以审查和指引。也就是说，警察使用枪支审查机制的具体构建至少应当明确审查的主体、适用的范围、审查的启动、审查内容和结果以及事后的救济等方面内容。以下将对我国的警察使用枪支审查机制的内容进行简要的说明。

（一）明确审查主体为检察机关

在我国，检察机关应当作为警察使用枪支审查的主体。具体法理依据和现实合理性如下：其一，检察机关对警察使用枪支进行审查具有宪法和法律依据。我国《宪法》第 134 条规定："中华人民共和国人民检察院是国家的法律监督机关。"《中华人民共和国警察法》第 42 条："人民警察执行职务，依法接受人民检察院和行政监察机关的监督。"因此，具有法律监督职能的检察机关具备对警察使用枪支进行审查的宪法和法律基础。

其二，检察机关对警察使用枪支进行审查具有政策依据。十八届四中全会审议通过的《中共中央关于全面推进依法治国若干重大问题的决定》中阐述了完善对涉及公民人身、财产权益的行政强制措施试行司法监督制度。检察机关在履行职责中发现行政

---

[1] 徐丹彤："香港警察枪械使用法律制度述评"，载《上海公安高等专科学校学报》2014 年第 1 期。

机关违法行使职权或不行使职权的行为,应当督促其纠正。公安民警使用枪支的行为属于一种行政强制措施,检察机关对公安民警使用的强制措施具有司法监督职能,并对警察使用枪支的职权行为具有监督并督促其纠正的职能。

其三,在司法实践中,检察机关对公安机关也履行着法律监督职能。虽然更多地体现在刑事侦查的监督,但如上面第二点所述,检察机关对公安机关行政执法行为的监督也是司法改革的方向。这正如日本检察机关行使的检察权,其中一项重要的内容就包括对警察机关行使各项权力的监督和审查。[1]

其四,如前文所述,英美国家及我国香港特别行政区对审查机构的设立均为独立的第三方。而且,对警察执法过程中的使用枪支行为进行必要性审查,必须要由公正的且值得公众信赖的检察官进行主导。[2]因此,检察机关作为独立于当事警察(公安部门)和开枪对象之外的第三方,更具有中立性和公平性,审查结果更易于让公众接受。

(二)合理界定审查机制的适用范围

要科学地设定审查机制适用范围,一方面,应当厘清什么是"使用枪支"这一概念,因为拔枪瞄准对象即有可能因恐惧导致目标对象精神受到伤害。对于这个问题有三种不同的理解:一是警察执行任务时,携带枪支。二是警察执行任务时,持枪指向对方。三是警察执行任务时,造成枪支的实际发射。[3]笔者认为,"使用枪支"的概念应当界定为拔枪、瞄准、射击的整个过程或其中某一个环节。

另一方面,是不是警察使用枪支就要接受检察机关的审查呢?

〔1〕 [日]高田卓爾:《刑事诉讼法》,青林书院1958年版,第67页。
〔2〕 [日]渥美东洋:《刑事诉讼法》(新版),有斐阁1996年版,第229页。
〔3〕 郦树龙:"探讨警察依法使用武器的相关问题",载《公安教育》2008年第10期。

笔者认为，除了《条例》中规定的警察使用枪支造成犯罪分子或者无辜人员伤亡的情况之外，还应将警察使用枪支造成社会重大影响的情况也划归到审查的范围，即虽未造成伤亡，本可以避免开枪，但由于警察使用枪支，在群众中造成极大恐慌的情况。警察执法过程中的逮捕措施适用或者使用枪支，必须受到宪法保障公民自由等基本权利规定的限制，否则这种执法或者司法行为就是不正当的。[1]例如，在闹市区鸣枪示警，造成人群恐慌，民众怨声载道等情况。当然，对一般的警察使用枪支的行为则没有必要进行审查，主要是基于节约司法资源、有效发挥检察权的考量。随着司法改革的不断深入，检察机关法律监督职能将进一步强化，监督范围也将进一步扩大，其职责和工作任务也将随之加大。对每起警察使用枪支都进行审查将超出其监督范围，将增加检察机关的工作量，不能发挥检察监督的"比较优势"，有可能造成资源浪费。

（三）规范审查程序的启动

具体来说，警察使用枪支审查程序的启动方式可以分为两种：一是依职权启动。按照《条例》规定，警察使用枪支造成犯罪分子或者无辜人员伤亡的，当地公安机关或者该警察所属机关接到报告后，应当及时通知当地人民检察院。检察机关在接到通知以后，应当派员到达现场，进行调查、现场勘验，对在场了解相关情况的个人进行询问，查明事实真相。

二是依申请启动。除了警察使用枪支造成犯罪分子或者无辜人员伤亡的需依职权启动之外，对警察使用枪支造成恶劣影响等情况，检察机关根据被害人、被害人近亲属及人民群众举报、检举、控告，检察机关对申请人提供的材料进行初步审查，可依申

---

〔1〕 ［日］横山晃一郎：《宪法与刑事诉讼法的交错》，成文堂 1978 年版，第81 页。

请启动审查程序，收集证据材料，同时应将启动审查程序决定及时通知公安机关和当事人。[1]

（四）细化审查机制的具体内容

第一，合法性审查，包括主体资格、行为、程序三个方面。一是对当事警察主体资格的合法性审查。审查并确定是否具有警察身份，如果是协警或其他临聘人员，则当然不具有持枪执法的主体资格；审查是否具有配枪资格，枪支的配备是否经过审批，是否持有持枪证；审查是否在依法执行职务过程中使用枪支。二是对开枪行为的合法性审查。包括是否符合《条例》第9条中规定的十五项依法使用枪支的情形。调查人员应当综合现场环境、发生时间及当事人的主观认识等主客观因素进行综合判断。包括警察开枪时看见和听见什么、导致开枪事件的原因、如何拔枪及什么时候拔枪、发射子弹数目、开枪的理由、与目标的距离及其他警员的位置、现场有无掩护物、光线、能见度及天气等情况。[2]三是对枪支使用程序的合法性审查。调查人员应当查明警察在开枪前是否向对方发出口头警告，如果没有发出警告，是否符合《条例》第9条第2款规定的"来不及警告或者警告后可能导致更为严重危害后果的，可以直接使用武器。"情形。同时调查人员应当查明警察开枪后采取了什么行动，是否对受伤人员及时进行抢救、保护现场，并立即向当地公安机关或者该人民警察所属机关报告。

第二，必要性审查。限制警察开枪并不是禁止警察开枪，而是要在维护社会秩序和保障人权之间取得最佳平衡。因此，借鉴

---

〔1〕　我们认为，无论是依职权启动还是依申请启动审查程序，为保证调查程序的公正和调查结果权威，后续的调查都应当由检察机关成立的调查组（调查组可由分管副检察长任组长，反渎部门、侦监部门、民行部门工作人员为成员）独立进行调查。

〔2〕　张莉斌、禹竹蕊："促进公安民警在执法过程中规范使用枪支的对策研究"，载《四川警察学院学报》2009年第5期。

上述各国的先进法治资源，可以把握三个原则来判断警察使用枪支之必要性。一是比例原则，指人民警察使用枪支足以制止犯罪嫌疑人犯罪活动，只有在用尽其他手段尚不足以制止其犯罪活动的，才可以使用枪支。比例原则同时也强调警察开枪的被动性，只有在别无选择的情况下，警察为保护公共利益和自己的生命安全而开枪。二是最小伤害原则，指警察使用枪支要尽量减少人员伤亡、财产损失并尊重和保障人权，以侵犯最小的方式为之。[1]例如，警察使用枪支以制止其犯罪活动为限，尽量不射击犯罪嫌疑人身体的致命部位。三是例外原则，即对于涉嫌暴力恐怖犯罪、爆炸等犯罪的，为了避免疑犯造成更大的伤害结果，警察可以开枪直接打击其要害部位，一击毙命，以使人员伤亡、财产损失控制到最低限度。

（五）完善审查结果的具体应用

检察机关对警察使用枪支合法性进行审查，根据不同的情况可以有四种审查结果。

一是，经审查认定警察是在执行公务期间依法使用枪支的，对造成人员伤亡的后果不负任何刑事责任。同时，考虑到警察开枪本来就是公众比较敏感的事情。首先，检察机关应当加强与新闻媒体的沟通，及时向社会公布最终审查结果，减少媒体和公众的非议和臆测，对一些具有重大社会影响的案件，还应通过新闻发布会等形式公开具体的审查依据和审查过程。其次，要对警察是否存在因开枪导致的心理问题进行评估。随时关注开枪警察的心理情况，必要时对开枪警察进行心理治疗。同时，保证警察及其家人的隐私，防止在大众新闻媒体中曝光，避免对其产生不利后果。最后，对警察在合法情形下使用枪支造成无辜伤亡的，要依法进行行政补偿。同时，如对检察机关作出的审查结果不服，

---

〔1〕 王兆鹏：《路检、盘查与人权》，元照出版公司2003年版，第63页。

相关当事人可以自收到审查结果后在规定期限内向上一级检察机关申诉。

二是，在执行公务期间，滥用枪支但尚未造成严重后果的，依据《中华人民共和国治安管理处罚法》第114条第2款之规定进行处置。即"公安机关及其人民警察办理治安案件，不严格执法或者有违法违纪行为的，任何单位和个人都有权向公安机关或者人民检察院、行政监察机关检举、控告；收到检举、控告的机关，应当依据职责及时处理。"具体应用在司法实践中，检察机关对民警不当使用枪支的行为可向公安机关发出检察建议，建议对肇事警察给予纪律处分。同时，公安机关认为审查结果有错误，要求复议的，检察机关应当另行指定检察人员进行审查并提出审查意见。检察机关在规定期限内做出复议决定后应当及时通知公安机关。公安机关也可对审查决定向上一级检察机关提请复核，经审查改变原审查决定的，应当按照上一级检察机关的决定撤销或者变更做出原审查决定。

三是，超越职权滥用枪支造成严重后果，涉嫌滥用职权或玩忽职守犯罪的，检察机关应当直接立案侦查，追究其法律责任。

四是，未执行公务使用枪支造成人员伤亡，涉嫌故意伤害、杀人或者过失致人死亡等，达到刑事立案标准的，检察机关应当行使立案监督权，依法监督公安机关立案侦查。同时，对公安机关应当立案侦查而不立案侦查的，应当要求公安机关说明不立案的理由，经审查认为公安机关不立案理由不能成立的，检察机关应当通知公安机关立案。

余　论

"社科刑事诉讼法学"诞生与制度分析论

　　"在实践中立法改革的努力并未全面展开，导致司法改革更是步履维艰。导致这种局面的原因是多方面的。从刑事诉讼法学者的角度看，这种司法改革的挫败与理论研究的盲区有关联，尤其是对中国刑事诉讼运行机制的把握不够紧密相关。"〔1〕对应于现在的刑事诉讼法再修改，虽然出现了令人可喜的一面，但是还有很多的不足。虽然我国立法机构已经将刑事诉讼法的修改纳入立法规划之中，越来越多的法律学者都开始关注和研究刑事诉讼法的再修改问题，但是刑事诉讼法在实践当中，会出现令人尴尬的"失灵"问题。笔者认为，对应于法学研究，我们应该用社会科学的研究方法，来研究法学理论。进一步说，是用社会科学研究的一般方法来研究法学的具体问题，从社会科学的一般理论来寻找方法论基础，实现"惊心动魄的跳跃"〔2〕，迎接"社科刑事诉讼法学"的诞生。

　　具体来看，在刑事诉讼程序中，庭审是中心和重点。构建合理的庭审基础理论，对于刑事诉讼程序的研究具有基础价值和方法论意义。通过探讨刑事庭审的基础理论，试图从结构主义哲学方法论的视角，研究整体上的制度协调和微观意义上的制度协作，

---

　　〔1〕　左卫民等：《中国刑事诉讼运行机制实证研究》，法律出版社 2007 年版，详见序。

　　〔2〕　陈瑞华：《刑事诉讼的中国模式》，法律出版社 2008 年版，详见"惊心动魄的跳跃"（代序言）。

以求对现行的刑事诉讼体制的完善提供一种研究进路。在刑事诉讼的社会需求方面，和解制度的协调和处理社会矛盾的功能被无限放大。与此相适应，刑事和解的基础理论却略显单薄。从我国传统的文化理念入手，以文化的功能论视角来分析我国刑事和解制度的价值，并提出在构建中国式和解的过程中，从相关主体的利辨、情理、通达等来分析中国刑事和解的文化之维。从社会伦理的角度来进行探讨司法判决的公正性和合理性，也可以从司法伦理来研究刑事判决的伦理价值和伦理需求。即从刑事诉讼法中判决的合理价值和具体架构出发，分析现行刑事诉讼判决机制的问题，以期实现刑事判决机制的完善。

第一节　刑事庭审制度改革的结构主义

一、问题的提出

什么是刑事庭审？它的内在构成要素有哪些？从结构主义角度来看，它又有哪些关联域[1]？它又是怎样分配和运作的？从现有法学文献来看，国内学者很少从法哲学的角度对这些问题进行分析。因此，本文试图从哲学的角度，具体是从结构主义哲学的角度，来试图研究分析和完善我国刑事庭审程序。

庭审是现代诉讼程序的中心环节，它直接影响刑事审判模式的构建。同时，对于审判方式、审前程序、庭审操作、公诉出庭

---

〔1〕　本文所说的"关联域"是从语言学上借鉴的，在语言学上它是指"上下文"。现在结构主义哲学把它扩大到一切记号领域，指任何一种记号出现于其中的记号环境的区域，它特别指该区域中全部记号及记号与记号之间所组成的整体。笔者拙以为，在刑事庭审中，也存在结构主义意义上的"关联域"，即刑事诉讼中存在时间上和空间上的"上下文"，主要表现为刑事诉讼中特有的线性发展路径和物理空间意义上的关系型存在。

以及律师辩护等各种理论和实务性问题的研究也具有重要的价值。在现行的刑事诉讼体制下，庭审这一程序既借鉴了西方发达国家的经验，又具有"本土资源"传承的性质，因而其具有多种价值元素混合特征和多样性趋同的趋势，同时又集中体现了各种矛盾和冲突。从系统论的角度看，刑事庭审对于刑事诉讼的完善和有效进行也起着至关重要的作用。对于上述问题可以从理论上作出种种不同的回答，以不同理论为依据在立法上也可以做出不同的选择。问题的关键是在于要找到适合当前中国法治之特殊性的理论依据，要从更高的"层次"上去寻找答案。具体而言，笔者主张，需要将这些问题同现实理论研究相结合，必要时可以通过借鉴相关学科或者相邻学科的具有时代意义的方法论和工具论，来扩大研究横度和深化研究纵度，从结构主义哲学方法论中寻找思路和路径。本文中所说的结构主义，并不仅仅指它的符号学方法论，更重要的是指运用这一方法所产生的种种结论，以及它所具有的哲学态度和方法学倾向。

结构主义是 20 世纪 60 年代在法国取代存在主义而风行一时的一种哲学思潮。它的核心是结构主义方法，这种方法被广泛地运用于许多学科之中。[1]结构主义基本上是关于世界的思维方式，因为事实的真正本质不在于事物本身，而在于我们在各种事物之间构造，然后又在它们之间感受到的那种关系。让·皮亚杰认为，可以给结构主义下这样的定义，即人们可以在一些实体的排列组合中观察到结构，这种排列组合体现下列基本概念：①整体性概念；②转换概念；③自我调节概念。[2]笔者认为，结构主义是一种形式主义符号学方法论，是一种科学主义的思潮。它包括很

〔1〕［瑞士］让·皮亚杰：《结构主义》，倪连生、王琳译，商务印书馆 1984 年版，第 2 页。

〔2〕［瑞士］让·皮亚杰：《结构主义》，倪连生、王琳译，商务印书馆 1984 年版，第 57 页。

多方面和内容，是一种综合了各个学科和研究领域的思潮。可以说，运用结构主义的方法论研究刑事庭审，有重要的意义。例如，法国社会学家克洛德·列维–斯特劳斯用结构主义的语言学方法去研究社会学；法国历史学家米歇尔·福柯运用结构主义方法研究文化现象；美国的语言学家诺姆·乔姆斯基则提出一种新的结构主义语言学理论，"转化生成法"；法国路易·皮埃尔·阿尔都塞还试图用结构主义的马克思主义代替马克思主义。甚至在文学方面，出现了有影响的结构主义文艺批评理论，以法国罗兰·巴特的理论最为著名。[1]同时，结构主义也对学者们的研究应用产生很重要的思想。意大利著名法学家詹巴蒂斯塔·维柯出版的《新科学》中指出："它试图消除永恒的结构过程对人的心灵产生的麻痹作用。……这种精神语言表明它本身是人类普遍具有的能力，不仅是形成结构的能力，也使人的本性服从于结构要求的能力。这是昭示所有人必将永远这样生活的一条原则，他表明，要成为人，就必须成为结构主义者。"[2]

二、刑事庭审结构主义的基础因素：刑事庭审记号

西方诉讼法学者将庭审视为法院解决特定争议以及各方之间利益争端的国家活动。《布莱克维尔政治学百科全书》中提到，庭审是指（法院）在诉讼案件中对有关各方之间的权利分配问题

---

〔1〕 结构主义思潮涉及的面很广，派生和发展了许多研究成果，但是也表现出一些共同特征。主要有：①采用结构主义的方法，例如分解、定位、重组、构造等，使对象形式化、模式化和公式化；②强调对对象的整体性研究，突出结构中整体与部分的关系；③注重结构的主观性。强调结构的先验性，是人的心灵的无意识的能力所投射到社会文化现象中区的；④都注重共时性的研究策略，忽视历时性的研究方法。从笔者的归纳来看，结构主义哲学强调的是结构的整体性、先验性、映射性和共时性。

〔2〕 ［意］詹巴蒂斯塔·维柯：《新科学》，朱光潜译，人民文学出版社1989年版，第53页。

作出有约束力的裁决，而这些权利被认为原则上已为法律所规定。这也是西方学者普遍所持的观点。国内学者认为，刑事庭审是法官在其他诉讼关系人的参与下在刑事法庭以特定方式审理刑事案件的活动。通过对以上国内外观点的介绍和分析，从中可以看出西方学者的观点没有区分民事庭审和刑事庭审的不同点，这与西方的法律传统和法律价值有关。国内学者较明确地区分了这两者之间的不同，但没有深入到问题的本质。

笔者认为，刑事庭审毕竟和民事庭审不同，它不是对诉讼主体之间的权利、义务或者责任作出分配和确定的活动，而是主要由国家追诉机关向法院提请裁决追究被告人刑事责任的活动，是法院对违法犯罪行为进行调查、审理并作出权威判定的活动。从结构主义的观点来看，刑事庭审作为一种记号[1]，它主要指法官与诉讼参加人之间的互动关系。法官是能指者，诉讼参加人是所指者，刑事庭审就是能指与所指之间的关系活动。它主要包括三大部分：法官、当事人以及两者之间的关系。

（一）两大关系项：法官和当事人

我国的刑事审判是一种较为典型的职权主义模式。在司法实践中，主要表现为法官在庭审中包揽庭审调查和庭前实体审查。由于在这一模式中，被告人较为被动，其权利十分受限，而检察

---

〔1〕 本文设定的记号概念，主要受了现象学和符号学的启发。记号与记号系统是符号学的研究对象，也是结构主义的基本概念之一。记号一词的含义在不同人的研究中十分不同。目前，通说基本上是遵循索绪尔的定义的。他把记号定义为能指与所指之间的关系。根据他的定义，法国结构主义者把"记号"看作是一个"意义关系的整体"，它包括三个组成成分，即两个关系项（指示者和被指示者）和二者之间的关系。具体参见：［瑞士］让·皮亚杰：《结构主义》，倪连生、王琳译，商务印书馆1984年版和［比］J. M. 布洛克曼：《结构主义》，李幼蒸译，中国人民大学出版社2003年版。笔者正是借助了索绪尔的记号概念，来阐述刑事诉讼中的刑事庭审。因为笔者认为，以记号来概括刑事庭审的整体性和发展路径，更适合结构主义哲学的表达方式和习惯，更能突出结构主义哲学在刑事庭审中的工具论价值和指导意义。本文的相关结构主义术语也正是基于以上的考虑。

官具有一种超越诉讼当事人的监督特权，因此，还可以说具有某些"超职权主义"的特征。从结构主义的角度看，作为关系项之一的法官，在庭审中处于主导地位。由法官行使国家权力，来掌控庭审的进行，表现为一种所谓的"权力行使型"诉讼结构。而作为关系项另一方面的诉讼参加人，主要是诉讼当事人，则属于"权力抑制型"，其权力得不到有效的发挥，权力处于被压制状态。

正是基于上述法官与当事人之间的关系，司法实践中法官"程序主导权"的滥用、形式正义与实质正义的矛盾以及当事人公共利益与福利社会等要求的提出，使法官与当事人之间的关系更加复杂。主要表现为机械地遵循程序自由主义理念，程序正义表面的中立性和当事人实质性接近司法的障碍（弱势群体在程序的阻隔下，无法接近司法，为程序疏远和边缘化）。与此同时，刑事庭审中当事人的陈述义务、真实义务、诉讼促进义务和诚实信用义务也逐渐被强化和放大，并随着程序理念的变化，即追求"实质性公平正义"逐渐取代了"司法竞技理论"而成为司法裁判之基本理念。但是，这种强化与放大也不是不受限制，如在程序中不得无限制地运用程序权利和诉讼技巧，而要考虑他人和社会公益，必须遵循诚实信用原则。国家须运用诸如法律援助等追求实质正义的社会福利手段调节程序法律关系，而法院则负有引导程序运行、防止程序权滥用、保障实质性司法公正实现、促进程序经济之职能。在此背景下，法官"程序主导权"的使用及扩大也就具有充分的正当性，故而系统地展现出当事人与法院之间的关系重新分配及其动态均衡的问题。

（二）博弈历程：关系项之间的演进

作为结构主义的两大关系项法官和当事人，在庭审程序中，表现为多种关系。在中国古代审判中，主要实行纠问式的刑事诉讼制度，其特点是审判机关同时承担侦查、起诉和裁判等诉讼职能。诉讼参与人事实上无法对法官的诉讼活动进行有效而充分的参与，被告人更是处于诉讼客体的地位，其人格尊严和基本权利得不到尊重和维护。基本上两者之间的关系为"强制型"关系。在"马锡五审判方式"中，法官直接在出事地点开庭审判，不拘于形式，在维护人民利益的基本前提下，进行合理调查，同时邀请有威信的群众到场参加断案。这种方式中，法官与当事人的关系可以概括为"控制-协商"关系。在这一时期，我国大陆的刑事诉讼庭审也受到了苏联审判模式的影响，法官积极主动地进行证据的收集和事实的调查，控辩双方仅处于辅助或次要地位，这种关系可以概括为"控制型"关系。

我国目前的刑事诉讼庭审方式是一种具有中国特色的混合式庭审方式。它是中国传统和固有制度因素、现代职权主义以及当事人主义三大要素的糅合。在这种模式下，庭审方式在一定程度上具有了当事人主义的某些特征，但不完全，表现为许多冲突。比如立法技术的冲突、法律精神的不协调等。法官主导和控制着庭审程序，公诉人、辩护人在庭审中仅拥有相对较小的程序控制权，被告人是理论上的诉讼主体，根本无法积极而有效地参加庭审活动。这种关系可以表述为"主导-服从型"关系，即以强职权主义为基调的准混合式模式关系。这种关系的形成主要是以下原因形成的：我国经济的转型，由计划经济转变为市场经济，人们观念上的变化导致法官与当事人之间关系的变化；在控制犯罪与保障人权理念的双重压力下，社会舆论监督与人民主权思想的发展，出现了既强调法院的职权主义又保障人民权利的混合式价值观念；我国公众思想禁锢的解除和学术研究的发展；等等。

三、刑事庭审结构主义的基础系统：刑事庭审关联域

关联域是结构主义哲学的基本范畴之一。法国著名学者斯特劳斯认为，结构主义发现现象秩序的企图，并非在于要把一个预想的秩序强加为现实。反之，它要求对这个现实进行复制、重塑并

为它建立一个模式。在这里，斯特劳斯教授所说的秩序、模式，也即一种结构的概念。例如某人想在英文字典里查询一个单词时，在翻字典时，他就会明白，字典本身也是一种结构，也可以说是代表一种秩序、模式，于是就会明白结构与秩序、模式的同一意义。在这本字典中，这个单词就是一个记号，在其所处的那节、那章中，节、章又可以称为这个单词的关联域。在刑事诉讼程序中，刑事庭审作为一个记号，它必然有许多关联域。结构主义刑事法学的关联域主要包括两个方面，即纵度方面和横度方面。

从纵度来看也就是刑事诉讼程序全过程来看，庭审记号的关联域主要有审判方式、审前程序、庭审操作、公诉出庭以及律师辩护等相关具体程序和制度。[1]这些具体的程序和制度，对于刑事庭审的完善具有重要作用。例如，在英国，公诉机关是否有量刑建议权，对于刑事庭审甚至判决起到了重要的作用。英国学者格雷厄姆·泽利克说："在普通法中，法官判决是以对抗制为基础，但是到量刑时，该制度却奇怪地被抛弃了。"也就是说，刑事庭审中公诉机关的量刑建议，对于庭审中法官的自由心证产生不了影响力，更不用说产生有利于控诉方的判决了。这也从反面证明了庭审中各种程序的相互影响，直至影响到最后的判决。

从横度来看，我国刑事庭审的关联域主要为各国的刑事庭审模式，主要有对抗式模式、审问式模式和混合式模式。传统上，英美法系国家的刑事庭审被称为对抗式模式。美国的米尔建·R.达马斯卡教授曾对对抗式模式下过一个著名的定义："理论上处于

---

[1] 从刑事法整个法律机制来说，刑事庭审记号的"关联域"会更多，范围更大。本文所指的刑事庭审的关联域主要是特指刑事诉讼程序中的各种相关子程序和制度，就如前文所说的各种具体程序。而从更广阔或者更大范围的角度来说，笔者借助"关联域"来予以解答。因为随着现代知识日益精细的分工和科学发展的整体化趋势，事物之间的相互关系日益复杂和无限多样，要发现它们的本质和规律性，必须借助系统方法的应用，研究关系这一范畴在现代知识中的意义。

平等地位的对立双方在有权决定争端裁决结果的法庭面前所进行的斗争。"审问式模式是现代大陆法系各国所采取的刑事庭审模式。一般也称作职权主义。这种模式是受当时绝对工具主义的程序价值观的影响。今天这种影响虽逐渐退却，但法官仍保留了传统上十分强大的司法调查权，这是因为人们对法院作为公正实施法律、维护人权的司法机构保持了很大的信任。

时至今日，有一点必须予以强调，就是两大法系之间日益趋同，有一种日益融合的倾向。虽然两种庭审方式追求的价值目标是不同的，但是由于两大法系的刑事庭审方式各有许多缺点和不足，如在大陆法系虽能有效控制犯罪，但诉讼的民主性受到损害。而在英美法系，虽然通过当事人对抗能使诉讼程序更加公正，但使诉讼的周期变长、成本过高等。正是由于上述问题，第二次世界大战之后，两种庭审方式的差别正在逐步缩小、相互借鉴，表现为英美法系对抗式模式为提高诉讼效率和求得实体的真实而适当借鉴了职权主义的某些做法，同时职权主义国家为实行诉讼的公正，更注意对对抗式模式的借鉴，以期充分发挥当事人的作用。由此产生了以日本、意大利等国为代表的混合式模式。

在《事物的秩序》中，福柯提出了结构主义的模式论，即"对我们宇宙的彻底的和严密的解释超越孔德和列维－斯特劳斯，从医学到精神病学，从经济学到物理学和技术科学，用结构主义语言学模式去发掘知识的统一结构。"福柯的模式论，对于刑事诉讼中关联域系统的构建具有启发和升华意义。福柯用他的丰富的自由思想，超越了联系不断的事件，同时又继承和发展了他们所提出和所论证的理论。在刑事庭审中，也同样存在这种关联域模式。例如，作为刑事庭审记号关系项之一的法官，除了自身的管理机制外，还广泛地涉及法院的国家机器定位、法院的社会性和法院的权力结构等。又如，在刑事庭审中的证据，不仅包括各种当事人提出的具有法律实体意义的证据本体，而且还包括与证据相关的子制度等。通过以上对刑事庭审关联域的研究，从刑事诉讼整个程序的协调出发，笔者试图以结构主义哲学的工具论价值出发，对我国刑事庭审的现实进行"复制""重塑"，以期建立一种结构主义意义上的模式。

四、结构主义价值论：刑事庭审模式重构

结构主义作为西方学术的新近发展，其功能主义价值意义不言而喻。结构主义的程序就是拆解和重构。[1]刑事庭审作为一种结构、一种模式，也具有结构主义意义。刑事庭审是由一系列因素组成的。从结构主义哲学的角度来看，它主要包括法院的接近性、当事人的方便性、法律适用的类似性和一致性等。但是，在实际的法律运作中，它们之间的复杂的相互作用又反映出刑事庭审的社会条件、文化底蕴、价值功能等的变迁。

（一）解构论：刑事庭审的现状分析

解构论是 20 世纪 90 年代的一个时髦词，使用于哲学和媒体之中，企图对现实进行最深邃的透视。为此目的人们不应停留于事物表面。此外，要分析组成成分的内容而不造成歪曲，并获得有关深层事实和形象的认识。解构论是一种有力的、批判性的活动。要进行刑事庭审的重构，必须对现行的刑事庭审进行解构，分析各个组成成分的内容，拆解是为了更好的重构。

我国刑事庭审程序实际上不止形成了一个模式。如陈瑞华教授所述，1979 年，我国刑事诉讼法所确立的审判程序仅为一种"书本模式"，后因为司法实务中广泛实行的许多程序均已超出了法律的规定，而逐渐形成一种独特的"实效模式"。龙宗智教授则认为我国目前的庭审模式为一种混合式的庭审方式，是一种

---

〔1〕［比］J. M. 布洛克曼：《结构主义》，李幼蒸译，中国人民大学出版社 2003 年版，第 107 页。

"灰色模式"。各种模式虽然名称不同，但其内在实质是相通的，即我国的刑事庭审模式虽然具有一些职权主义的优势，但也有着不少内在的缺陷；虽然具有当事人主义的某些形式特征，但本质上仍然是职权主义模式，导致这种模式的功能得不到充分的发挥。

1996 年我国颁布的《刑事诉讼法》，对原刑事诉讼法做了一系列重大的修改和完善，其中改革刑事庭审方式是重点内容之一。关于刑事庭审的修改完善主要有注重程序性审查、加强控辩双方的举证、将法庭调查和法庭辩论合二为一、扩大了合议庭的权限范围等。这次修改确实吸收了英美法系当事人主义的许多值得借鉴的原则和制度。但是由于我国的刑事诉讼法毕竟是从职权主义模式中发展而来的，在这种过程中产生了一些本体与受体的不适之处，导致司法实践中立法理想和现实图景的脱节，必须完善相关"关节"才会正常行走。具体来说，我国刑事庭审模式主要有以下一些组成成分需要加以完善：其一，法官制度的缺陷。在现实生活中，法官的中立性和客观性并不能得到真正的维护。如法官权威的下降，最终损害公众对法律的信仰。法官的独立审判权受限，导致"先定后审""审判委员会定案"。其二，审判权对公诉职能的影响。由于实体真实主义的影响，法官有时超越诉讼双方运用职权积极查明案情，导致公诉职能的弱化。其三，被告人地位不能得到真正的维护。由于被告人不享有沉默权，被告人往往没有进行防御的机会和手段，同时也难以有效地参与到庭审当中去。其四，辩护制度和法律援助制度的不合理性。由于被告人获得律师协助的时间较迟，导致被告人难以获得律师的有效协助。虽然我国每年有许多法律援助的案件，但辩护质量很低，亟待完善。

（二）重构论：刑事庭审中结构主义哲学的运用

结构主义虽然是现代西方主要的哲学思想之一，但也不是确定无疑的，也是需要不断被修正和改进的。结构主义的重要价值论意义就在于，它是持续发展的，也在于它对深层的理性主义和科学性的追求上。而且在人文学科中，它最重要的贡献在于其独特的理论视角，即跨学科方向上。在我国刑事庭审的重构过程中，也需要有这样的学术视野和理论勇气。如前所述，刑事庭审作为一种结构、作为一种模式，必须有相关记号要素加以支持。要重构刑事庭审这一结构，必须首先明确其关联域，然后再进行记号要素的完善，最后达到模式重构的目的。基于我国现行刑事诉讼法的理论和操作实践，笔者主张建立一种具有中国特色的刑事庭审模式，即"结构分层模式"[1]。

　　这里所说的"结构"，是从整体上的制度协调角度说的。刑事诉讼作为一个宏观整体，相对于庭审来说，就相当于刑事庭审的关联域。刑事庭审模式的重构，必须与它的关联域相协调，这样才能发挥庭审的作用。也就是说，庭审模式效用的充分发挥必须依赖于刑事诉讼相关价值和制度的完善来加以扩展，没有相关价值的确立和制度的协调，刑事庭审模式的重构也是纸上谈兵。这里所说的"结构模式"的重构，是从静态说的，主要包括以下几个方面的完善：其一，确立和完善刑事庭审的结构原则，即司法至上原则、法官的独立和中立原则以及当事人之间的平等原则。其二，完善刑事庭审的具体法律规定，如对证人出庭制度的法律规定，从法律义务的角度来"规训"证人出庭。其三，明确和完善刑事庭审的法律事实，也就是明确案件事实和证据。从动态来说，也就是"分层模式"。这里主要是指微观意义上的协作，即刑事庭审主要包含两方面的作用过程：一是控辩双方之间在水平方

---

　　〔1〕　正如有的学者指出了法律的三层结构的命题，这三层分别为制定法、自然法和活的法。笔者拙以为，刑事庭审中也存在这样的结构，也就是刑事庭审的法律规范、刑事庭审的法律价值和刑事庭审的法律事实。正是基于这种法的多元性，体现了法律知识形态的层次性，最终也导向了结构主义工具论对法学适用和借鉴的可行性。

向上进行信息交换的过程，也就是横向的对质、抗辩过程。二是法官与当事人之间垂直方向上的信息交换过程，也就是纵向上的裁定和判决过程。这种模式追求维护基本人权、遵循正当程序、保障实体真实和实现诉讼效率的基本价值。维护基本人权是现代刑事诉讼的基本价值理念之一，只有以保护人权为目的，才能更好地保障程序的进行，最终实现实体真实。遵循正当程序是实现人权保障和诉讼效率的制度机制。保障实体真实也是维护人权的重要手段。

从结构主义哲学来看，完善我国的刑事庭审，也就是要完善相关具体记号要素来促成"结构分层"模式。具体而言，主要有以下几个方面：其一，强化抗辩双方的职能，使抗辩双方的横向对抗成为刑事庭审的中心部分。进一步强化控诉职能，尤其是控诉方在指控证实犯罪方面，同时也应当强化其举证责任，从而提高控诉质量。与此相对，加强被告辩护权制度，重视辩护律师的作用，完善法律援助制度，进一步实现抗辩平等。其二，从纵向方面，法官在庭审过程中不应处于消极仲裁者的地位，而应在庭审中充当积极裁判者的角色，但要适当进行限制。法官的庭审调查要更加精细化和专业化，同时证据调查相关制度也要加以完善。对法官的积极调查行为必须有当事人的申请才能进行，否则不能作为证据使用。同时，对明显处于劣势的当事人一方，法官也可以给予适当帮助。其三，合理配置关系项之间的关系，主要包括因果关系和配置关系。法官和当事人之间的因果关系主要指法官应当在证据调查方面处于消极地位，由当事人的引起行为，才产生法官证据调查的被引起行为。没有前者的引起行为，后者的被引起行为即使积极作出，也应认定无效。配置关系，主要指法官的权力与当事人的权利应当合理配置，同时也包括双方当事人之间的权利关系。这三方诉讼主体之间的关系，必须在各自的职责范围内行使，必须在控诉、辩护和裁判者三项诉讼职能区分的框架内活动，不能违背控审分离、法官中立和控辩平等对抗等原则。

　　总之，通过全文分析，可以得出如下结论：

　　第一，刑事庭审是一项各种价值和理念错综复杂的程序或者模式，表现为法学中实体法学和程序法学、理论法学和实践法学等的结合；社会科学中哲学与法学、法学与社会学等相关学科的结合；等等。它是法学理论和司法实践中的难点和重点。刑事庭审不仅关系到诉讼效率、诉讼经济等，更重要的是关系到当事人的合法权益的保护。使刑事庭审更加民主、更加公正、更加科学，这也是刑事庭审程序研究的发展趋势和理想图景。

　　第二，正是基于刑事庭审程序的重要性和复杂性，单一从法学，尤其是程序法学或者诉讼法学的角度来考虑和研究，并不能产生满意的结果，往往会导致进入"知识生产"低效率、高投入的怪圈，很难产生相当的"知识增量"。对于法学学术创新来说也是杯水车薪。我们不能仅注重当前的学术利益关系而放弃学术的纯洁性和学术研究的规律性。

　　第三，必须从社会科学的角度来扩宽研究的范围和视角，通过结构主义哲学的阐释，可以扩展刑事庭审的研究范畴，以保障诉讼当事人的利益，提高司法的能动性，最终对法院庭审以及整个诉讼制度的完善提供有益的推动作用。具体来说主要有以下内容：其一，引用结构主义哲学中"记号"等基础概念，提出了刑事庭审记号的范畴，从结构主义哲学的角度分析刑事庭审中的两大因素，阐明两大因素的特征、动态发展以及历史传承等方面，表明这种研究方法的应用价值和初步成果。其二，借鉴结构主义哲学家的经典论述，提出了刑事庭审中的结构主义系统论，从刑事庭审与整个刑事诉讼程序协调的角度出发，着重论述了刑事庭审的关联域，明确分析了其中的纵度和横度两大方面。其三，通过上述的分析和阐释，基于结构主义哲学的价值论，提出了刑事庭审的解构论和重构论。同时，立足我国当今刑事庭审的问题，分析具有结构主义倾向的刑事庭审模式，即"结构分层模式"，从学理上阐明了刑事庭审中的结构主义。

第二节　刑事和解制度改革的文化之维

一、引言

近年来，随着隶属于政治文化意识的和谐价值被日益强调，社会各阶层和各领域都出现了和谐化的趋势。在这种主流文化背景之下，关乎全社会老百姓权利保护的司法体制改革也出现了和谐化应用趋向。其中，刑事诉讼中的和解制度表现得比较突出，在一定程度上体现了社会的和谐价值。较早出版的《法学词典》中对和解是这样定义的，"和解，是双方当事人通过协商就某一争议自行达成解决的协议。"[1]随后，这本权威词典又对和解进行了类型的划分，从我国两大诉讼法中明确的规定出发，将和解分为刑事诉讼过程中的和解和民事诉讼过程中的和解。这也是我们目前对和解的最一般意义上的理解。为了强调和解的本质属性——双方当事人的意思一致，可以重新对和解进行概念梳理，即和解是纠纷双方当事人之间通过沟通、协商和理解等过程处理各种法律纠纷的一种方式、方法。这一概念阐述，不仅强调和解的意思一致，而且突出了刑事和解和民事和解的相同特点——纠纷的和谐化处理。对于民事和解，虽不是本文的论著中心，但是可以作为刑事和解的一个重要参照对比对象，属于刑事和解的外部性问题。

刑事和解是在刑事诉讼过程中，公诉机关、被告人及被害人

---

〔1〕《法学词典》编辑委员会编：《法学词典》，上海辞书出版社1984年版，第561页。

等就刑事案件的处理与解决所作出的妥协和让步，从而达到妥善处理刑事案件、保障相关当事人以及社会、集体利益的一种法律制度。"刑事和解并不是单纯的双方自行和解，还有可能涉及司法机关或者调解机构的居中调解活动。"[1]因而，从刑事和解参与过程、主体不同、功能性质的角度，可以将其分为三种类型：第一种类型是以犯罪行为为中心而引发刑事诉讼、刑事和解的相关参与人之间的，主要是犯罪行为实施者和犯罪行为受害方的非诉讼的刑事和解。第二种类型是以追究、惩罚犯罪为中心的法院等司法机关主持之下的刑事和解，这是一种诉讼中的刑事和解。第三种类型是以抚平伤害、维护社会稳定为中心的司法体制外社会上的刑事和解，具体见下图13.1。

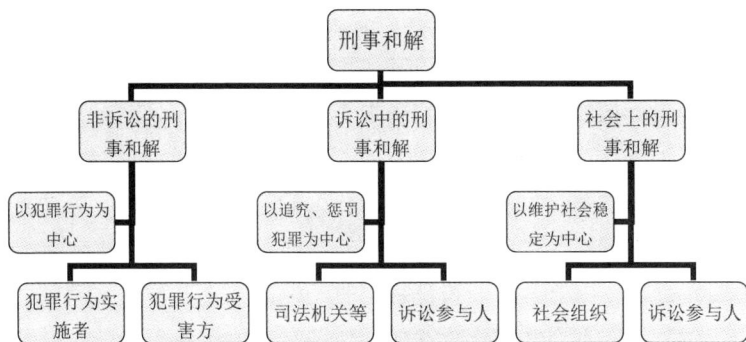

图13.1　刑事和解的三种功能过程主体类型

以上是对刑事和解类型的新划分，主要目的是体现刑事和解的社会综合性、文化基础性以及主体人性需要。作为处理刑事案件的一种有着独特功能与和谐社会价值优势的处理机制，刑事和

---

[1]　陈瑞华："刑事诉讼的私力合作模式——刑事和解在中国的兴起"，载《中国法学》2006年第5期；陈瑞华：《刑事诉讼的中国模式》，法律出版社2008年版，第4页。

解在我国本土的司法实践中逐步兴起、强调和完善。这一我国本土司法实践不仅是一种对于和谐价值的司法实现机制与人们利益诉求的集中体现，从另一个角度来看也是我国传统法文化思想，尤其是儒家、道家等国学思想的历史延续与扩展。从而，我们主要从文化论等视角来阐述中国的刑事和解类型，探究刑事和解在中国为什么可能——刑事和解的传统文化分析；刑事和解中传统文化思想到底特指什么——刑事和解的文化价值土壤；刑事和解在中国究竟如何实施或者实现的过程是怎样的——对于刑事和解文化之维的再认识，最终引出本文的论题——刑事和解的文化之维。

二、刑事和解与文化：基于中国传统文化的分析

俗话说"观今宜鉴古，无古不成今"。意思是说现今的各项制度与古代、与传统是密切相关的，没有传统背景式的积淀，也就没有现今各项制度的形成和完善。在我国刑事和解的构建过程中，其实也是有着广泛的各种传统文化价值理念的积淀和孕育，如儒家中的"和合思想"对于刑事和解制度构建的影响。陈瑞华教授从刑事诉讼中各参与人的利益论角度对刑事和解的现实基础进行了分析，提出了刑事和解制度的三种模式。这种以"利益兼得"为中心对刑事和解进行探讨，强调发挥诉讼各主体的利益需求机制，体现了后果绝对主义的司法伦理，如英国著名的功利主义思想以及中国古代思想对于"利"的辨识等。在刑事和解过程中，犯罪行为实施者基于国家刑罚的威慑力量，会对现实和解成本与刑罚责任进行利益分析，进行辨识，从而选择对其利益实现最大化的一种解决方式。在这一非诉讼的和解过程中，双方当事人对于"利辨"最为充分，这也应和了古典功利主义思想的利益最大化原则。

除了对于"利"的辨识以外，中国人的情理伦理在刑事和解

中也起着重要的作用。国学大师梁漱溟认为:"中国人何为而好讲情理耶?人类彼此痛痒相关,好恶相遇,端始在家人父子之间,在亲族习熟之间,而中国远古以来家庭家族生活偏胜,从而形成数千年其社会组织结构有异乎他方也。"〔1〕在社会上的刑事和解过程中,由司法机关委托的社会组织与诉讼参与人一起就刑事案件的定罪量刑进行协商,这不仅要强调对于刑事诉讼相关法律的遵守,还要注重最后刑事处罚对于受害人、加害人以及社会的影响;不仅要强调司法正义、权利理念的发挥,还要注重对于社会道德的迎合和和谐价值的体现;不仅是一种强调社会专门组织和个人的司法伦理构建过程,也是对于存在于数千年社会组织结构中中国人社会情理的一种司法表达和诉求。正如任何事物或者制度必须有其根深蒂固的"本土资源"一样,中国式的刑事和解不能完全等同于西方社会的"恢复性司法",两者适用的案件范围、参与的主体、产生的社会效果明显不同。也就是说,刑事和解作为刑事纠纷处理的一种中国式本土探索,可以从中国传统文明理念以及法文化吸收广泛的营养,以中国人社会情理伦理来构建和完善刑事和解的文化之维,才能使得刑事和解这一新生事物发展壮大。在刑事和解中,这种情理主要存在于人与人之间、司法利益的博弈与兼得之间、"被害恢复"与"加害恢复"〔2〕之间,体现于人与社会的兼容和冲突当中。在司法实践中,从民事诉讼中强调调解权发挥的"马锡五审判方式",到现今"大司法""大调解"理念的形成与发展,无不体现着司法的大众化和和谐化趋向,司法伦理孕育其中,尤以中国人的情理感人最深,最为所重。从这里可以看出:

---

〔1〕 梁漱溟:《东方学术概观》,巴蜀书店1986年版,第53—54页。

〔2〕 被害恢复和加害恢复,是从司法恢复理论对于刑事和解基本价值的论述,体现了国家司法对于个人权利的保护。具体请参见马静华:"刑事和解制度论纲",载《政治与法律》2003年第4期。

中国人本身所具有的个人与社会的两面性，在个人利益（减少刑事处罚和增加赔偿数额）与社会影响（国家维护社会秩序与保障其他公民权利）既是统一的又是矛盾的，存在分分合合的现象。统一，是指刑事司法机关以及其他诉讼参与人都是为了尽早结束刑事案件、恢复正义而努力，当然正义可能是相对的。不管是在刑事司法机关主持之下的"司法调解模式"，强调意思自治的"加害方-被害方自行和解模式"，还是通过专门机关的"人民调解委员会调解模式"，都是基于同样的恢复目的。矛盾，是指在恢复目的的指引下，存在着"利"辨的差异，存在着不同利益的博弈过程和价值导向的差异性。司法机关可能更加注重对于社会秩序维护以及法律稳定的考量，犯罪行为实施者可能更加关心刑事责任、刑罚的判处，犯罪行为受害方则强调对于犯罪损害而引起的修复和恢复先前正义的问题，等等。正是这些差异性，形成了刑事和解中的情理矛盾，构成了统一中的矛盾、运动中的发展力量。

"情理来自通，存于通；其背理者，彼此心情有一息不通乃至隔阂重重也。"[1]这也就是说在刑事和解过程中，司法伦理可能发挥重要作用。而根植于中国传统文化的中国人情理才是最后达成和解协议、兼得各方利益的关键。中国人情理存在于中国人所固有的，是与西方社会理性理智主导的价值观念显著不同的"通"识。梁先生所谓"通"，是一种数千年来中国古人所遗留下来的必然和偶然的事件，是一种中国人"君子不耕而食"的情感自慰和民族自信，也是中国人谦抑性格的安然与大度。在刑事和解过程中，"通"则体现了作为过程的协商、交涉的意义，体现了作为结果的双方主体利害相争之分隔与胜乎其身的通达。虽然最后可能由于分隔明显而无功而返，但是这一通达却可以在一定程

---

[1]　梁漱溟：《东方学术概观》，巴蜀书店1986年版，第53页。

度上抚慰受害方的身体与心绪，通者亡矣，情理一息。

三、刑事和解的文化基础：三种本土价值土壤

刑事和解作为一种刑事纠纷解决手段，在我国部分地区司法部门进行了有益的试点与实践[1]，取得了良好的社会效益，学界对刑事和解制度进行了积极的探索。但是，这种基于中国问题、中国意识所产生出来的刑事和解制度，必须有本土的文化价值土壤来支撑。没有基础的价值理念来统领这一本土探索，可能会出现司法改革中本体与试体的差异和不合，"本土法治资源"的理解和引申也许才是重要而极易被忽略的核心问题。

（一）**法律实施的例外：非宗教与非国家意识**

在刑事和解的过程中，尤其是以非诉讼的和解以及社会上的和解为例，法律制度和秩序的作用发挥是潜在的，是存在于各方主体潜在意识当中的，只有当发生特定的事件和行为时才能出现以及显现出来。而在社会发展的过程中，法律秩序并不是社会生活顺利进行的根本。取而代之的是基于传统两千年间的中国传统文化意识因素。梁漱溟先生认为这一因素是非宗教和非国家意识，这并不是说宗教和国家意识不发生作用，而是如所见西方国家那样的强烈宗教意识和国家权威相对比的。那么，在以上两种刑事和解功能过程类型中，这种潜在的、非宗教、非国家的文化传统意识是怎样发挥作用的？笔者认为，在这些过程中，是中国人的伦理情谊在发挥作用，而国家的法律制度与秩序是社会非宗教、非国家意识形成的有力因素。情理伦理在刑事和解中作用的发挥，也即上述的"两分"与"通"识。"两分"是刑事和解中的矛盾

---

〔1〕 如山东省烟台市推行的"平和司法程序"制度，北京市检察机关实施的"和解不起诉"制度，以及其他省市对于刑事犯罪中的轻微案件进行刑事和解等的制度性规定，无一不体现我国社会现实需求对于刑事和解制度发展的重要性，也是体现了刑事和解制度中国式探索的应用前景。

和统一过程；"通"识是作为过程的双方协商和利益通达。

在这里，我们要强调的是中国人传统文化思想中自觉自律的非宗教意识和法律制度体制外的非国家意识在刑事和解的过程中，是怎样转变为具有司法伦理性质的情理而作用于各方刑事诉讼参与主体的。法律如同宗教一样，必须有被社会公众信仰的能力和实践需求。宗教是一种信仰的秩序，其发挥作用的方式是规范于外而影响于内，这也正是法律实施的全部和法律秩序构建的基础。在刑事和解的过程中，加害方与受害方并非完全依照法律行使自己的权利，有时会通过一种"非法律化"的方式来处理解决案件。例如，在关于证据调查取证方面存在困难的故意伤害案件，造成了受害方的直接物质损害和身体伤害。这一情形中，一方可能是被判处重刑的犯罪行为实施者，另一方是处于极度贫困的受到损害和伤害的受害方，两者的利益需求存在契合的可能性。但是，这并不被正面的法律信仰和价值所包容，而是以私力合作性质的意思自治和利益兼得为基础的，在相当程度上是司法体制外的、非国家的一种刑事案件解决方式。

（二）司法伦理的人性情理因素

司法伦理是一个复杂的涉及司法制度、司法主体、法律责任等的法律理念与法律意识。它不仅包括法律工作者的专门职业责任、社会责任、司法活动主体的法律意识与守法知识，而且在一定程度上影响着司法的信赖和法律的公共性与和谐化价值的实现。在刑事和解的过程中，由于有着利害相关者的协商、冲突、和解等过程和利辨通达的意识与本性追求，在一定程度上可能涉及国家和社会的利益。因而，在刑事和解的达成过程中，司法伦理的形成和发展会产生重要的作用。一是，司法工作者的职业伦理责任应当并重点强调。司法工作人员应当把"完成充实公共领域的公共责任作为自己的重要责任之一"[1]。当然，在刑事和解过程中，司法机关及其工作人员不仅要体现司法的大众化和亲民化，而且更重要的是对国家和社会利益的保护。在诉讼利辨和通达的过程中，加害方和受害方非法律化的处理方式并非没有好处，虽然有可能一定程度上损害国家或者集体利益，但是如果其不仅加快了刑事纠纷解决的速度，提高了诉讼效率，而且促使疑难案件的解决和社会和谐的进一步达成，那么在利益考量的过程中，在司法机关及工作人员公共责任、社会责任和职业责任的选择中，为了更大的司法或者社会利益，会调整和形成具有"利益兼得"、皆大欢喜的场面。二是，诉讼参与者的人性选择与本性理解。在伦理学当中，人性是研究的重点和难点。偏重于人的各项特征研究，即构成人类学哲学；侧重于人的意识与心态研究，则形成哲学、心理学。那么，在刑事和解的司法伦理中，各个诉讼参与人的法律选择和行为实现深究起来即是人的本性理解。"在某种意义上说，人是在不断地与自身打交道而不是在应付事物本身。"[2]作为主要的诉讼参与人——加害方与受害方虽然是因犯罪行为这一主导因素影响而发生联系，但是更重要的是和解达成过程中对于自身的打量与理解——加害人惧怕刑事惩罚的心理惯性与受害者的心理失衡以及不满不信任的消极情绪等。双方不断与自身打交道与深入心理，人类的本性理解是发挥了重要的作用。在双方不断探求最可靠的有力结局时，可以观察和知觉对方的意思以及行为表现，但是也免不了与指导自己的思想方面进行同化，从而使得利益、信仰、意见、同意等出现偏差，这时人类理解占据主要地位，"一定可以使他安于不知我们能力所不能及的那些东

---

〔1〕〔日〕森际康友编：《司法伦理》，于晓琪、沈军译，商务印书馆 2010 年版，第 191 页。

〔2〕〔德〕恩斯特·卡西尔：《人论：人类文化哲学导引》，甘阳译，上海译文出版社 1985 年版，第 33 页。

西——自然在考察以后我们才发现他们是不能达到的。"[1]

（三）静的法律秩序

在刑事和解的程序中，多方利害关系人不仅存在上述的平行横面的利之辨、通之达、情理因素之决定等，而且在多层次、多角度的法律秩序中，产生了具有中国传统文化价值的静的意义，即奥古斯特·孔德的社会静力学在司法领域的体现。这种法律秩序意义上的"静"，一方面是强调在刑事和解中的价值具有差异性和层次性。价值的层次性表现为司法机关以处理刑事案件为首要目标的基础价值；加害方为减轻或免除刑事处罚所具有的人性价值；受害方因犯罪行为所导致各种损害的修复价值；国家以维护统治法律秩序所强调的静态价值以及社会从稳定秩序和完善人际结构所适用的最终价值（如表 13.1）。这些价值层次是构成司法静力学的基础，是构成刑事和解制度的各个不同实体部分之有序组织的人性结构前提。从而，"通过静力学的研究，人们就找到了社会结构的性质。"[2]另一方面，是强调刑事和解主体的人性趋同性质。这一趋同性质是由人的良知和智力组成的。良知可以分为情感和活动，是一种人本身所具有的静的感知，对于刑事和解利益的利弊考量、对于相对方情感途径真实性的理解等都属于一种对于"善"的良知感知；智力是一种判断力，是活跃于主体司法活动的控制因素，是一种从人身上所获得的抽象思维。从人类伦理的角度来说，刑事和解＝人的"善"的感知＋智力判断的推动力。

---

[1] ［英］约翰·洛克：《人类理解论》（上册），关文运译，商务印书馆 1959 年版，第 3 页。

[2] ［法］雷蒙·阿隆：《社会学主要思潮》，葛智强、胡秉诚、王沪宁译，上海译文出版社 2005 年版，第 71 页。

表 13.1　刑事和解主体价值需求层次

价值主体	价值需求	价值层次
司法机关及其工作人员	基础价值	第一层次（首要层次）
加害方	人性价值	第二层次
受害方	修复价值	
国家	静态价值	第三层次
社会	最终价值	第四层次

　　中国传统文化思想也主张一种静的精神态度，而且"东方文明之根本精神在静，西方文明之根本精神在动。"[1]这种静，也是根植于传统中国文化的内省和内修精神，是中国人应对中国式生活的一种观念，是一种守静的临动。而西方社会的动态革新，无不与国家、器物相关，无不与制度、宪法之运用相关。刑事和解的基础价值虽有和合思想的一以贯之，但更重要的是中国人所固有的自身追求对于"善"的达知和"静"的感悟。虽体现法律上利益驱动的矛盾两分，但更加突出对于法律秩序上的静的善守，达成双方和解、社会和谐时的静止价值追求和持静的观念。这种静的思想与孔家的"生"字密切相关，是一种即任其生、顺气契合的万物欲生。双方主体达成刑事和解，是中国人社会生静相宜的文化底蕴，也是法律秩序本能的生长和社会风气调和的一种深刻体现。正如孔子所说，"唯天下至诚，为能尽其性；能尽其性，则能尽人之性；能尽人之性，则能尽物之性；能尽物之性，则可以赞天地之化育，可以赞天地之化育，则可以与天地参矣。"[2]

────────

〔1〕　梁漱溟：《东西文化及其哲学》，商务印书馆 2005 年版，第 16 页。
〔2〕　梁漱溟：《东西文化及其哲学》，商务印书馆 2005 年版，第 126 页。

四、过程论：对刑事和解文化的再认识

刑事和解制度在我国的最新刑事诉讼法中有明确的规定，虽然内容较为简单，但是我们也实现了从无到有的巨变。[1]正如有的学者提出，刑事和解过程中，一个重要的前提就是处理和分配当事人之间的权利和义务，要在刑事和解过程中引入"民间规范"。而"刑事和解中民间规范运用的两个条件，即是接受和确信。"[2]从刑事和解的文化价值来看，"接受"与"确信"是以刑事案件的解决和主体的认识为基础的。在刑事和解制度还未完全成熟时，"民间规范"等司法文化的引入当然无可厚非，官方的认可更具有指导意义，民间规范的应用则更具有实践意义，而实施过程更具有参考意义。

因此，在刑事和解的实施过程中，有必要从纠纷的解决和主体的认识需要这两个方面来进行深入探讨，形成刑事和解的过程论。纠纷的解决强调的是国家刑事法律制定的意图，侧重于诉讼中刑事和解的"追究、处罚犯罪"，它是法院对于刑事和解的"接受"和"确信"。但是，如果法院不能解决纠纷，那么意味着刑事法院的失败，静的法律秩序、国家所追求的静态价值将不复存在。"将案子提到法院解决，经常意味着其他一些比较缓和的解决纠纷的手段已经失败。因为法院经常是最后的诉诸地，所以我们也不必奇怪，对一些其他社会机构不能解决的纠纷，法院也经常

---

〔1〕 我国最新的《刑事诉讼法》，在第五编"特别程序"的第二章中，明确规定了当事人和解的公诉案件诉讼程序，从第277条到第279条，第277条，是对公诉案件和解范围的具体规定；第278条是对相关司法主体程序上的具体要求；第279条是对和解协议法律效果的最终确认。虽然法条的数量少得可怜，但是从法律规定的内容来看，刑事和解制度的过程和意义是明显的。那就是从案件范围确定，到对主体的要求；从公检法机关的职能运作到和解法律效果的明确规定，构成了一个整体意义上的和解过程。

〔2〕 谢晖："论刑事和解与民间规范"，载《现代法学》2011年第2期。

不能解决。""法院不能解决犯罪问题或甚至不能使之有明显的改善。所以，平心而论，法院——负责处理社会失败，也总是失败。家庭、教堂、工作单位、学校不能解决的事，法院也不能解决。然而，失败是对刑事法院合法性的一种严重挑战。如果刑事法院丧失了合法性，纠纷双方可能付诸武力去获得他们所寻求的正义。"[1]

刑事诉讼只是解决刑事案件的一种方式，有时刑事案件的各方往往会通过协商一致来解决纠纷。在协商一致的过程中，主体的分歧会通过法院等司法机关、受害方、加害方等的努力来解决。这种努力，是相关主体接受和确信的结果。刑事和解的过程和步骤可以通过下面三个阶段来体现：

其一，受害方、加害人利益伦理的诉求和真实意思的表达。受害方作为刑事诉讼中重要的当事人之一，而且其身体、精神、财产等利益受到加害方不同程度的损害，使得其更接近于犯罪事实本身，具有接受的可能性。这种先天性的实践优势使得被害人更加渴望加入刑事案件的解决过程中，而突出自己在刑事各项裁决中的作用和影响，实现自己的确定作用。这也正是基于利辨、情理等伦理而产生和表达意愿的现实变量。加害人的实践观注重真诚谢罪和赔偿损失，其也是从利益考量而产生出的结果——避免严重的刑事处罚、获得再社会化的机会等。

其二，司法机关的职权因素与主导意识。作为国家权力的法定行使者，为了国家和社会公共利益，司法机关必须尽到必要的职业责任和公共责任，这是接受的可能性。这种责任要求司法机关在刑事和解中，对和解协议的接受有最低限度的标准，为了避免较大利益的损失可以在一定程度上牺牲较小的利益。而且国家司法机关在刑事和解过程的始终，都可以发挥必要的监督和管理

---

[1] [美] 爱伦·豪切斯泰勒·斯黛丽、南希·弗兰克：《美国刑事法院诉讼程序》，陈卫东、徐美君译，何家弘校，中国人民大学出版社2002年版，第4—5页。

作用，积极引导刑事冲突各方把刑事案件的解决朝向和谐、完满的程度，实现案件处理的确定性，避免失败的结果。

其三，国家或者社会的伦理需求与价值评判。当前刑事司法总的趋势，是进一步朝向多样化多元化，与政治的价值意识、社会的现代转向和法律的多元价值密切相关。刑事和解也体现了"非刑事化"的一种刑事冲突解决新方向，或者说是具有中国本土法律构造的刑事新动向，包括刑事和解类型中的多方意思自治的调解、委托社会组织进行刑事案件的调解等。在这一发展过程中，重要的是两个因素即是社会的伦理需求和法律的价值评判，前者体现了社会的接受程度，后者体现了法律的确信。社会的伦理需求，是满足刑事纠纷解决方式的社会公众舆论基础，也是刑事司法走向大众化、平民化的桥梁，是刑事和解的合理性问题；法律的价值评判，是从法律的角度对于这种刑事和解予以体制化、合法化、确定化，使得基于社会伦理需求的和解具有真正执行的法律效力，避免民间纠纷解决的实质缺陷，充分保障合情合理又合法的刑事和解过程和相关主体的权益。

综上，十几年来，有关于我国刑事诉讼法学的理论研究可谓汗牛充栋，但是真正具有中国研究意识的、有价值的研究却很少。其中一个重要的原因是研究方法的问题。虽然我国现在的刑事诉讼法已经是属于理论法学的阵营，但注释法学的影响仍然相当深远。有的学者指出，"在未来中国法学中起主导作用的更可能是诠释法学和社科法学"。[1]"社科法学必定会在中国占有相当重要的一席之地，甚至有可能比欧美国家的类似学科状况更为重要一些。"[2]然而，现实可能是残酷的。较多的智慧投入可能会产生

〔1〕 苏力：《也许正在发生：转型中国的法学》，法律出版社 2008 年版，第 20 页。

〔2〕 同上，第 21 页。

较低的回报，社科法学的发展任重而道远。

现在的情况有所改善，"目前倍受关注的'刑事和解'问题是我们突破规范法学束缚、开阔学术研究领域的一个良好契机。"[1] 刑事和解的价值需求使得我们有必要理解司法的传统、历史和文化；刑事和解中对于私人力量的强调，使得我们有必要研究人性的问题；刑事和解中对于民间规范的应用使得我们有必要重视社会、国家的秩序价值；刑事和解的现实多样性使得我们有必要了解实证研究的意义……"也许正在发生"，刑事诉讼的研究范围在扩大，刑事诉讼的理论品格在提升，而刑事诉讼的面相也将更加多维。

第三节　刑事判决制度改革的伦理基础

一、问题的提出

到目前为止，我国刑事诉讼制度研究得到快速发展，立法的成就也是有目共睹的。具体到对现行刑事诉讼法再修改的研究，可以从大众观念[2]，即社会伦理的角度来进行探讨司法判决的公正性和合理性，也可以从司法伦理来研究刑事判决的伦理价值和伦理需求。从以上两方面的角度出发，可以总结概括出一种思

---

〔1〕　史立梅："刑事和解：刑事纠纷解决的'第三领域'"，载《政法论坛》2007 年第 6 期。

〔2〕　本文所说的"大众观念"，主要是从政治哲学中的公共意识受到的启发。哲学中的公共意识，表现为人们意志在性质上的相同性、连续性的相同和数值的一致性。从公民和国家的关系角度来看，主要表现为以下几个方面或者层面：①个人能够获得符合他的真实意志的真正的自我和自由；②这些真实的意志就是公共意志；③公共意志由国家体现。笔者以为，在刑事判决中，也必然存在公共意志的影响域或者说是影响范围。从完善刑事判决的机制来说，借助公共意志的作用或者社会伦理的导向，也许会为刑事判决的完善提供价值上意义。

维模式，即一种"感觉的分析"。从这种思维模式出发，创新理论视角，以实现思维方式的转换。一方面是从刑事法学理论的社会性出发，来构建我国的刑事判决机制，促进刑事诉讼法的再修改。这是从"感觉的分析"之一社会伦理，即社会公正原理来对刑事判决机制进行的分析。另一方面，是从"感觉的分析"之二司法伦理，即刑事诉讼法中判决的合理价值和具体架构出发，分析现行刑事诉讼判决机制的问题，以期实现刑事判决机制的完善。

二、信念危机：刑事判决的公正性

司法公正既是一个社会现代法治的重要前提，也是社会现代化法治的必然要求。因此，司法公正信念危机的深浅从很大程度上反映了一个社会实现法治的程度和水平，从这个意义上讲，司法公正信念危机的尖锐度也是一个社会现代法治的醒目的标志性旗帜。司法公正的一个重要方面就是裁判的公正性。人民法院作为行使国家审判权的司法机关，依法就案件的实体问题和程序问题做出裁判文书，不仅是行使职权的具体体现，也是衡量法院工作质量和满足公众司法知情权的必然要求，同时也是实现司法公正的重要方面。然而作为直接地反映审判工作成果的刑事判决，情况却堪忧。

（一）大众观念与司法理性

在我国，法律被看作是维护统治秩序的有效手段，法制在一定程度上并未引发真正意义上的法治。"实践中，更是以长期的刑罚野蛮主义、执法的变换不居和法官的罪行擅断为表现方式。而社会民众的刑罚意识和价值对刑事司法并未产生强烈的冲击。现代法治要求理性的意识，涉及立法、司法、法律监督、公众法律意识等各个方面。"〔1〕在这些意识中，公众的法律意识〔2〕尤为重要，对于司法理性具有重要意义，具体表现为转化法治，如在日本，强调民众对司法的可接近性，满足民众的需求，改变原有的司法官僚体制。在刑事诉讼中，刑事判决机制体现了刑事司法理性。公众的监督，则对刑事司法判决的理性完善具有重要的意义。

公正是判决的基础价值理念。大众的参与具体体现为公众的监督则是刑事判决机制完善的重要措施。我国著名学者钱弘道先生指出，中国法治的最大困难和最大危险，就在于公权力的滥用得不到有效的控制，就在于公权力对私权利的肆意侵害。现实中的这种现象，完全破坏了公权力（刑事裁判权）与私权利（包括当事人的权利和公众的监督权）的平衡结构，正是这样的情形，使规则无效，使法律"失灵"。正是以上现实主义的分析，笔者认为，作为具有主体属性和意识形态特征的司法公正，必须要求公众的参与，以大众观念的监督来促进司法理性的完善，以促进刑事判决更加公正，充分保障当事人以及其他社会公众的合法权益。

也许有人会说，大众观念的监督会对法院判决的司法独立造成影响，甚至会妨碍司法独立。此话不无道理，在实践中也表现出诉讼当事人利用社会舆论来对法官、法院施加压力而对判决结果产生或多或少的影响。但应当注意，这里是否有一个公设的前提，即笔者主张的大众观念的监督是一种事后监督，是从大众对法律，对判决信仰、信念的角度来说的，也就是从法院判决的公

---

〔1〕　左卫民等：《中国刑事诉讼运行机制实证研究》，法律出版社 2007 年版，第 266 页。

〔2〕　这是一种伦理观念。从历史发展的过程来看，主要受在中国传统文化中所根深蒂固的儒家伦理的影响。儒家伦理在研究发展的过程中，在五伦为基础的人伦关系上寻求生命的价值和肯定，社会伦理上、政经结构上，受特殊主义的、划分对内与对外的道德二元论所制约，没有突破性、吊诡性的发展。这也正是我国社会伦理"大众观念"的发展阶段之一。具体参见林端：《儒家伦理与法律文化：社会学观点的探索》，中国政法大学出版社 2002 年版，第 158 页。

正性和大众知情权之间的矛盾来说的。这种监督也对法院的判决产生影响，但主要是对法院判决阐释的合理性欠缺的角度来看的。更进一步说，也就是从我国法院判决因缺乏论理性和合理性，导致法院判决的社会效应差，更不用说有什么社会伦理的要求了。

（二）感觉分析：公正选择

法国著名哲学家利科认为，"建立一个公平程序，使得任何参与者同意的原则都是公正的。其目的是将纯粹程序正义理念作为一个理论基础予以使用。"[1]刑事诉讼判决就应当是这样一种程序。刑事诉讼的判决就是一种法律实际运作过程，其中即有抉择式的法律形式，"法外抉择"的观念可以用"或多或少的法律"来代替，依法律诉讼程序多寡程度而定。它使得当事人以及各个诉讼参加人都从自己的感觉出发，认为法院作出的判决是公正的，是法官对参与者意志的选择。从行为心理学的角度来看，行为者自身看着提示说明，快速进行心理转化，可以说这是受外部一些可视资料的刺激而做出的某种反映的一种模式，从而使本人达到无意识的关联行为。应用于司法领域，也就是法官判决活动的司法行为分析。而这种分析是以法官的自由裁量为基础的。这也就是法律的"相互性"原则。

集法学家、人类学家、社会学家于一身的涂尔干认为，相互性是法律的天平，而单方面的给予被视为不公平。从另一个角度来说也是法官的一种"感觉"[2]选择，是法官从存在于当事人之间的差异性，并以每个人都具有平等的理性和相同的地位为前提，

---

〔1〕 ［法］保罗·利科：《论公正》，程春明译，法律出版社 2007 年版，第 51 页。

〔2〕 这种感觉必须是这样的，才能为法官所应用。即只有当法官的心理生活达到高度的发展，已经显示出丰富的、本能的获得性储藏时，逻辑思维的系统化和简单化的功能才会开始。具体参见 ［奥］恩斯特·马赫：《感觉的分析》，商务印书馆 1997 年版，第 274 页。

所作出的判决裁量。进而言之，如果任何人在经过正当的反思之后倾向于选择一个正义概念而摒弃另一个，那么所有人都应当这么做，由此，一种全体一致的协议就能够形成。笔者认为，这种状态也正是我国司法改革的目标和价值归宿，即一种"司法社会学"。这种目标和价值有其历史渊源，著名的马锡五审判方式就是其发展的一个具有里程碑式的阶段。强世功教授认为，马锡五审判方式这种出现在私法领域中的大众调解通过政治治理的管道弥散到整个司法领域，在不经意中演变为一种新的司法风格——"大众司法"。[1]这种方式"应用法律来排难解纷、判定是非对错，进而规范社会生活的机构，以司法机关最为直接相关。"[2]当法院的法官根据实定的法条，应用在每个具体个案的判决时，他就与涉案当事人即进行了法律上的互动，一方扮演法律提供者的角色，另一方扮演法律接受者的角色。只有使双方的关系达到和谐，才能既达到惩罚犯罪的目的，又充分保障人权；既维护司法公正，又促进诉讼效率。这也就是所谓的"司法和谐"。

三、信任危机：刑事判决的合理性

我国现行刑事诉讼模式正处在向控辩式转型的过程中，围绕实现司法公正这一终极目标所展开的司法改革正在进行。人民法院作为行使国家审判权的司法机关，其刑事判决的论理性不足的问题日益严重。导致在实践中，公众对刑事判决的合理性存在质疑，使公众的"感觉"没有得到一定的释放表现，最终会产生对法律权威的信任危机。刑事诉讼法的修改和完善必然要求加强判决的合理性，重视判决的说理，这样才能达到"感觉分析"的要

---

[1] 强世功：《法制与治理——国家转型中的法律》，中国政法大学出版社2003年版，第126页。

[2] 林端：《儒家伦理与法律文化：社会学观点的探索》，中国政法大学出版社2002年版，第421页。

求。刑事判决的合理性问题是刑事判决机制或者制度的基础所在。从历史传统来说，判决要说明理由的制度，意大利从 16 世纪起，德国从 18 世纪起逐步确立起来。法国在 1790 年，德国在 1879 年将判决要说明理由作为一项法官的普遍义务。意大利宪法就此作了明确的规定。可见，判决必须说明理由早已经成为一项普遍的原则，而且其中的研究也逐渐完善，可以说在学术界也进行了广泛的讨论和研究。

从我国司法实践以及司法研究的状况来看，说理性不强是判决机制问题的关键。具体表现在以下几个方面：其一，判决书没有充分反映当事人双方的主张和理由。当事人对法院的判决存在反抗情绪。其二，没有对当事人重要的权利主张和事实主张作出附有充分理由的认定。往往是对肯定的主张附有肯定的理由，否定其主张的，却没有充分说理。其三，对于重要的程序性权利主张也没有充分地说理。其四，推理和适用法律时也没有充分地说理。[1]由于我国刑事判决具有以上一些问题，笔者认为，在我国刑事诉讼法修改完善的过程中，必须充分重视判决的伦理和论理。以伦理来促进判决的论理。进一步说，"法律的判决和执行依赖于当事人对信誉的重视程度。当人们没有积极性讲信誉的时候，法律就失去了信誉基础。"[2]有了人们对法院判决的信任，法律才会拥有信誉基础，人们才能更加重视法律功用的发挥和法律意识的培养。具体地说，就是从公众的"感觉"出发，充分发挥人民大众的伦理监督本能。从社会伦理的角度，就是司法权的行使必须公开和公正，也就是司法权的行使必须考虑社会大众的承受力和忍耐力，以公众观念和司法伦理来促进刑事判决机制的改革。

---

[1] 张卫平等：《司法改革：分析与展开》，法律出版社 2003 年版，第 265 页。

[2] 张维迎：《信息、信任与法律》，生活·读书·新知三联书店 2003 年版，第 55 页。

四、刑事判决制度的完善进路

刑事判决作为刑事诉讼程序的"司法表现"和"司法果实"。在完善刑事诉讼程序的过程中，加强刑事判决机制的研究是应有的题中之意。从我国的实情出发，构建合理的刑事判决机制具有重要的作用。具体地说，就是从伦理学的角度来研究法学问题，即通过"感觉的分析"等司法伦理学的构建，扩大刑事判决的伦理要求和完善、深化刑事判决的伦理价值，相对地、合理地和从深层次地促进刑事判决机制的修改和完善。

（一）刑事判决的伦理要求

从伦理学的角度来看，刑事诉讼法的改革和完善必然重视社会伦理的要求，也是就说必须符合社会广大公众的情感需求。法官在刑事判决的过程中，同样要受到伦理价值的制约，表现为"只要我们不为违反我们本性的情感所侵扰，我们便有力量依照理智的秩序以整理或联系身体的感触。"[1]法官作为司法审判权的实施者，必然要求有对法律的本性追求，同时也必须要求有理智的力量来进行"联系"或者"感触"。从伦理需求的另一方面来讲，法官作出的刑事判决，必须要考虑社会伦理的价值，必须以社会伦理的角度来实现刑事诉讼的价值目标。具体来讲，就是以社会伦理来促进刑事判决的司法伦理，以公众观念来制约和影响司法权力，以社会伦理和司法伦理来实现刑事诉讼判决的论理，最终实现刑事诉讼判决纠纷解决和利益保障的目的，使刑事判决真正成为保护广大民众利益的宣示书。

（二）刑事判决的伦理价值

不同法系、不同国家在刑事判决论理方面有很大的区别。这主要是由于各个国家的法律文化和法律传统的不同所致。在英美法系

---

[1] ［荷兰］斯宾诺莎：《伦理学》，贺麟译，商务印书馆1983年版，第245页。

的国家中，由于法院和法官遵循"法官造法"和"遵循先例"的基本理念，导致同类案件得到同类结论是最基本、最原始、最普通的公正要求。具体来说，英美法系国家在对判决的论理主要有以下特点：一是法官的判决理由不包括对事实的认定和对证据证明力的推断。二是判决理由对案件起主导作用。三是判决理由的实现主要是通过法律的推理。而在大陆法系，刑事诉讼的判决意见包含着大量的推理，被视为法官的"作品"。同时，三段论司法推理模式在大陆法系的国家得到广泛的承认与运用。与此相适应的是，大陆法系国家的法官判决书缺乏推理，这主要是缺乏对实体理由的阐述。

具体到我国的刑事判决机制，笔者认为，应当批判地吸收国内传统和国外经验，"相对合理"地进行改革，既不能走过去的老路子，也不能全盘西化，应该从我国具体的现实情况出发，完善相关制度机制，形成中国特色的判决机制，主要有以下两个方面：一方面从刑事判决的感觉要素来分析，具体说是刑事判决的伦理表现和形式内容来看。应当重视与完善以下一些要素：①全面记载控辩双方的主张；②具体客观地查明和分析案件事实；③判决结论的论理要周到客观。具体有以下几点要求：①被告人的罪与非罪的定性应当准确、具体；②对所确定的罪名和所适用的法律说明理由；③判决结论的论理应当繁简适当。另一方面是从刑事判决论理的实质要素来分析，具体说是从司法伦理价值来看，主要有案件事实清楚、证据确实充分这两个基本要求。从刑事诉讼法再修改的角度来说，可以在刑事诉讼法的再修改稿中明确判决的论理要求，具体可以修改为"判决书应当详细写明判决的事实、理由和法律根据。对于采信或不采信双方主张、证据的理由，应当详细说明。"[1]

---

〔1〕 参见徐静村主持：《中国刑事诉讼法（第二修正案）学者拟制稿及立法理由》，法律出版社 2005 年版，第 245 页。

主要参考文献

一、外文参考文献

(一) 英文文献

1. George F. Cole, Stanislaw J. Frankowski and Marc Gertz, *Major Criminal Justice Systems: A Comparative Survey*, Sage Publications, Inc. 1987.

2. James A. Inciardi, *Criminal Justice*, Oxford University Press, 2002.

3. Cristina Dallara, *Democracy and Judicial Reforms in South-East EuropeBetween the EU and the Legacies of the Past*, Springer International Publishing, 2014.

4. Edgardo Buscaglia, "Obstacles to Judicial Reform in Latin America", in Edmundo Jarquin and Fernando Carrillo ed. , *Justice Delayed: Judicial Reform in Latin America*, The Johns Hopkins University Press, 1998.

5. Peter H. Solomon, Jr. Todd S. Foglesong, *Courts and Transition in Russia: The Challenge of Judicial Reform*, Westview Press, 2000.

6. Majid Mohammadi, *Judicial Reform and Reorganization in 20th Century Iran: State-Building, Modernization and Islamicization*, Routledge, 2008.

7. Yuwen Li, *The Judicial System and Reform in POST-MAO China-Stumbling Towards Justice*, Ashgate Publishing Limited, 2014.

8. Frank E. Hagan, *Research Methods in Criminal Justice and Criminology*, Macmillan Publishing Company, 1993.

9. Thomas C. McCormick, Roy G. Francis, *Methods of Research in the Behavioral Sciences*, Harper & Brothers Publishers, 1958.

10. Daniel P. Mears, *American Criminal Justice Policy: An Evaluation Approach to*

Increasing Accountability and Effectiveness, Cambridge University Press, 2010.

11. Henry R. Glick, *Courts in American Politics: Readings and Introductory Essays*, McGraw-Hill Publishing Company, 1990.

12. Sue Titus Reid, *Crime and Criminology*, McGraw-Hill Companies, 2000.

13. Sanford H. Kadish, Stephen J. Schulhofer, Rachel E. Barkow, *Criminal Law and Its Processes: Cases and Materials*, Little, Brown and Company, 1995.

14. Bruce Ratner, *Statistical Modeling and Analysis for Database Marketing: Effective Techniques for Mining Big Data*, A CRC Press Company, 2003.

15. Kord Davis, *Ethics of Big Data*, O'Reilly Media, Inc. , 2012.

16. Robert Qiu, Michael Wicks, *Cognitive Networked Sensing and Big Data*, Springer, 2014.

17. Krish Krishnan, *Data Warehousing in the Age of Big Data*, Elsevier Inc. , 2013.

18. Jed Handelsman Shugerman, "Economic Crisis and the Rise of Judicial Elections and Judicial Review", *Harvard Law Review*, Vol. 123, No. 5, March 2010.

19. Ian Dennis, *The Law of Evidence*, SWEET & MAXWELL, 2010.

20. Nathan S. Chapman, Michael W. Mcconnell, "Due Process as Separation of Powers", *The Yale Law Journal*, Vol. 121, No. 7, May 2012.

21. Emily Hammond Meazell, "Deference and Dialogue in Administrative Law", *Columbia Law Review*, Vol. 111, No. 8, December 2011.

22. Michael J. Sandel, *Liberalism and the Limits of Justice*, Cambridge University Press , 1982.

23. Ronald Dworkin, *Law's Empire*, Harvard University Press, 1986.

24. John Rawls, *A Theory of Justice*, Revised Edition, The Belknap Press of Harvard University Press, 2003.

25. Ronald Dworkin, *Taking Rights Seriously*, Harvard University Press, 1977.

26. Michael J. Sandel, "Market Reasoning as Moral Reasoning: Why Economists Should Re-engage with Political Philosophy", *Journal of Economic Perspectives*, Vol. 27, No. 4, Fall 2013.

27. Michael J. Sandel, *Public Philosophy: Essays on Morality in Politics*, Harvard University Press, 2005.

28. Kaitlin Cassel, "Due Process in Prison: Protecting Inmates' Property After SANDIN V. CONNER", *Columbia Law Review*, Vol. 112, No. 8, December 2012.

29. Michael J. Ellis, "The Origins of the Elected Prosecutor", *The Yale Law Journal*, Vol. 121, No. 6, April 2012.

（二）日文文献

1. ［日］佐々木知子:《日本の司法文化》,文藝春秋 2000 年版。

2. ［日］田中和夫:《英米法概说》,有斐阁 1971 年版。

3. ［日］渥美东洋:《刑事诉讼法》(新版),有斐阁 1996 年版。

4. ［日］松尾浩也:《刑事诉讼法》(补正第 3 版),弘文堂 1991 年版。

5. ［日］东京弁护士会编:《司法改革の展望》,有斐阁 1982 年版。

6. ［日］潮见俊隆:《司法の法社会学》,劲草书房 1982 年版。

7. ［日］松尾浩也:《刑事诉讼法》(上)(补正第 3 版),弘文堂 1989 年版。

8. ［日］高田卓爾:《刑事诉讼法》,青林书院 1958 年版。

二、中文参考文献

（一）港台文献

1. 王兆鹏:《路检、盘查与人权》,元照出版公司 2003 年版。

2. 王士帆:"全新刑事诉讼法典——瑞士刑诉改革与整合",载《政大法学评论》2010 年第 118 期。

3. 周愫娴、［英］Bill Hebenton:"刑罚是知识结构与文化的镜子:台湾与英国严刑重罚趋势之比较研究",载《台大法学论丛》2010 年第 2 期。

4. 林东茂:《一个知识论上的刑法学思考》,中国人民大学出版社 2009 年版。

5. 莊世同:"法律的图像:一种人文主义的分析与诠释",载《台大法学论丛》2011 年第 4 期。

6. 王荣溥:"法秩序一致性与可罚的违法性",载《东吴法律学报》2008 年第 2 期。

7. 陈起行:"由柏拉图政治家篇论德行法理学",载《政大法学评论》2011

年第 120 期。

（二）中文译著

1. ［美］鲁思·本尼迪克特：《菊与刀》，吕万和等译，商务印书馆 2005 年版。

2. ［日］田口守一：《刑事诉讼法》，张凌、于秀峰译，中国政法大学出版社 2010 年版。

3. ［日］田口守一：《刑事诉讼的目的》，张凌、于秀峰译，中国政法大学出版社 2011 年版。

4. ［英］伯特兰·罗素：《我们关于外间世界的知识——哲学上科学方法应用的一个领域》，陈启伟译，上海译文出版社 2008 年版。

5. ［英］安东尼·吉登斯：《社会学方法的新规则——一种对解释社会学的建设性批判》，田佑中译，社会科学文献出版社 2003 年版。

6. ［法］克洛德·列维-斯特劳斯：《看·听·读》，顾嘉琛译，中国人民大学出版社 2006 年版。

7. ［美］保罗·A. 萨巴蒂尔编：《政策过程理论》，彭宗超、钟开斌等译，生活·读书·新知三联书店 2004 年版。

8. ［加］泽农·W. 派利夏恩：《计算与认知》，任晓明、王左力译，中国人民大学出版社 2007 年版。

9. ［英］维克托·迈布-舍恩伯格、肯尼思·库克耶：《大数据时代》，盛杨燕、周涛译，浙江人民出版社 2012 年版。

10. ［瑞典］汉斯·舍格伦、约兰·斯科格编：《经济犯罪的新视角》，陈晓芳、廖志敏译，北京大学出版社 2006 年版。

11. ［法］玛丽-克里斯蒂娜·迪皮伊-达侬：《金融犯罪——有组织犯罪怎样洗钱》，陈莉译，中国大百科全书出版社 2006 年版。

12. ［美］约翰·V. 奥尔特：《正当法律程序简史》，杨明成、陈霜玲译，商务印书馆 2006 年版。

13. ［美］特伦斯·安德森、戴维·舒姆、［英］威廉·特文宁：《证据分析》，张保生等译，中国人民大学出版社 2012 年版。

14. ［比］马克·范·胡克：《法律的沟通之维》，孙国东译，法律出版社

2008 年版。

15. [英] 亚当·弗格森:《道德哲学原理》,孙飞宇、田耕译,上海人民出版社 2005 年版。

16. [美] 迈克尔·桑德尔:《公正:该如何做是好?》,朱慧玲译,中信出版社 2011 年版。

17. [美] 迈克尔·桑德尔:《自由主义与正义的局限》,万俊人等译,译林出版社 2011 年版。

18. [加] L. W. 萨姆纳:《权利的道德基础》,李茂森译,中国人民大学出版社 2011 年版。

19. [法] 保罗·利科:《论公正》,程春明译,法律出版社 2007 年版。

20. [美] 肯尼斯·卡尔普·戴维斯:《裁量正义》,毕洪海译,商务印书馆 2009 年版。

21. [美] 迈克尔·桑德尔:"金钱不能买什么——重新思考市场的道德局限",梁昕照、顾芸莲编译,载《社会科学报》2013 年 1 月 31 日,第 3 版。

22. [英] 乔治·弗兰克尔:《道德的基础》,王雪梅译,国际文化出版公司 2007 年版。

23. [美] 理查德·A. 波斯纳:《道德和法律理论的疑问》,苏力译,元照出版公司 2002 年版。

24. [美] 玛丽安·康斯特尔:《正义的沉默——现代法律的局限和可能性》,曲广娣译,北京大学出版社 2011 年版。

25. [美] 理查德·A. 波斯纳:《正义/司法的经济学》,苏力译,中国政法大学出版社 2002 年版。

26. [法] 孟德斯鸠:《论法的精神》(上册),张雁深译,商务印书馆 1961 年版。

27. [英] 蒂莫西·A. O. 恩迪科特:《法律中的模糊性》,程朝阳译,北京大学出版社 2010 年版。

28. [德] 伯恩·魏德士:《法理学》,丁晓春、吴越译,法律出版社 2013 年版。

29. [美] 安德雷·马默主编:《法律与解释》,张卓明、徐宗立等译,法律出版社 2006 年版。

30. ［意］布鲁诺·莱奥尼：《自由与法律》，秋风译，吉林人民出版社
    2011 年版。

31. ［德］克劳斯·罗克辛：《刑事政策与刑法体系》（第 2 版），蔡桂生
    译，中国人民大学出版社 2011 年版。

32. ［日］高桥则夫：《规范论和刑法解释论》，戴波、李世阳译，中国人
    民大学出版社 2011 年版。

33. ［德］恩斯特·卡西尔：《人论：人类文化哲学导引》，甘阳译，上海译
    文出版社 1985 年版。

34. ［美］乔治·弗莱彻：《反思刑法》，邓子滨译，华夏出版社 2008 年版。

35. ［德］卡尔·恩吉施：《法律思维导论》（修订版），郑永流译，法律出
    版社 2014 年版。

36. ［日］山口厚：《从新判例看刑法》，付立庆、刘隽译，中国人民大学
    出版社 2009 年版。

37. ［美］尼古拉·雷舍尔：《推定和临时性认知实践》，王进喜译，中国
    法制出版社 2013 年版。

38. ［韩］金日秀、徐辅鹤：《韩国刑法总论》（第 11 版），郑军男译，武汉
    大学出版社 2008 年版。

39. ［斯］卜思天·M. 儒攀基奇：《刑法——刑罚理念批判》，何慧新等
    译，中国政法大学出版社 2002 年版。

40. ［法］卡斯东·斯特法尼、乔治·勒瓦索、贝尔纳·布洛克：《法国刑
    事诉讼法精义》（上），罗结珍译，中国政法大学出版社 1999 年版。

41. ［日］山口厚：《刑法总论》（第 2 版），付立庆译，中国人民大学出版
    社 2011 年版。

42. ［美］爱伦·豪切斯泰勒·斯黛丽、南希·弗兰克：《美国刑事法院诉
    讼程序》，陈卫东、徐美君译，何家弘校，中国人民大学出版社 2002
    年版。

43. ［英］约翰·斯普莱克：《英国刑事诉讼程序》，徐美君、杨立涛译，
    中国人民大学出版社 2006 年版。

44. ［德］鲁道夫·冯·耶林：《为权利而斗争》，胡海宝译，中国法制出

版社 2005 年版。

45. ［英］约翰·艾默里克·爱德华·达尔伯格-阿克顿:《自由与权力》，侯建、范亚峰译，商务印书馆 2001 年版。

46. ［法］爱弥尔·涂尔干:《职业伦理与公民道德》，渠东、付德根译，上海人民出版社 2006 年版。

47. ［美］彼得·德鲁克:《人与绩效:德鲁克管理精华》，闾佳译，机械工业出版社 2015 年版。

48. ［英］帕迪·奥布赖恩:《积极管理:果断自信的管理艺术》，温旻译，机械工业出版社 2006 年版。

49. ［日］石田淳编著:《管理中的行为心理学》，包兰志译，机械工业出版社 2009 年版。

50. ［俄］尼古拉·别尔嘉耶夫:《自我认知》，汪剑钊译，上海人民出版社 2007 年版。

51. ［美］彼得·布劳、马歇尔·梅耶:《现代社会中的科层制》，马戎、时宪民、邱泽奇译，学林出版社 2001 年版。

52. ［美］O. 吉弗·哈里斯、斯塔德拉·J. 哈特曼:《组织行为学》，李丽、闫长坡、刘新颖译，经济管理出版社 2011 年版。

53. ［美］W·理查德·斯科特、杰拉尔德·F. 戴维斯:《组织理论:理性、自然与开放系统的视角》，高俊山译，中国人民大学出版社 2011 年版。

54. ［美］艾瑞克·卢拉、［英］玛丽安·L. 韦德主编:《跨国视角下的检察官》，杨先德译，王新环审校，法律出版社 2016 年版。

55. ［美］罗伯特·N. 威尔金:《法律职业的精神》，王俊峰译，北京大学出版社 2013 年版。

56. ［美］玛丽·帕克·福列特:《动态管理》，杜子建译，北京理工大学出版社 2014 年版。

57. ［瑞士］让·皮亚杰:《结构主义》，倪连生、王琳译，商务印书馆 1984 年版。

58. ［比］J. M. 布洛克曼:《结构主义》，李幼蒸译，中国人民大学出版社 2003 年版。

59. ［法］雷蒙·阿隆:《社会学主要思潮》，葛智强、胡秉诚、王沪宁译，上海译文出版社 2005 年版。

60. ［荷兰］斯宾诺莎：《伦理学》，贺麟译，商务印书馆 1983 年版。

（三）中文论著

1. 陈光中主编：《21 世纪域外刑事诉讼立法最新发展》，中国政法大学出版社 2004 年版。

2. 最高人民法院课题组：《司法改革方法论的理论与实践》，法律出版社 2014 年版。

3. （清）梁启超：《中国历史研究法》，人民出版社 2008 年版。

4. 傅斯年：《史学方法导论》，中国人民大学出版社 2004 年版。

5. 陈瑞华：《论法学研究方法：法学研究的第三条道路》，北京大学出版社 2013 年版。

6. 万毅：《实践中的刑事诉讼法：隐形刑事诉讼法研究》，中国检察出版社 2010 年版。

7. 龙宗智：《理论反对实践》，法律出版社 2003 年版。

8. 李承贵：《20 世纪中国人文社会科学方法问题》，湖南教育出版社 2001 年版。

9. 谭世贵主编：《中国司法改革研究》，法律出版社 2000 年版。

10. 吴卫军：《司法改革原理研究》，中国人民公安大学出版社 2003 年版。

11. 景汉朝：《中国司法改革策论》，中国检察出版社 2002 年版。

12. 王尔敏：《史学方法》，广西师范大学出版社 2005 年版。

13. 韩波：《法院体制改革研究》，人民法院出版社 2003 年版。

14. 陈瑞华、黄永、褚福民：《法律程序改革的突破与限度——2012 年刑事诉讼法修改述评》，中国法制出版社 2012 年版。

15. 季卫东：《法律程序的意义——对中国法制建设的另一种思考》，中国法制出版社 2004 年版。

16. 顾肖荣等：《经济刑法总论比较研究》，上海社会科学院出版社 2008 年版。

17. 张维迎：《信息、信任与法律》，生活·读书·新知三联书店 2003 年版。

18. 卢勤忠：《中国金融刑法国际化研究》，中国人民公安大学出版社 2004 年版。

19. 陈瑞华：《程序正义理论》，中国法制出版社 2010 年版。

20. 胡启忠：《契约正义论》，法律出版社 2007 年版。

21. 刘艳红：《走向实质的刑法解释》，北京大学出版社 2009 年版。

22. 张保生：《法律推理的理论与方法》，中国政法大学出版社 2000 年版。

23. 陈金钊：《法律解释学——权利（权力）的张扬与方法的制约》，中国人民大学出版社 2011 年版。

24. 龙宗智：《上帝怎样审判》（增补本），法律出版社 2006 年版。

25. 刘树德：《政治视域的刑法思考》，北京大学出版社 2007 年版。

26. 龙宗智：《检察官客观义务论》，法律出版社 2014 年版。

27. 龙宗智等：《知识与路径：检察学理论体系及其探索》，中国检察出版社 2011 年版。

28. 吴洪淇：《法律职业的危机与改革》，中国政法大学出版社 2017 年版。

29. 季卫东等：《中国的司法改革：制度变迁的路径依赖与顶层设计》，法律出版社 2016 年版。

30. 吴敬琏：《改革：我们正在过大关》，生活·读书·新知三联书店 2004 年版。

31. 石林主编：《职业压力与应对》，社会科学文献出版社 2005 年版。

32. 孟慧、李永鑫：《无价之"薪"：工作中的心理管理》，北京大学出版社 2007 年版。

33. 梁漱溟：《东西文化及其哲学》，商务印书馆 2005 年版。

34. 苏力：《也许正在发生：转型中国的法学》，法律出版社 2008 年版。

35. 强世功：《法制与治理——国家转型中的法律》，中国政法大学出版社 2003 年版。

36. 林端：《儒家伦理与法律文化：社会学观点的探索》，中国政法大学出版社 2002 年版。

37. 张卫平等：《司法改革：分析与展开》，法律出版社 2003 年版。

38. 徐静村主持：《中国刑事诉讼法（第二修正案）学者拟制稿及立法理由》，法律出版社 2005 年版。

（四）中文论文

1. 陈光中、龙宗智："关于深化司法改革若干问题的思考"，载《中国法学》2013 年第 4 期。

2. 杨继文："遵循司法规律是司法改革成功的关键"，载《人民法治》2014 年第 12 期。

3. 杨建军："司法改革的理论论争及其启迪"，载《法商研究》2015 年第 2 期。

4. 葛自丹、许志华："司法改革方法论研究的问题与对策"，载《法律适用》2015 年第 8 期。

5. 公丕祥："一部司法改革方法论研究的力作——读杨润时主编《司法改革方法论的理论与实践》"，载《人民司法》2012 年第 21 期。

6. 熊秋红："司法改革中的方法论问题"，载《法制与社会发展》2014 年第 6 期。

7. 夏锦文："当代中国的司法改革：成就、问题与出路——以人民法院为中心的分析"，载《中国法学》2010 年第 1 期。

8. 杨继文："青年法学者应有自己的学术标识"，载《检察日报》2015 年 3 月 24 日，第 3 版。

9. 张卫平："对民事诉讼法学贫困化的思索"，载《清华法学》2014 年第 2 期。

10. 冀祥德、邓超："司法改革'上海方案'价值评析"，载《政法论丛》2014 年第 6 期。

11. 万毅："转折与展望：评中央成立司法改革领导小组"，载《法学》2003 年第 8 期。

12. 徐昕："司法改革的顶层设计及其推进策略"，载《上海大学学报（社会科学版）》2014 年第 6 期。

13. 葛洪义："顶层设计与摸着石头过河：当前中国的司法改革"，载《法制与社会发展》2015 年第 2 期。

14. 杨维汉："6 省市先试点，为全面推进司法改革积经验——中央司法体制改革领导小组办公室负责人就司法体制改革试点工作答记者问"，载

《新华每日电讯》2014年6月16日，第4版。

15. 汤火箭、杨继文："司法改革方法：比较、问题与应对"，载《四川大学学报（哲学社会科学版）》2016年第1期。

16. 龙宗智："检察官客观义务的基本矛盾及其应对"，载《四川大学学报（哲学社会科学版）》2014年第4期。

17. 杨继文："用方法论指引和推进司法改革"，载《人民法院报》2016年4月17日，第2版。

18. 汤火箭、梁欣："当前司法改革研究的基本特征"，载《检察日报》2002年5月28日，第3版。

19. 徐汉明等："关于深化司法体制改革——中国法治发展与社会治理咨询报告（五）"，载《法制日报》2014年6月4日，第9版。

20. 龙宗智："论司法改革中的相对合理主义"，载《中国社会科学》1999年第2期。

21. 龙宗智："'相对合理主义'及其局限性"，载《现代法学》2002年第4期。

22. 宁家骏："'互联网+'行动计划的实施背景、内涵及主要内容"，载《电子政务》2015年第6期。

23. 黄璜："互联网+、国家治理与公共政策"，载《电子政务》2015年第7期。

24. 刘俊祥："'互联网+'环境下的'智慧检务'工程进路"，载《中国检察官》2016年第7期。

25. 陈桂华："互联网+职务犯罪合成作战平台构想"，载《中国检察官》2016年第9期。

26. 钟云东："'互联网+检察'助推派驻检察室工作"，载《中国检察官》2015年第23期。

27. 曹建明："做好互联网时代的检察工作'+'法"，载《中国法律评论》2015年第3期。

28. 正义网络传媒研究院："首份《'互联网+检察工作'研究报告》解读"，载《检察日报》2016年1月13日，第12版。

29. 刘桂玲："'互联网+'视域下的公安政务双微研究"，载《山东警察学院学报》2016 年第 4 期。

30. 左卫民："信息化与我国司法——基于四川省各级人民法院审判管理创新的解读"，载《清华法学》2011 年第 4 期。

31. 吴志攀："'互联网+'的兴起与法律的滞后性"，载《国家行政学院学报》2015 年第 3 期。

32. 王兴伟等："面向'互联网+'的网络技术发展现状与未来趋势"，载《计算机研究与发展》2016 年第 4 期。

33. 杨舒涵："'互联网+'助力提升检察公信力"，载《新疆日报（汉）》2015 年 11 月 16 日，第 7 版。

34. 钱宁峰："走向'计算法学'：大数据时代法学研究的选择"，载《东南大学学报（哲学社会科学版）》2017 年第 2 期。

35. 刘军："虚拟化技术在检察信息化中的应用"，载《上海信息化》2012 年第 11 期。

36. 高晋康、王方、朱乾灿："大数据推动构建法治信仰"，载《中国社会科学报》2016 年 6 月 21 日，第 4 版。

37. 张吉豫："大数据时代中国司法面临的主要挑战与机遇——兼论大数据时代司法对法学研究及人才培养的需求"，载《法制与社会发展》2016 年第 6 期。

38. 白建军："大数据对法学研究的些许影响"，载《中外法学》2015 年第 1 期。

39. 崔兆强、李昌俊："检察机关大数据中心的建设研究"，载《信息技术与信息化》2013 年第 6 期。

40. 吴鹏飞："强化'互联网+'思维：加快推进信息化与检察工作深度融合"，载《人民检察》2015 年第 16 期。

41. 谢小剑："论我国刑事拘留的紧急性要件"，载《现代法学》2016 年第 4 期。

42. 苏喜民、张杰："强化刑事拘留强制措施法律监督的实证分析及理性思考——以张家口市人民检察院对公安机关刑事拘留强制措施执行情况的专项监督检查为分析蓝本"，载《中国刑事法杂志》2010 年第 10 期。

43. 胡启忠："金融刑法立罪逻辑论——以金融刑法修正为例"，载《中国

《法学》2009 年第 6 期。

44. 周佑勇、刘艳红："行政执法与刑事司法相衔接的程序机制研究"，载《东南大学学报（哲学社会科学版）》2008 年第 1 期。

45. 吕康宁："司法表述与司法分析的不同逻辑——以'杜德利案'为中心"，载《暨南学报（哲学社会科学版）》2014 年第 4 期。

46. 李泽厚："构建正义基础上的和谐——从桑德尔的《公正》说起"，载《社会科学报》2013 年 12 月 26 日，第 5 版。

47. 姚大志："桑德尔：权利与善"，载《理论探讨》2012 年第 6 期。

48. 任剑涛："我们该如何做是好：论桑德尔的《公正》"，载《天府新论》2013 年第 5 期。

49. 龙宗智："重建司法伦理"，载《国家检察官学院学报》2011 年第 3 期。

50. 龙宗智："既肯定榜样的示范引导作用，又要优化榜样的树立路径——我为何主张'两线伦理'"，载《北京日报》2015 年 8 月 24 日，第 17 版。

51. 龙宗智："影响司法公正及司法公信力的现实因素及其对策"，载《当代法学》2015 年第 3 期。

52. 陈兴良："形式解释论的再宣示"，载《中国法学》2010 年第 4 期。

53. 王登辉："追诉时效延长抑或终止——《刑法》第 88 条之教义学解释及其展开"，载《当代法学》2016 年第 2 期。

54. 曲新久："追诉时效制度若干问题研究"，载《人民检察》2014 年第 17 期。

55. 吴学斌："论'存疑时有利于被告人'的原则与例外"，载《法学杂志》2006 年第 6 期。

56. 陈洪兵："追诉时效的正当性根据及其适用"，载《法治研究》2016 年第 1 期。

57. 王成："最高法院司法解释效力研究"，载《中外法学》2016 年第 1 期。

58. 杨建军："现行法律解释机制的完善"，载《政法论丛》2016 年第 2 期。

59. 徐国栋："论《惩治通奸的优流斯法》秉承的追诉时效制度及其近现代流变"，载《法学家》2013 年第 2 期。

60. 周越强："检察执法活动公开的运行与展望——基于上海实践考察的初步分析"，载《东方法学》2015 年第 5 期。

61. 高一飞："检务公开的比较研究"，载《中共中央党校学报》2010 年第 2 期。

62. 高一飞、张绍松："检务公开中公民知情权的实现"，载《人民检察》2014 年第 11 期。

63. 张超："政务公开的理论依据"，载《当代法学》2002 年第 4 期。

64. 刘润发、王金贵："检务公开理论与实践学术研讨会综述"，载《人民检察》2009 年第 14 期。

65. 穆红玉："检务公开制度的建立、发展和完善"，载《国家检察官学院学报》2005 年第 5 期。

66. 夏锦文、徐英荣："法官助理制度改革需求与法治人才培养创新"，载《法学》2017 年第 12 期。

67. 刘练军："法官助理制度的法理分析"，载《法律科学（西北政法大学学报）》2017 年第 4 期。

68. 马长山："新一轮司法改革的可能与限度"，载《政法论坛》2015 年第 5 期。

69. 张斌、丛林："对我国检察管理体制改革的思考——以 C 市检察机关改革实践为样本"，载《甘肃政法学院学报》2017 年第 3 期。

70. 吴洪淇："司法改革转型期的失序困境及其克服——以司法员额制和司法责任制为考察对象"，载《四川大学学报（哲学社会科学版）》2017 年第 3 期。

71. 王守安："论检察官职业保障制度的建构"，载《河南社会科学》2015 年第 6 期。

72. 张文显："论司法责任制"，载《中州学刊》2017 年第 1 期。

73. 樊崇义："刑事诉讼中检察官思维的转型"，载《国家检察官学院学报》2005 年第 1 期。

后记： 作为科学理论范式的刑事诉讼

著名法学家张文显教授曾言："推动法学科学化和现代化是全面依法治国、建设法治中国的内在要求，是中国法学学术共同体的历史使命。深入开展法学范畴研究、协同推进法理研究，并将法学范畴研究和法理研究有效对接，是实现法学科学化和现代化的必由之路。"对于刑事诉讼法学的研究，尤其是在学术研究的构思与写作中，应当具备基本的理论问题意识——应当贯穿始终——从"世俗话语"中的问题到"理论解构"中的论题，进而形成具有中国本土特性的理论命题和学术标志。这也回应了笔者曾言的："对话、探索以及评判的学术品格，开放的研究风格与活跃的学术思维、新近的研究方法与研究进路等，会使研究者逐步形成一种自我标识。"

正如北京师范大学著名经济学家杨晓维教授在西南财经大学法学院所做的一次演讲中所强调的，中国的法治进步，需要法治工作者和经济学人的共同努力。而且，作为刑事诉讼法学的专家，可能心理状态被埋藏得更深一些。这正如英国著名学者贝尔纳所言，"专家的心理当然有其可贵的一面——意识到自己知道而且正在思考关于某一特殊问题的知识，并且能够说，在当时，在这一问题上，谁的知识都比不上自己。可是也有一个相应的弊端，就是把这种知识局限于如此狭隘的范围，以致别人不仅无法很好理解它的意义，甚至也无法很好理解它的内在结构。"

因此，我们应当避免"有论域，无论题"研究误区。与文献对话、融入趋势、具备国际视野、质疑研究对象，最终实现对刑事诉讼法学基本问题的跨学科地、科学地研究分析。

第一，明确刑事诉讼法学是社会科学。一般认为，按照国际惯例我们可以将学科划分为社会科学、人文学科和自然科学。而刑事诉讼法作为一门法学二级学科，是社会科学，是科学，不是人文学科。具有人文学科性质的、泛泛而论的价值考量和文学描述，可能已经远远超出了问题本身。例如，在法理学界讨论较多的"社科法学"与"法教义学"之间的论争中，可以看到法学的社会科学本质属性和理论研究中的跨学科问题意识。这也就决定了未来刑事诉讼法学研究的根本特点，实现的路径在于以实证法学为代表的社科法学在刑事诉讼研究中的反思和超越。

第二，既然是科学，就需要具备基本的科学化的研究路径。科学化的研究路径主要包括两个方面：一是发现事实。二是研究关系。例如，刑事诉讼中的证据问题，需要遵循发现案件事实真相的认识论，并且在证据与事实、证据与证据、证据与法律之间形成具有逻辑性和规范性的关系域。而从事刑事诉讼法学研究的法学家，不仅需要关涉公平与正义——价值观——自感"社会责任重大"，而且需要向经济学家学习，从假设——解决问题出发。

第三，怎么去发现事实？例如，在计量经济学研究和统计学研究中，很多事实都是隐藏在现象后面，因此需要逻辑推理去发现事实，"透过现象看本质"。与此同时，需要通过方法和方法论解释事实——这是科学家（法学家）的基本任务。这是因为，所有的科学，都是实证的——只讲事实，不含价值判断。进而，对于刑事诉讼中的规范性问题和经验性问题，需要强调逻辑实证研究——强调逻辑的重要性。这种逻辑具有双层含义，即用逻辑把事实串联起来，未来的事情采用逻辑进行推断。例如，在刑事诉讼的侦查程序中，对于犯罪嫌疑人的各种信息和线索，需要通过回溯推理和逻辑分析对事实进行发现，而这种案件事实的演绎和推断则需要有事实和证据材料进行分析研判。因此，"只有逻辑是真的/靠得住的"，需要通过"一系列因果链"证实——同时，需要注意规避在个人感官和价值判断上的"事实不完整性"。

第四，什么是科学理论？答曰："系统地讲道理"。在刑事诉讼审判过程中，法官作出裁决，不仅仅需要严格适用法律和正确认定案件事实，还需要公开和演示作出裁决的基本原理和推理过程，通过判决书"摆事实、讲道理"。因此，判决书的撰写和论证，即可以被视为法官依据法律和经验作出的科学理论。例如，在经济学中，通过假定-推论-演绎-推理来解释事实。也就是说，通过理由和原因——因果链、逻辑——讲道理，避免思维逻辑的跳跃性。存在是有理由的，但不是合理的，我们需要在科学研究中系统地追求事实后面的道理。

第五，什么是研究论域？作为科学研究的刑事诉讼法学论域，必须是可以回答的问题，必须是一个科学命题，即卡尔·波普尔所强调的"可证伪的问题"。例如，前述所论述的法官判决书，即是一种科学理论或曰科学论域，它需要在证明与反驳之间有所推进。在理论和逻辑上可以验证和反证，通过一定的判断标准来进行检验。而这种标准就是我们在刑事诉讼运行程序中所强调的法律规范、证据材料和程序要求。

第六，什么是研究命题？即具有逻辑性、推进性、可以验证的判断。刑事诉讼研究中的命题，需要讲"故事"——案件的历史审视和逻辑构造体系。然后，进行从解释变量到被解释变量的转换，把研究问题进行理论论域转换。进而，需要遵循以下基本思路：从故事出发思考过程——形成"完整的一个判断"（假说、假设）。例如，在经济学论文中一般可以"得出一个可验证的结论"，这是一个可以验证的命题——"问题是可以回答的"。并且，它具有推进性，具有学术价值，能够在确定的解释变量中，推导出事实体系中的各种因素和关系域中解释事实的各种载体。

最终，刑事诉讼法学研究需要形成科学研究的标准：新的发现，新的解释。在这一科学化过程中，还需要注意刑事诉讼研究中的"问题意识"，针对理论中的问题意识，可能都是研究对象，而非问题。这是因为，可能没有将问题纳入到学术文献研究中，而人文和科学存在重大区别，刑事诉讼法学是人文与科学交织在一起的学科。例如，刑事诉讼中的法律经济学，是用经济学理论工具和理性人的价值衡量解决刑事司法适用中的具体问题。

作为科学理论范式的刑事诉讼法学，还需要关注科学哲学，重视对方法论的讨论。而作为法学的刑事诉讼法学，更加需要达到社会科学的标准，尤其是方法论的自觉意识。因此，需要我们这一代人去探索中国法学理论研究体系的科学化、现代化。

本书的构思和写作是一种持续性的努力过程，也是笔者自2011年以来对刑事诉讼法及其司法改革思考的阶段性研究成果。

书中的部分章节内容还曾以单篇论文的形式发表于《东方法学》《中国刑事法杂志》《四川大学学报（社会科学版）》和《人民法院报》等刊物上，并提交到"第十届全国公法学博士生论坛"（2015，广州，华南理工大学法学院，华南理工大学法学院、广东省法学会宪法学研究会主办）、"第八届全国部门法哲学研讨会"（2016，福州，福州大学法学院，国家司法文明协同创新中心、吉林大学理论法学研究中心、福州大学主办）、"第二届'司法大数据应用与研究'研讨会"（2017，南京，东南大学，东南大学法学院、东南大学司法大数据研究中心主办）、"第六届中国法学博士后论坛——回顾与展望：开创法治中国建设新局面"（2017，北京，中国社会科学院，第六届中国法学博士后论坛组委会主办）等学术会议。在此，感谢这些刊物的编辑老师以及会议主办方所提供的学术交流机会和诸位论文评议人的批评和鼓励。

在本书的写作过程中，对指导和帮助过我的诸位老师、同事和朋友，在此表示衷心的感谢和敬意。

首先，衷心感谢西南财经大学法学院的高晋康教授。高老师的跨学科意识和优化思维，深深地影响和指引着笔者的学术研究。正是在高老师的殷切希望和鼓励下，笔者尝试对刑事诉讼法学和司法制度改革进行跨学科研究，并逐步形成了本书的初稿。感谢高老师一直以来的无私支持和热情帮助！

其次，非常感谢四川大学法学院的龙宗智教授。本书中的部分章节，是在龙老师殷切期望下逐步完成的。在向龙老师的请教和学习过程中，使得我对刑事诉讼法学的理论研究逐步深入，期望达到"以问题为导向、从技术到制度"的理论路径超越。这也是笔者一直努力和奋斗的目标！

还要感谢西南财经大学法学院鲁篱教授、汤火箭教授、胡启忠教授、彭世忠教授、吴越教授、辜明安教授、王伦刚教授、兰荣杰副教授、熊谋林副教授等同事的支持和帮助。感谢天津大学法学院焦艳鹏教授、四川大学法学院张斌教授、西南政法大学法学院徐静村教授、孙长永教授、四川省应急管理厅段毅君博士等。感谢"兄弟伙"、西南财经大学法学院的青年才俊赖虹宇博士后的支持。感谢四川省都江堰市人民检察院的辛国升、四川省彭州市人民法院的魏大平等。是你们的不断鼓励与支持，使得我坚持下来并完成本书。

对于本书的出版，衷心感谢中国政法大学出版社学术著作编辑部刘知函博士和雷猛老师，以及其他编辑老师们的辛劳，没有他们的帮助与劳动，本书的出版是不可能的。

最后，是对家人的深情谢意！

本书的完成，使笔者产生深深的惶恐。受学识所限，本书讹误之处在所难免，感谢各位读者不吝指正！

杨继文

初稿于 2019 年 2 月 13 日平城馨泰花园

修改稿于 2019 年 3 月 17 日蓉城光华村

定稿于 2019 年 8 月 9 日蓉城光华村